은퇴위기의 중년보고서

은퇴위기의 중년보고서

초판 1쇄 | 2013년 7월 5일

지 은 이 | 전영수
펴 낸 이 | 이용배
펴 낸 곳 | (주)고려원북스
편집주간 | 설응도

판매처 | (주)북스컴, Bookscom, Inc.

출판등록 | 2004년 5월 6일(제16-3336호)
주소 | 서울시 광진구 중곡동 639-9 동명빌딩 7층
전화번호 | 02-466-1207
팩스번호 | 02-466-1301

ISBN 978-89-94543-59-8 03330

잘못 만들어진 책은 구입처나 본사에서 교환해 드립니다.

은퇴위기의 중년보고서

◆전영수 지음◆

(주)고려원북스

은퇴를 고민하는
이 시대 중년에게…

'중년'이란 이름은 외롭고 힘듭니다. 원래부터 그랬습니다만, 갈수록 심화되는 삶의 무게가 심상찮아 보입니다. 집안의 기둥이자 사회의 허리면서, 국가의 중추를 담당하기 때문이겠죠. 어쩌면 전성기란 의미로도 해석되겠네요. 라이프사이클로 봤을 때 가장 열심히 일하며 성과를 내는 시기인데다 반대급부로 받는 금전과실의 크기도 제일 크기 때문일 겁니다.

그런데 면면과 속내를 들여다보면 적잖이 부정적인 느낌이 듭니다. 완곡하게 표현했습니다만, 실제로는 확정적인 우울증 진단이 이상하지 않을 정도로 이 시대 중년의 삶은 지쳐 있습니다. 왕성한 활동으로 가장 대접을 받아야 할 그들을 그들답게 만들지 못하는 시대변화 탓입니다. 그들은 항상 각종 불행지표의 선두구성원이 됩니다.

중년의 바람은 하나뿐입니다. 힘은 들지언정 열심히 살면 그만한 보답을 받을 수 있을 것이란 기대입니다. 어린 자녀의 아비로서, 늙은 부모의 아들로서 든든한 중심이 됐으면 하는 바람이죠. 고전적인 이미지의 4050세대에 걸맞은 1인분의 인생 찾기인 셈입니다. 그런데 만만찮은 시대변화가 어깃장을, 그것도 심하게 놓습니다. 아쉬운 현실입니다.

그렇다면 시대변화란 무엇을 의미할까요. 정리하면 저성장과 맞물린 고령화(저출산)일 것입니다. 경제학적으로 둘은 웬만하면 함께 움직입니다. 고성장(인플레) 이후엔 저성장이 올 수밖에 없는데, 이때 인구학적으로 자연스레 고령화를 부르기 때문이죠. 고도성장을 겪은 국가에선 인구변화의 기울기가 한층 격해집니다.

성장이 한창일 땐 일자리가 넘쳐납니다. 당연히 월급이 오르죠. 에너지만큼 자신감이 흘러넘칩니다. 좀 더 좋은 일자리가 많은 도시엔 사람들로 넘쳐납니다. 청춘들은 밝은 미래 덕분에 연애와 결혼이 이어지죠. 안정된 남편직장 덕분에 4인 가족도 자녀양육에 큰 문제없이 살아갑니다. 자연스레 전세에서 자가로, 작은 평형에서 큰 평형으로 보금자리도 늘려갑니다. 성장이 잘 되니 사둔 주식은 짭짤한 목돈이 되죠. 바로 인플레 시대입니다. 멀리 갈 필요조차 없이 1990년대 중반까지 한국이 그랬습니다.

지금은 꺾였습니다. 청춘들은 경험조차 못 했는데, 그 유명한 고도성장 시계가 멈춰버렸습니다. 이제 한국사회는 본격적인 애사(哀詞)의 무대가 돼버렸습니다. 성장은 스톱됐고, 넘쳐나던 일자리는 사라졌습니다. '고성장→저성장'의 패러다임 변화입니다. 느닷없는 저성장은 참 무섭습니다. 심리와 실체를 한꺼번에 악화시키기 때문이죠. 구체적으로 일자리 공포입니다. 화려한 스펙을 자랑해도 일은 잘 주어지지 않습니다. 그러니 연애할 돈도, 여유도 없죠. 청춘특권의 박탈입니다. 결혼은 아예 꿈조차 못 꿉니다. 출산은 불문가지입니다.

저성장·고령화의 악영향은 이토록 대단합니다. 둘은 선후관계가 불명확합니다. 저성장이 먼저일 것 같지만 뜯어보면 꼭 그렇지는 않습니다. 함께 간다는 게 더 정확할 겁니다. 특히 서로 주고받으며 불행의 늪을 깊고 넓게 만든다는 점이 특이합니다. 동시에 고령화는 저출산과 함께 인구구조를 변화시키는 최대원인이죠. 늙어가니 활력은 줄 수밖에요. 또 그 활력감퇴가 저성장을 한층 심화시키는 악순환의 반복이 펼쳐집니다. 이제 한국도 막 시작됐습니다.

돌이켜보건대 인구구조의 변화가 이토록 삶의 질을 좌지우지할지 아무도 확신하지 못 했습니다. 관련은 있을지언정 이렇게 큰 반향을 불러올지 몰랐던 겁니다. 특히 저성장과 맞물린 인구변화가 사실상 우리 사회의 모든 풍경을 장악한다는 점에 놀라움을 금치 못 합니다. 게다가 아쉽게도 모두 부정적인 방향입니다. 제아무리 이리저리 골몰해도 저성장·고령화의 시대상황이 야기한 것 중 희망적이고 긍정적인 스토리는 거의 없습니다.

지금은 그래도 낫습니다. 다가올 앞날은 더욱 충격적입니다. 이대로라면 살아갈 맛도, 이유도 없는 절망의 시대 개막이 불가피합니다. 힘들고 짜증나는데 그치지 않습니다. 인간다운 최소한의 기본생활조차 힘들어질 수 있습니다. 빈부격차가 이를 뒷받침합니다. 여기다 늘어난 수명은 우리의 삶을 한층 팍팍하게 합니다.

아쉽게도 도와줄 곳은 없습니다. 저성장이니 파이는 작아질 수밖에 없습니다. 적어도 자본주의 사회에서 작아진 파이를 공평하게 나누기를 기대할 수는 없죠. 기업은 지속가능성을 내세워 착취구조(?)를 한층 심화시킬 것입니다(자본분배율 〉 노동분배율). 필요하면 썼다가, 아니면 자르기를 반복합니다. 정규직은 계속해 감소할 수밖에 없죠. 기업들은 그래도 힘들다고 "파이를 더 달라"며 보챕니다. '가족경영'은 허울만 남았습니다.

정부는 더 절망적입니다. 사실 더 큰 문제는 이쪽에 있습니다. 대다수 국민이 살림살이 도탄에 빠져 있는데, 이쪽은 이를 극복할 의지도 능력도 상실된 지 오래죠. 진정성은 더더욱 찾기 힘듭니다. 미증유의 장수시대가 가시밭길로 펼쳐졌지만 그들은 딴 세상 멤버들에 불과합니다. 서민을 위한 척 그럴싸한 흉내만 낼 뿐입니다. 이들을 향한 배신감조차 낭비에 가깝습니다. 복지부동으로 본인과 주변만 지켜내면 그걸로 족합니다. "바보야, 문제는 정치야"란 비유가 제격입니다.

그럼에도 불구, 시대변화란 매몰차고 무차별적입니다. 우군은 없는데 공격은 거셉니다. 살아남자면 스스로 무장해 경쟁력을 키울 수밖에 없는 시대입니다. 그래서 장수사회의 셈법은 '각자도생(各自圖生)'으로 귀결됩니다. 나날이 경사가 심해지는 미끄럼틀 밑으로 떨어지지 않으려면 현실을 움켜잡는 견고한 방어책이 필수일 수밖에 없죠. 물론 힘듭니다. 그래서 안타깝고 속상합니다. 장수사회가 그다지 반갑지 않을 수밖에 없는 이유입니다.

모두가 힘든 시대입니다. 성장시대를 살았지만 마땅히 챙긴 것 없이 무대에서 강판당한 노인세대는 빈곤현실 앞에 무릎 꿇기 십상입니다. 화려한 스펙을 갖춘 청년세대도 본격화된 저성장 시대에 '졸업→취업→결혼→출산→승진'의 행복시스템에 올라타기란 낙타가 바늘구멍 통과하기입니다. 세대갈등은 여기서 비롯됩니다. 한정된 재원을 갖고 노소(老少)대결이 심화되는 배경이죠. "내 길이 급하니 서로 비켜서라"고 주장합니다.

그렇다면 책의 관심사인 중년은 어떨까요? "그들은 소리 내 울지 않는다!"는 말(송호근)처럼 중년도 아프기는 매한가지입니다. 어쩌면 부모와 자녀사이에 낀 샌드위치 신세답게 이러지도 저러지도 못한 채 한쪽에서 울 수밖에 없는 처지죠. 노인과 청년의 중간에서 둘의 대결논리를 모두 감싸 안은 일종의 완충지대(Buffer Zone)인 셈입니다. 요컨대 노소문제에 공통적으로 한발씩 대놓은 중간지대 거류세대입니다. 그래서 더 힘들 수밖에 없는 상황입니다.

중년은 이제 은퇴를 기다립니다. 원치 않아도 물러설 수밖에 없습니다. 마땅한 자구책 없이 내동댕이쳐진 인생후반전의 최소 20~30년은 노후고민의 핵심입니다. 빈곤노후의 유력한 예약고객인 셈이죠. 힘겹게 사회데뷔전을 치르는 자녀에게 기댈 수도 없는 노릇입니다. 부모란 이름은 자금배분의 우선순위를 늘 자녀에게 뺏길 수밖에 없도록 합니다. 하물며 더 오래, 많이 벌 수 있는 환경은 애초부터 절망적입니다. 저성장·고령화 때문입니다.

그럼에도 불구, 시간이 없습니다. 대책은 더더욱 찾기 힘듭니다. 그렇다고 공포를 팔고 싶은 생각은 추호도 없습니다. 지금은 가공의 공포보다 실질의 해법이 절실하기 때문입니다. 한국은 조만간 인구변화가 야기한 각종문제가 최고위로 부각될 유력한 국가 중 하나입니다. 유엔경제사회국의 인구전망보고서에 따르면 2095~2100년 한국인의 평균수명은 95.5세까지 늘어난다고 합니다. 세계 1위 수준이죠. 멀다면 먼 이슈지만 중요한 건 장수 추세입니다. 중년의 노후기간이 생각보다 길어질 수 있다는 경고(?)입니다.

장수사회는 전인미답(前人未踏)의 시대를 연출합니다. 그렇기에 출구를 찾기란 더더욱 힘들 수밖에 없죠. 마땅한 지원체계조차 갖추지 못한 선진국 문턱의 한국적 상황에선 특히 그렇습니다. 이때 이웃나라 일본 사례는 훌륭한 기준점이 될 수 있습니다. 적어도 은퇴갈등이 빈번한 장수사회에서 중년이 살아갈 힌트와 피해야 할 위험은 찾아낼 수 있습니다. 복지기반, 인구변화, 사회갈등, 경제구조, 사회전통 등에서 가장 닮은 국가가 일본이기 때문이죠. 이런 점에서 현재의 일본은 미래의 한국과 연결된 일종의 바로미터입니다.

　복지대국이 이슈로 떠올랐습니다. 계속해 뜨거운 화두로 남을 게 당연한 시대상황입니다. 역으로 복지파탄의 양상이 그만큼 오래될 확률이 높다는 뜻이죠. 모두가 웃는 행복사회의 실현이 당분간은 어렵다는 의미로도 해석됩니다. 실제 현행의 각종정책과 제도, 법률 등의 문제로 이를 해결하기는 역부족인 것 같습니다. 이해관계가 엇갈리고 재원이 부족한데다 극단적인 양극화를 조장(?)하는 현행의 분위기라면 결코 해결할 수 없을 수도 있겠군요.

　이런 점에서 일본중년들의 선택카드는 다분히 생존 지향적이며 또 정합성을 갖습니다. 없고 힘든 가운데 은퇴위기를 넘기려는 자연발생적인 학습결과로 볼 수 있습니다. 제각각 처한 상황 하에서 선택한 의사결정이라 감히 일반화의 확신을 내리기는 힘들지만, 설명력은 충분하다고 봅니다. 특히 눈여겨봐야 할 건 저성장·고령화의 구조개혁을 위한 정치참여, 대가족주의 부활, 새로운 공공의 확대재편 등은 꽤 짜릿한 난국타개용 의제로 손색이 없습니다. 가능하면 고장 난 자본주의를 대체할 새로운 대안철학까지 마련되면 더할 나위가 없겠죠.

책의 구성은 다음과 같습니다. 1장의 중년실태에선 무거운 삶의 부담을 껴안은 채 살아가는 가시밭길의 40대와 벼랑 끝의 50대를 한일양국에 비춰 비교해봤습니다. 2장은 직장위기를 다룹니다. 사실상 일자리로 갈리는 은퇴난민 티켓전쟁의 치열함과 절망감을 집중적으로 분석했습니다. 한편 직장만 힘든가요? 그래서 3장에서 해체와 재조합, 그리고 관계회복을 고민 중인 가족갈등의 문제를 다각도로 접근해봤습니다.

구체적인 관심사는 결국 돈입니다. 4장은 저성장·고령화의 오리무중 속에서 자금미로를 헤매는 일본중년의 고군분투 생존스토리를 기록했습니다. 노후준비의 또 다른 키포인트는 시간입니다. 그래서 행복은퇴를 위한 최후마침표일 수밖에 없는 여가(취미)모색을 5장에서 다뤘습니다. 마지막 6장은 장수시대 생존을 위한 중년세대의 탈출전략으로 그 승부수를 살폈습니다.

책의 원고 중 일부는 〈한경비즈니스〉와 〈중앙이코노미스트〉를 비롯해 몇몇 매체에 기고한 것입니다. 혹은 필자의 학계발표 논문 중 일부내용을 끌어와 재구성했음을 밝힙니다. 또 일전에 출간된 필자의 졸저인 『은퇴대국의 빈곤보고서』와 『장수대국의 청년보고서』에서도 몇몇 대목을 인용해 글의 흐름에 맞게 손을 봤습니다. 장수사회, 은퇴시대를 다루다 보니 특정연령뿐 아니라 전체세대를 아우르는 공통이슈가 적잖은 까닭에서입니다.

그럼에도 불구, 책의 주요이슈는 기본적으로 40~50대에 포커스를 맞췄습니다. 같은 하늘 아래 살지만 연령대별로 은퇴를 바라보는 시각과 환경구조는 다를 수밖에 없기 때문이죠. 그런 점에서 책은 사실상 3부작의 완료버전이라 칭하고 싶습니다. 『은퇴대국의 빈곤보고서』가 이미 은퇴한 65세 이상의 노인인구를, 『장수대국의 청년보고서』가 10대부터 30대까지 청년인구의 현실고민과 대응결과를 다뤘기 때문입니다. 결국 이 책 『은퇴위기의 중년보고서』로 사실상 전체연령대의 은퇴이슈를 마무리하게 됐습니다.

　개인적인 감상입니다만, 연령대별 은퇴이슈·대응전략 등에 집중하며 장수사회의 다양한 풍경을 정리할 수 있게 돼 감개무량합니다. 노인, 청년에 이어 어쩌면 가장 중요하고 시급한 상황논리 앞에 놓인 중년을 다룸으로써 이제 그 연결고리를 완성하게 됐습니다. '고령사회 일본이 던지는 화두, 당신의 노후는 안전한가?(『은퇴대국의 빈곤보고서』)'로 시작해 '고령화 쇼크, 청년을 버리면 희망은 없다(『장수대국의 청년보고서』)'로 판을 옮겼다면, 이번엔 '일본중년에게 배우는 장수시대 고군분투 노후준비기(『은퇴위기의 중년보고서』)'라는 부제로 논리맥락을 연결시켰습니다.

　적잖은 시간을 투여했습니다만, 아쉬움이 많이 남습니다. 그건 다음 몫으로 미룰 수밖에 없게 됐습니다. 많은 분들의 응원과 격려가 힘이 됐습니다. 일일이 거론하기 힘든, 저를 둘러싼 많은 분들의 존재감에 다시 한 번 감사말씀을 전합니다. 특히 끊임없이 에너지를 채워주는 서현과 현우, 그리고 사랑하는 아내의 힘이 컸습니다. 개인적으로 이 땅의 많은 분들이 현명하게 준비된 은퇴계획을 세우고 실천하는데 작은 쓰임이 됐으면 좋겠다는 바람입니다. 장수가 누구에게든 축복이 되는 '그날'을 손꼽아 기다려봅니다.

전영수

차례

1장

중년탐색
중년, 그 무거운
삶의 이름

확정예고의 은퇴난민
'가시밭길 40대'

"막막하니 먹먹하다."

이 시대 중년의 삶은 이렇게 정리된다. 막막한 건 살아갈 시대환경이 그렇고, 먹먹한 건 이를 돌파할 틈새조차 보이지 않기 때문이다. 물론 모두가 힘들다. 고약해진 생존무대에서 내려오지 않는 한 진땀을 흘려가며 살아낼 수밖에 없다. 다만 중년의 어깨는 한층 무겁다. 어쨌든 경제허리이자 가계기둥인 까닭이다.

참 힘든 시대다. 살아내기가 그만큼 만만찮아졌다. 눈 뜨면 고역이란 자조는 빈말이 아니다. 빈곤·자살률을 필두로 불행지수는 나날이 상승일로다. 개선돼도 '그럭저럭'인데 더 어두워지니 '설상가상'이다. 짜증과 울분은 자연스레 증가세다. 양극화가 심해지니 1% 승자를 향한 99%의 분노는 나날이 높아진다.

우리만의 일은 아니다. 선진국 모두 그렇다. 고령화·저성장의 한국현실을 먼저 걷고 있는 일본도 예외는 아니다. 부자나라엔 궁핍국민이 흘러넘친다. 정부곳간이 비었으니 도움을 청하기도 머쓱하다. "알아서 본인 삶을 챙기라"는 게 솔직하고 정확한 정부속내다.

_힘들어진 중년어깨… 성장수혜 비켜선 40대 압권

다만 연령별로는 좀 다르다. 자란 환경과 처한 상황이 달라서다. 연령별 온도차이다. 그래서일까. 압권은 40대다. 40대가 힘든 건 라이프사이클이 증명해준다. 쓸 곳은 많은데 벌 것은 적으니 힘든 게 당연하다.

문제는 운조차 별로란 사실이다. 40대의 지나온 성장사와 밟아갈 시나리오는 사실상 최악루트다. 고도성장에서 감축성장으로 바뀌는 전환점과 겹침으로써 1인분 사회인생은 출발부터 불운하다. 앞날의 돈 벌기가 한층 만만찮아진 것도 엄연한 현실이다. 불운이 겹쳤다는 2030세대와 크게 다르잖다. 그나마 청춘세대라면 희망이라도 있잖은가.

게다가 경쟁자가 많다. 광의의 베이비부머에 속하니 친구들이 많을 수밖에 없다. 특히 40대 후반이라면 베이비부머(1955~64년생)와 겹친다. 여기서 비켜서는 40대 초반일지언정 인구규모는 크다. 베이비부머가 아니라고 곧바로 출생률이 떨어지진 않는 법이다.

반면 인류역사상 최초로 고도경제의 성장수혜 속에 애지중지 길러졌으니 '헝그리' 정신은 좀 부족하다. 그래서 40대의 오늘은 어제보다 힘들다. 내일은 더 어렵다. 살맛은커녕 그냥 하루하루 살아내는 것이 문제다.

이슈를 은퇴로 한정하면 40대 자화상은 보다 서글퍼진다. 고도성장의 막차에 올라타 일정부분 수혜를 입은 50대는 그래도 낫다. 50대의 사회데뷔 당시 4인 가족의 가장 외벌이가 평균모델이었다면 성장전환기에 취업한 40대에겐 2~3인 가족의 부부 맞벌이가 상식일 정도다.

50대와 달리 40대는 사회로의 정상진입이 힘들었으니 숙련 및 자산축적이 원만하기란 기대난이다. 이들에게 은퇴이후는 불안중첩과 동의어다. 그런데도 시간은 순식간에 지나간다. 가장 왕성한 활동시기인 40대를 맞았지만 금전·체력·관계 모두 경기침체와 정비례하며 악화일로다. 노후준비는 사실상 무방비상태다. 당장의 호구지책이 멀찍한 미래준비보다 가혹한 법이다. 결국 40대는 '은퇴난민' 딱지예약의 선두주자일 수밖에 없다.

40대의 예고된 불운인생은 한일양국의 공통고민이다. 일본의 40대가 보다 적확한 노후난민인 반면 한국은 이제 막 난민예고가 시작됐다는 게 차이라면 차이다. 1차 베이비부머와의 관계도 다르다. 일본의 베이비부머는 1947~49년생으로 이제 60대 중반을 넘어간다. 반면 한국은 1955~63년생이니 막 50대에 진입했다. 즉 일본의 40대는 1차 베이비부머를 부모로 둔 반면 한국 40대는 사실상 1차 베이비부머의 꼬리그룹 세대다. 그럼에도 불구, 저성장 전환과 함께 한계에 봉착한 과잉노동을 보유했다는 점은 한일양국의 40대가 지니는 공유고민이다.

미끄럼틀 아래서 고군분투 중인 40대의 거대한 하류인생 구출전략은 사실상 무대책이다. 이들을 위한 정부정책은 없다. 낀 세대답게 누구도 주목하지 않는다. 표심으로 위협하는 노인세대와 눈물로 호소하는 청년세대에 밀려 어정쩡한 방치상태로 전락했다. 사회보장의 감춰진 사각지대인 셈이

다. 노인 · 아동의 약자그룹과 편부모 · 장애인 등 취약계층에 돌아가기에
도 정부재원은 빠듯하다. 반면 부모봉양과 자녀양육의 동시다발적인 부담
하중은 어깨를 짓누르다 못해 극단적 선택까지 강요할 정도다.

_40대의 예고된 불운인생… '정부대책은 없다'

그렇다면 이들은 어떤 궤적을 밟아왔을까. 일본사례를 통해 40대가 힘들
어질 수밖에 없는 시대상황을 추적해보자. 비참한 중년인생의 원인파악
이다.

이들은 절반이 교외출생자다. 부모가 교육 · 취업을 위해 대도시로 몰
려들며 교외에 정착할 때 집중적으로 태어났다. 처음부터 교외 신흥주택
지를 비롯한 대도시권에서 자라나 부모세대가 지닌, 이른바 마음의 고향
이란 정서가 없다. 즉 고향정서를 잃어버린 현대사회의 최초세대다. 전
통가치관이나 생활양식을 배우지 못했다. 가족은 공동소비체일 뿐이며
폐쇄적인 사생활주의에 익숙하다.

생활스타일은 부친전업 · 모친가사의 균질성을 가졌다. 다양한 가족관
계 속에서 자아를 찾는데 미숙하거나 한계를 지닐 수밖에 없는 양육환경
이었던 셈이다. 반면 내 방을 처음 가졌고 입맛은 인스턴트에 익숙해졌
다. 맘 붙일 관계설정이 힘드니 프로축구 · 야구에 열광했다. 독립적인
자아설정이 방해받고 물질문명에 휘둘리며 '풍요 속의 빈곤'을 정신적으
로 받아들일 수밖에 없는 세대였다.

반면 학생 땐 수험전쟁 자체였다. 한정된 학교에 들어가자니 콩나물시

루는 여사였고 입시경쟁은 뜨거웠다. 방해물도 많았다. 가뜩이나 내성적이고 차분하고 신중한 성격이 많은데 방에 틀어박혀 인터넷·게임을 하는 경우가 적잖았다. 학생운동, 반전운동, 포크음악, 히피족 등 거리로 쏟아져 그들의 문화를 한껏 즐기던 부모세대와 달랐다. 또 부모세대는 자녀에게 많은 걸 쏟으며 부담스런 학생시절을 강요했다. 초등학교 때부터 학원순례가 그렇다. 물론 모두가 승자는 될 수 없었다. 대학을 원했지만 못 가는 수험전쟁의 피해자가 수두룩했다.

그 다음은 취업빙하기가 그들을 기다렸다. 원하던 대학생이 됐건만 웃음은 잠시였다. 대학입학과 동시에 버블붕괴가 시작됐기 때문이다. 1990년대부터다. 취업문은 닫혔고 거대인구는 대졸실업자로 연결됐다. 졸업과 함께 정규직 취업관문이 보장됐던 부모·선배세대와는 구분됐다.

[그림 1-1] 일본의 1~2차 베이비부머 규모

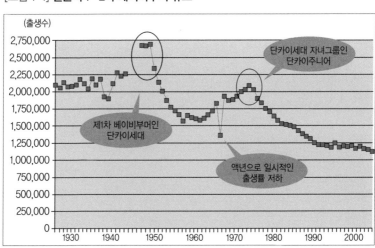

자료: 후생성

와중에 여대생은 더 늘었다. 힘세진 여성파워다. 반대로 한정된 일자리를 놓고 그녀들의 취업경쟁은 더 심해졌다. 차라리 대학보다 고졸 혹은 전문대 취업이었다면 그래도 버블이 본격화되기 전에 취업할 수 있어 다행이었을 정도였다. 장기불황은 이들에게 불운세대의 멍에를 안겼다. 노력이 보답해주지 않는 시대상을 한탄할 수밖에 없었다. 새롭게 등장한 건 프리터나 파견근로자였다. '잃어버린 20년'을 거치며 2차 베이비부머의 비정규직화는 무차별적으로 확대됐다.

일이 불안정하니 정상생활은 요원해졌다. 힘든 취업상황은 1인분의 인생출발을 막아섰다. 돈이 드는 연애는 어려워졌고, 사귈 기회가 줄어드니 결혼은 더 줄어들었다. 결혼을 안 하거나 미루니 출산이 늘어날리 만무하다. 실제 2차 베이비부머의 30~34세 시점(2005년) 미혼율은 남자(48%), 여자(33%) 모두 과거보다 현격하게 늘어났다. 부모세대보다 2~3배 높아졌다.

특히 고학력여성의 결혼이 힘들어졌다. 높은 눈을 채워줄 짝을 못 찾아서다. 가난하고 불안한 초식계열의 동년배 남성으로는 성에 차지 않는다. 결혼격차는 커졌다. 연봉이 2배면 결혼은 10년이 빠르다는 말까지 유행했다. 차라리 속편한(?) 독신이 양산될 수밖에 없는 구조다.

_물질문명의 첫 수혜… 버블붕괴로 사회진출 난관

이렇게 시간이 흘러 그들은 이제 40대 중년에 접어들었다. 그리고 그들 앞엔 '노후난민'이란 타이틀이 붙여졌다. 시대변화와 체제변혁 가운데 내몰린 표류인생답게 고향·결혼·가족의 안정된 삶은 녹록찮은 과제가 됐다. 역동적 성장사의 주인공이던 부모세대가 '이민세대'라면 불황·격차·폐색의 40대는 '난민세대'의 정의가 가능해졌다. 가진 건 적고 살아갈 날은 길어진 고령화시대 '노후난민'의 전형인 셈이다.

노후난민이 불가피해진 40대의 앞날은 어떨까. 초운에 잠깐 맛본 풍요로운 삶의 응보라 하기엔 가혹할 만큼의 말년불운이 첩첩산중이다. 세세한 중년고민은 50대와 비슷하게 공유되지만 '유유자적의 노후생활'을 위한 탈출확률은 이들보다 낮다.

소비지출을 보자. 40대는 소비지출이 절정에 달한다. 교육비가 대표적이다. 일본의 교육열은 한국 못잖다. 빠르면 유치원부터 대학입시에 뛰어든다. 또 학원비용은 천문학적이다. 온갖 비용은 충분히 살인적이다. 더 힘든 건 부모간병이다. 부자부모를 두지 않은 한 수명연장은 간병증가를 의미한다. 가족붕괴까지 이어지는 게 다반사다. 정부도 '시설간병→가정간병'으로 정책방향을 선회하면서 간병수요의 개인책임이 한층 커졌다.

노후자금은 먹먹함 그 자체다. 부모세대로 유추하건대 노후자금의 핵심기둥은 연금소득이다. 다만 40대에겐 답답한 과거유물이 됐다. 지금은 65세부터 받지만 이들이 늙었을 땐 65세 수령이 힘들다. 답답해진 상황변화 탓이다.

물론 예고된 결과다. 평균수명의 연장추세를 감안할 때 연금수급 개시연령(65세)의 추가적인 상향조정은 시간문제다. 연금과 고용을 분리할 수 없어 추가적인 정년연장이 거론되겠지만 늦게 받는 건 대세다. 금액까지 줄어들 게 확실시된다. 연금생활은 부모세대에서 종지부를 찍는다.

한일양국의 2차 베이비부머

40대는 아직 1960년대 출생자가 압도적이다. 조만간 1970년대로 바통을 이어줄 전망이다. 다만 2차 베이비부머로 명명되는 거대집단의 40대 합류는 시작됐다. 1971~74년생이다. 이들은 1차 베이비부머인 800만 1947~49년생(단카이세대)의 자녀그룹이다. 그래서 2차 베이비부머이자 '단카이(團塊)주니어'로 부른다. 매년 200만명 가량 출생해 800만에 육박한다. 정점인 1973년생은 209만명에 달한다. 이들은 선두주자다. 후속주자인 1973~80년 출생자(1,450만명)까지 아우르면 규모는 꽤 방대해진다. '단카이주니어 하류화백서'라는 부제의 『난민세대』를 쓴 미우라 아츠시(三浦展)는 2차 베이비부머의 부모연령을 더 세분화해 1970~75년까지 출생자를 2차 인구보너스로 규정했다. 반면 한국의 2차 베이비부머는 좀 다르다. 1968~74년의 600만명이 해당된다. 역시 40대지만 전후 1차 베이비부머인 1955~63년생(700만명)의 자녀세대는 아니다. 굳이 따지면 동생·조카뻘이다. 일본처럼 성장·사회기반의 구조전환이 뚜렷이 구분되지 않기에 '세대갈등'이란 표현은 어색하다.

믿을 건 퇴직금이다. 일본기업의 상당수가 퇴직연금으로 돌아서면서 퇴직급여를 적립해 노후안정에 기여토록 했다. 다만 기업경영 악화추세가 지속되면 끝은 알 수 없다. 파산하면 못 받는 게 현실이다. 아니면 감액이다. 퇴직연금도 수익률 하락과 모럴해저드로 적잖이 의미가 훼손됐다.

호랑이보다 더 무섭다는 증세도 발목을 잡는다. 일본정부는 2015년부터 소비세를 '5%→10%'로 올린다. 10%는 타협결과다. 20~30%까지 올려도 부족할 판이다. 복지재원 증가속도가 그만큼 가파르다. 증세는 곧 부담이다. 40대의 노후자금은 모일 틈이 없는 셈이다.

벼랑 끝의 50대
'은퇴절망 최초체감'

위험하긴 50대도 만만찮다. 일본에선 의식주해결이 힘든 중년난민이 적지않게 늘었다. 빈곤청년의 안식처(?)였던 PC방(네트카페) 장기체제에 50대가 부쩍 가세했다. 20대와 함께 50대가 PC방 난민그룹의 양축일 정도다.

사실상 홈리스다. '실업전락→임대불가→주거상실'의 악순환 결과다. 연령구성은 20대(26.5%)에 이어 50대(23.1%)가 많다(후생성 · 2007년). 성별로는 남성이 90%를 웃돈다. 처음엔 비즈니스 · 캡슐호텔 혹은 사우나였다. 돈이 줄면 일용직여인숙 · PC방 · 만화찻집이 몸 누일 유일공간이다.

비용은 저렴하다. 30분 100엔이지만 '해피나이트코스'를 끊으면 900엔이다. 토스트 · 커피 · 음료무료에 계란까지 무료다. 대부분 일용직이거나 1개월 이하의 단기계약직이다. 워킹푸어(저임금근로자)다. 실업자 · 무직자도 많다. 확대되는 소득격차의 현장인 셈이다. 고도성장 주역이던

50대의 아이러니컬한 실태다. 동시에 중년위기의 상징현상이다.

　50대는 노후절망을 실감하는 본격세대다. '은퇴난민 예비군'의 비애를 체감한다. 상당수는 하류사회로의 편입러시가 불가피하다. 상대적 박탈감의 증폭이다. 이들은 '설거지' 세대다. 1차 베이비부머인 단카이세대(團塊 · 1947~49년생)의 화려한 성장잔치에 불려나왔지만 정작 잔치끝판에 초대돼 배불리 먹진 못했다.

　그나마 좀 얻어먹었다고 설거지까지 강요당할 처지다. 물론 잔치구경 조차 못한 청년보다는 낫다. 이들은 식탁에 접근조차 못했다. 냄새만 맡았을 뿐이다. 잔치주역이 잔반(殘飯)조차 싸들고 떠났으니 더더욱 속상하다. 남은 건 뒤치다꺼리다. 곳간이 비었는데 은퇴세대 지원금까지 독촉한다. 현역갹출이다. 문제는 부족한 자산여력이다. 정작 낼모레면 본인도 은퇴인데 잔치는커녕 은퇴난민으로의 신분격하가 가슴을 옥죈다.

_고도성장 주역의 비참한 현실… 'PC방 전전'

일본의 50대를 연대변화로 보자. 샘플은 '58년 개띠'로 상징되는 50대 중반이다. 1958년은 여러모로 남다른 해다. 일본현대사의 절대지분을 가진 쇼와(昭和)시대의 클라이맥스가 1958년(쇼와 33년)의 전후 10년이다.

　당시는 긍정적 분위기와 역동적 에너지로 30년 고도성장의 주춧돌을 낳았다. 추억을 되살린 『쇼와 33년』이란 베스트셀러까지 나왔다. 이때 출생자는 1958년부터 42개월간 계속된 호경기(이와토경기)를 제대로 누렸다. 성장불씨답게 중화학중심의 성공스토리가 시작됐다. 삼종(3種)의 신기라는 냉장고 · 세탁기 · 흑백TV가 확대 · 보급됐다.

라면(인스턴트)을 비롯해 캔 맥주와 자판기도 1958년에 나왔다. 쇼우다 미치코(正田美智子)가 민간인 최초로 황태자(현 125대 천황)와 결혼해 '미치코 붐'까지 크게 일었다. 일본국민을 TV 앞에 집합시킨 역도산의 레슬링도 화제였다. 일본경제의 자존심인 333m의 도쿄타워도 그해 연말에 준공됐다. 패전슬픔을 역전시킨 경제회복의 본격개시 결과다.

1958년생은 대량생산 · 대량소비의 본격개막과 함께 태어났다. 10년 위인 단카이(團塊)보다 숫자는 적어도 공업 · 현대 · 도시 · 핵가족화의 첫맛을 봤다. 20세가 된 1968년은 고도성장의 병폐가 사회문제로 번졌다. 베트남전쟁 · 닉슨쇼크가 이어지면서 구체제의 수정요구도 거세졌다. 소비시장은 전후최장의 호황기인 이자나기(1965~70년)경기가 뒷받침해줬다.

이후 상황은 반전됐다. 오일쇼크로 엔고 · 디플레가 시작됐고 성장모델은 1980년대 '중후장대'에서 '경박단소'로 변경됐다. 혼란스런 20대였다. 하지만 취업전선은 맑았다. 원하면 종신고용 · 연공서열의 행복 컨베이어벨트에 올라탔다. 30세였던 1988년은 버블경기의 꼭지였다. 거리엔 돈이 흘러넘쳤다. 마이카 · 마이홈은 필수였다.

1998년엔 40대가 됐다. 신자유주의는 적자생존 · 승자독식을 강요했고 구조조정은 회사인간을 배신하기 시작했다. 월급은 줄고 고용은 흔들렸다. 2008년 50줄에 들어서자 이번엔 금융위기가 1958년생의 뒷덜미를 잡아챘다. 유유자적의 은퇴생활을 꿈꾸던 선배세대와 달리 이들의 노후준비는 연금감액 · 소득감소 · 고용불안에 무릎을 꿇었다. 돈 없는 은퇴우려의 최초세대 탄생이다.

50대(세대주) 일본가계의 자산규모는 선배들보다 열악하다. 일본가계 금융자산은 1,500조엔 안팎인데 이중 60~70%가 고령자 몫이다. 50대는 20%대 초반이다. 2040세대 전체합계와 비슷하다. 청춘세대보다 낫다지만 생애이벤트에 따른 지출항목을 생각하면 그렇지도 않다. 걱정스러운 건 감소세다. 2004년(23.6%)보다 2007년(21.0%)이 더 줄었다. 6070세대는 더 늘었다. 단카이 등 선배세대의 대량퇴직(퇴직금)과 맞물린 결과다.

근로소득 감소도 유사하다. 50대(2인 이상의 근로자세대)는 연간소득이 가장 빨리 줄어든 연령대다. 평균소득은 2010년(822만엔)이 2002(893만엔)보다 71만엔 줄었다. 평균치(748만엔→697만엔) 51만엔을 웃돈다. 50대 저축잔고는 1,659만엔에서 1,585만엔으로 감소(-74만엔)했는데 역시 평균감소치(-36만엔)를 능가한다. 그나마 이는 빈곤가구일 확률이 높은 독신은 제외된 수치다.

_성장수혜 맛본 58년 개띠들… 50대 이후 처지돌변

원래 50대는 생애소득의 절정연령대다. 와중에 자산·소득 모두 전체평균보다 급감한다는 건 50대의 힘들어진 경제활동을 뜻한다. '고용=비용'의 경영철학 탓에 비정규직으로의 전락이 많아진 결과다. 지금껏 40대부터 50대는 평균연봉이 항상 늘어났다. 생활급에 기초한 임금시스템 덕이다. 청년시절의 강제출자(성과)월급)가 중년이후 고배당(성과〈월급)으로 되돌아와서다.

[그림 1-2] 세대주의 연령별 저축 및 부채 잔액(2인 이상세대 중 근로자세대)

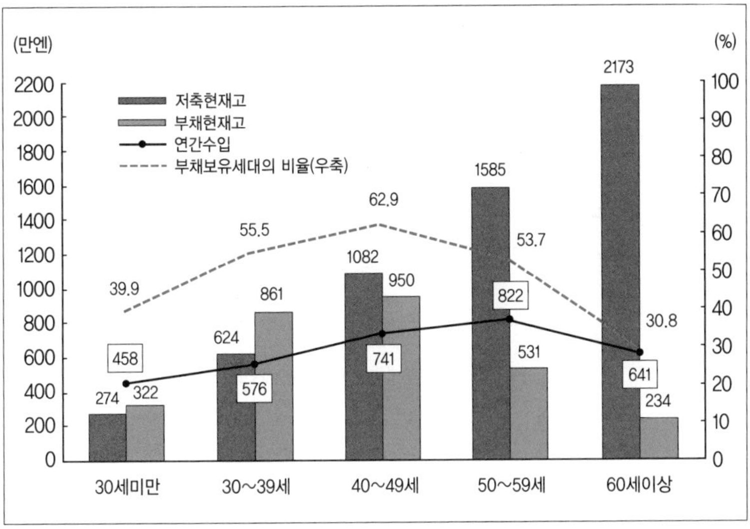

자료: 『고령백서』, 2010년

  그런데 청춘저당의 대가로 50대 이후에 받을 것으로 암묵적인 약속이
되었던 고배당(생활급)이 고용불안으로 줄어들면서 계산이 엇나갔다. 게
다가 50대 평균연봉은 천정자체가 낮아진다. 또 50대 열화(劣化)는 집단
적이다. 다함께 미끄럼틀 밑으로 떨어지니 소득격차를 뜻하는 지니계수
는 되레 낮아진다. 2009년 지니계수는 0.310인데 50대는 0.285로 평균이
하다. 상승추세(1994년 0.277)지만 20~40세대보다 기울기가 낮다.
  그럼에도 불구, 소비지출은 줄이기 힘들다. 50대라면 자녀교육·부모
봉양·노후준비 등 3대 소비항목이 건재하다. 천문학적인 간병·장례비
용은 생각만 해도 머리가 지끈거린다. 가족 중 한명이 치매(인지증)라도

걸리면 가계파산은 시간문제다. 물가하락조차 반갑잖다. 필수소비재(생필품) 물가상승률이 내구소비재 가격하락(디플레)을 상쇄하고도 남아서다. 엥겔지수의 상승추세다.

_자녀교육 · 부모봉양 · 노후준비의 3중고… 50대 자살률 1위

더 벌면 되겠지만 자산시장은 저금리 붙박이다. 아베노믹스로 2013년부터 기대감이 높지만 굴릴 돈이 없는 50대라면 박탈감만 심화된다. 중년창업은 일찌감치 막혀버렸다. 남성전업 · 여성가사의 전통모델로는 버티기 힘들어 50대 중년주부의 푼돈 벌기 아르바이트가 유행하는 배경이다.

살기 팍팍하니 자살률은 전체연령을 압도한다. 1위가 50대다. 10만명당 자살자 중 50대는 72.5명으로 미국(20.2명)보다 월등하다(2000년). 이유는 복합적이다. 40대(경제)와 60대(건강)의 샌드위치답게 경제 · 건강곤란이 모두 주요원인으로 꼽힌다.

폭주 · 망주노인이라고 선배를 폄하해도 그들도 별반 다를 게 없다. 50대 범죄율이 조금씩 증가해서다. 우울증도 문제다. 50대는 늙음과 인생한계를 본격적으로 깨닫는 최초연령대다. 가족 · 지인의 사망이별이 늘고 갱년기장애로 체력 · 지적능력 저하를 실감하면서 우울증 발생건수가 급증세다. 은퇴준비의 불안감은 증폭된다.

재미난 건 일본의 50대가 국가이미지와 일치한다는 조사다. 국가성숙도 조사에서 일본의 평균 이미지연령은 51.7세로 나타났다(하쿠호도종합연구소 · 2010년). 조사대상 9개국 중 가장 늙은 국가로 나왔다. 50대의 현

[그림 1-3] 연령별 자살률의 국제비교

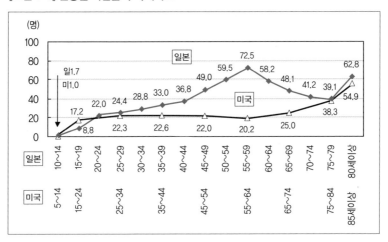

자료: 인구동태통계

실과 일맥상통한다. 미국(47.3세), 스웨덴(45.7세), 한국(35.6세), 중국(31.5세)과 비교되는 결과다.

반대로 50대 중 긍정적인 삶을 향유하려는 수요도 그만큼 증가세다. 가령 노후까지 연장될 본격적인 취미모색을 시도 혹은 시작하는 연령대가 또 50대다. 50대의 인기취미 랭킹 중 1위는 '단신여행'이다. 모든 걸 본인 뜻대로 즐기며 삶을 되돌아보고 앞을 준비하려는 수요다. 기차ㆍ버스 등 특정기간의 무제한 환승티켓이 발달한 국가답다.

2위는 재택워크다. 주로 동일연령대 중년여성이 많은데 집에서 간단히 푼돈을 벌 수 있는 취미다. 종류가 많아 용돈벌이로 제격이다. 그 다음은 신사ㆍ절 등에 한정된 기행이다. 역사공부와 함께 마음치유가 가능하다는 게 장점이다. 이밖에 오토바이, 전자공작(공작취미), 사진, 자전

거, 양궁, 낚시, 기타 등이 50대가 꼽는 공통의 인기취미로 분석된다(趣味探し.com).

　다만 은퇴임박에 즈음한 긍정적인 자세변화는 노후준비를 마친 일부 그룹의 한정이슈다. 대부분의 50대는 짓눌린 생존압박에 한숨조차 쉬기 어려운 게 현실이다.

더알아보기 **50대의 PC방 난민추세**

흔히 네트카페(PC방) 난민은 젊은이가 많을 걸로 추정된다. 다만 통계조사를 보면 50대가 유력한 홈리스 후보연령대로 급부상 중이다. 50대와 함께 20대가 네트카페난민의 양축이다. 이들은 고도성장의 한축을 담당했으면서 동시에 장기불황에 그대로 내몰린 샌드위치세대다. 후생성 조사(2007년)에 따르면 50대는 20대와 함께 네트카페의 주력이용자다. 올나이트이용자(6만900명) 중 5,400명이 최종적인 네트카페 난민으로 파악됐다. '실업전락→임대불가→주거상실'의 악순환에 빠진 네트카페 난민의 연령별구성비를 보면 20대(26.5%)에 이어 50대(23.1%)가 가장 많다. 반면 40대(12.8%)는 30대(19.0%)보다 적다. 성별로는 90% 이상이 남성이다.

이들의 경우 처음엔 비즈니스·캡슐호텔 혹은 사우나였다. 돈이 없어지면서는 일용직여인숙 혹은 네트카페·만화찻집이 몸을 누일 유일한 곳이 돼버렸다. 비용은 저렴하다. 30분 100엔이지만 '해피나이트코스'를 끊으면 900엔이면 충분하다. 여기에 토스트·커피·음료무료에 계란까지 준다. 인터넷은 무제한이다. '난민천국'이다. 대부분 일용직이거나 1개월 이하의 단기계약직이다. 전체의 60%다. 홈리스와 다를 바 없는 실업자·무직자도 적잖다. 확대되는 소득격차의 탈락자인 빈곤층이다. 일해도 생활향상을 기대하기 어려운 저임금근로자다. 과거 경제성장의 주역이던 50대가 대부분이라니 아이러니컬한 실태다. 네트카페는 만화찻집의 연장으로 2001년부터 급증했다. 저가에 고서비스 등으로 간이숙박시설로 손색이 없어졌다.

흔들흔들 중년위기
'고용 · 건강 · 가족의 3대 위기'

위기의 중년이랬다. 아슬아슬한 삶 때문이다. 중년위기는 하루 24시간을 관통한다. 일어나면 오늘이, 잠잘 땐 내일이 걱정이다. 지금껏 탄탄대로를 달렸어도 앞으론 첩첩산중이 가로막는 나잇대다. 여기엔 동서고금이 없다. 중년위기를 뜻하는 영어(Mid-life crisis)까지 있다니 확실히 범세계적인 공통이슈인 게 분명하다.

장수사회일수록 중년위기는 넓고 깊다. 여명(餘命)불안이다. 한국도 이제 접어들었다. 100세 시대니 피하기 힘들어졌다. 중년위기를 상징하는 각종 시그널은 벌써부터 심상찮다. 십중팔구 불행지표다. 회사에선 정년과 무관한 퇴직압박이 상시적이다. 위에선 누르고 밑에선 치받는다. 회사자리는 가시방석이다. 집은 더 힘들다. 존재감이 옅어진 노동기계일 뿐이다. 가족소외는 결정적이다. 중년가장이 머물 공간은 집안 어디에도 없다.

한국중년은 특히 힘들다. 일 권하는 특유의 기업문화로 체력약화는 하루가 다르다. 노화까지 앞을 막는다. 그래도 생존하자면 과로는 필수다. 버티기다. 자연히 스트레스는 일상적이다. 움직이는 종합병원처럼 만성질병 1~2개는 보통이다. 여기까진 현재이슈다.

내일숙제까지 떠올리면 중년상황은 최악으로 치닫는다. 불확실성에 눈앞이 컴컴해진다. 살아내야 하는 삶의 무게 탓이다. 은퇴이후의 생존과제다. 그럼에도 불구, 은퇴미션은 후순위다. 4050세대부터 본격화되는 자녀부양·부모봉양이 더 급하다. 빚 안지면 다행일 만큼 거금이 투여된다. 막연한 책임감 탓이다. 일본노인처럼 성장과실도 그다지 못 받았으니 은퇴자금이 남았을 리 만무하다. 아파트 1채면 그나마 성공사례다.

이쯤이면 누구나 공감하는 평범한 중년스토리다. 동시에 최악의 시나리오다. 장수선진국의 빈곤노인 라이프사이클과 정확히 중첩돼서다. 여기서 벗어나야 행복은퇴는 비로소 전제된다.

_'탄탄대로→첩첩산중'의 중년현실… '평범해진 최악상황'

그래서일까. 중년위기가 어느 때보다 빈번하게 인구회자 중이다. 위기에 허덕이는 중년의 냉혹한 현실뉴스가 넘쳐난다. 중년에 집중된 명예퇴직, 사업실패, 가정파탄, 질병·자살 등이 그렇다. 문제는 해결방법이다.

아쉽게도 명쾌한 정답은 없다. 되레 중년위기에 편승한 공포사업이 활개다. 일례로 즐비해진 중년서적이다. 아픈 청춘만큼 힘들고 괴로운 중년을 어루만진다. 다만 이를 극복할 유력카드는 마뜩찮다. '약간의 사고와 행동변화로 즐거운 중년이 펼쳐질 것'이라지만 보증불가다. 고민뿌리가 중년외부에 있으니 당연지사다. 중년위기의 진원지가 외부환경이란 얘기다. 적자생존·승자독식의 무한경쟁적인 작동원리가 대표적이다.

한국의 중년위기는 위험수위에 달했다. 아무리 둘러본들 현실생활은 힘들어졌고 노후빈곤은 불가피해졌다. 이럴 때를 위해 믿고 맡긴 게 정치지만 희망은 없다. 중년위기를 낮춰줄 제도장치는 유명무실하다. 무엇보다 복지시스템이 제도미비·기능부전에 빠졌다. 원래부터 한국의 사회안전망은 허술했는데 이젠 재정압박마저 구체화됐다.

결국 기댈 건 자구노력뿐이다. 생활유지·노후준비의 자기책임 전가현실이다. 공적이전(연금)·사적이전(자녀봉양)이 힘들다면 위기타개의 전위수단인 근로·자산소득의 돈줄확보가 현실적이며 구체적이고 즉각적인 대응법이다. 노후불안의 진원지가 돈·건강·가족이란 점에서 복합·장기적인 미션수립·실천방안의 도출이다. 이대로라면 파편화된 중년의 삶은 극단적인 박탈·고립감으로 연결될 수밖에 없다. 중년의 집단우울이다.

일본은 중년위기에 일찌감치 주목했다. 최근엔 관련분석과 대응전략이 더욱 늘었다. 2012년부터 베이비부머(1947~49년 800만 출생자)가 정년(65세)에 달해 중년인구의 대량은퇴가 본격화된 것도 계기가 됐다. 유유자적의 노후를 꿈꾸는 인구증가와 여기에 태클을 거는 경기불황이 맞서자 묘안도출은 시대과제로까지 부각됐다. 중년위기를 통제·개선하지 못하면 이후의 노후불안은 증폭될 게 불을 보듯 뻔해서다.

한국도 '58년 개띠' 등 베이비부머(1955~63년생)가 50대 중년이 됐다. 2차 베이비부머인 40대조차 중년행렬에 가세했다. 반면 일본보다 퇴직연령(57.3세·고용노동부)이 빨라 한국중년의 퇴직은 일상다반사다. 중소기업까지 넣으면 50대 전후의 상당수가 퇴직자다. 즉 한국중년의 위기압박은 목에 찼다고 할 수 있다. 65세 정년까지 시간을 번 일본중년과는 상황이 다르다.

연구자료(닛세이기초연구소)에 따르면 중년부터의 위기항목은 크게 3가지로 나뉜다. 은퇴생활을 포함한 중년이후 삶의 격차를 결정하는 건 △고용 △건강 △결혼(가족) 등이다. 해법은 균형 잡힌 새로운 라이프스타일에의 적응이다. 일본사례에서 그 현실과 교훈을 살펴보자.

_중년남성의 '사회적 배제와 WLB 해법'

중년남성의 위기출발은 일자리에서 비롯된다. 고용불안이다. 특히 일본남성의 해고불안 체감위기는 극에 달했다. 성과주의가 폭넓게 도입된 2000년대 이후부터다. 달라진 직장환경 탓이다. 지금껏 샐러리맨의 걱정거리는 기업이 해결해줬다. 고용·의료·교육·육아·간병 등 생활보호는 기업복지가 도맡았다. 성별역할분업에 기초한 핵가족화도 여기에 맞춰 적응해왔다. 기업사회 종사자답게 멸사봉공으로 일하면 정년퇴직까지 안정된 생활유지가 가능했다.

지금은 아니다. 추세적 비정규직화가 일본을 스트레스로 물들였다. 육체·정신적 건강악화부터 실업우려가 중년남성을 괴롭힌다. '구조조정→가족붕괴→단신거주' 양상이다. 애초부터 비정규직이라면 중년독신은 당연결과다.

일과 집을 잃어버린 중년남성은 사회적 고립문제로 확산된다. 자살이 슈로 보자. 1998년 이후 12년 연속으로 자살자가 3만명을 넘겼다. ±50대인 40~60세대가 최다비중이다. 이유는 건강문제가 일반적이지만 뜯어보면 경제·생활갈등이 최대근거다. 또 무직자·비정규직 혹은 단신거주자 자살비중이 높다. 공통분모는 중년남성이다.

우울(조울)증은 중년남성의 상징질병이다. 이른바 '감정(심리)장애' 환자는 2008년 104만명을 넘겼다(후생성). 이중 38만명이 남성이다. 선진국보다 적지만 편견우려의 감춰진 환자를 감안하면 결코 낮지 않다. 연령별로는 30~70대가 주력이다. 40대(8.4만명)가 1위인 가운데 30대(7.9만명)와 50대(7.1만명) 순서다.

우울증은 기업에도 악재다. 상장기업의 45%가 마음의 병에 걸린 직원이 늘었다고 했다(2010년·일본생산성본부). 또 대기업일수록 발병확률이 높다. 직장인 중 58%는 불안·고통·스트레스를 호소했다는 또 다른 통계도 있다(2007년·후생성). 최근 연구에선 구체적으로 커뮤니케이션 및 관계부재가 원인으로 자주 꼽힌다.

우울증엔 실체근거가 있다. 상승 중인 중년실업자가 증거다. 청년(20~34세)과 고령(50~64세)실업이 횡보중인데 반해, 중년(35~49세)만 일관된 상승세다. 실업은 곧잘 취업포기로 연결된다. 취업희망·구직활동의 구직포기로의 전환이다. 취업포기는 고령일수록 높지만 최근엔 중년이 가세했다(2002년 25.4%→2007년 33.4%).

고용불안은 결혼포기·단신거주를 낳는다. 생애미혼율(50세 현재 미혼)은 1980년대 2%대에서 2005년 16%로 급등했다. 여성은 그 절반이하다. 10년 넘게 살다 헤어지는 숙련이혼도 늘었다. 중년독신의 확산추세다.

[그림 1-4] 완전실업자수와 연령별 구성비의 추이

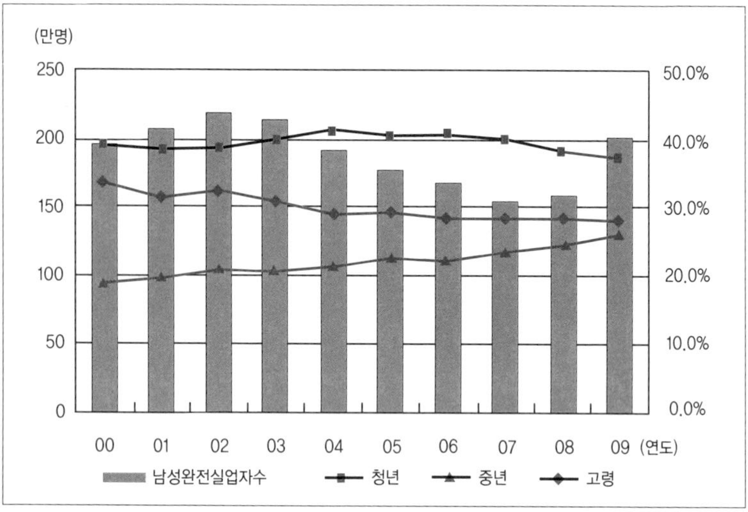

자료: 〈닛세이기초연구소〉

독신일수록 평균여명은 낮아지고 사망률은 높아진다. 질병확률도 마
찬가지다.

중년남성을 괴롭히는 직장 · 가족에서의 배제 · 고립엔 탈출구가 없을
까? 워낙 복합 · 구조적이라 뾰족한 답은 없지만 길이 없지는 않다. 우선
일과 가정의 양립조화(Work Life Balance=WLB) 실현이다. WLB는 저출산
대책의 핵심이다. 동시에 고용불안의 중년위기를 구해낼 카드다. 과잉노
동 방지와 직업생활 안정 및 가정 · 지역조화 실현, 심리질병 해소에 효
과적이기 때문이다.

즉 정규직의 과로와 비정규직의 고용에서 적정균형(Work Sharing)을 찾
으면 적어도 '고용→건강→가족'의 연쇄붕괴를 늦출 수는 있다. 위기경감

묘책이다. 우울증 특효약인 관계복원 기반도 넓어진다. WLB로 직장외
부에서의 관계개선이 강화되면 과도한 기업의존적인 라이프스타일에서
벗어날 수 있다. '회사인간'으로부터의 탈피다.

　WLB는 기업에게도 좋다. 노사대결적인 비용절감부터 사회적 책임과
생산성 향상 등이 기대효과다. 더불어 복지정책 강화도 필수다. 중년직
장인의 고립원인이 축소된 기업복지에 일정혐의가 있다면 이번에 시스
템자체를 기업복지에서 사회복지로 전환시킬 필요다. 생활보호의 정부
확대다. 원활한 노동참가를 전제로 탈락자에게 제공하는 사회차원의 복
지공급 모델수립이다.

_중년여성의 노후빈곤, '해결카드 절실'

중년(고령)여성은 장수사회의 상징그룹이다. 수명연장의 차별적 수혜 때
문이다. 문제는 건강수명이다. 평균수명과 건강수명은 다르다. 장수에 동
반되는 건강·간병문제의 부상이다. 특히 여성이 그렇다. 여성고령자 비
중이 압도적으로 많아서다. 노인 중 여성비중은 65세 이상은 1.3배에 불
과한데 75세(1.7배), 85세(2.7배)로 갈수록 많아진다. 생존율도 비슷하다.

　그래서 고령사회는 여성사회로 왕왕 비유된다. 노후기의 장기독신
은 여성에게 일반적이다. 반대로 주거·연금 등 안정된 생활기반 확보
는 고령여성의 삶을 결정짓는 최대변수다. 아쉽게도 불안감은 높다.
원인은 크게 건강(75.2%), 간병(58.6%), 수입(50.8%) 등이다(2008년·후
생성).

그간 여성의 라이프코스는 꽤 다양화됐다. 남녀차별이 줄어들면서 취업, 결혼, 육아 등 다양한 선택지가 가능해졌다. 그럼에도 불구, △고용 △건강 △결혼(가족)의 3대 생활리스크는 중년남성과 크게 다르지 않다. 여성특유의 성별특징과 생애주기 때문이다.

[그림 1–5] 중년(고령)인구의 위기구조

남성

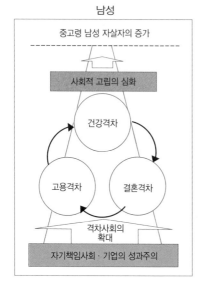

여성

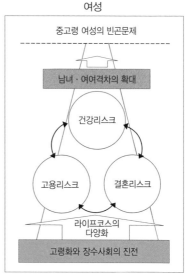

자료: 〈닛세이기초연구소〉

중년여성의 3대 위기 중 가장 부담스러운 건 건강악화다. 우울증 환자의 60%가 여성인데 남성과 달리 60~70대 환자가 많다. 여성자살자도 비슷하다. 60대를 중심으로 앞뒤 20년(50~70세)이 최다빈도다. 원인은 건강문제가 2/3다. 이중 절반이 우울증으로 알려졌다. 중년이상 고령여성의 심리질환이 많은 건 장수도 원인이지만 배우자 · 친구 등을 떠나보낸 상실감과 질병 연장선으로 이해된다.

[그림 1-6] **우울증 등 심리질환 환자의 성별비교(2008년)**

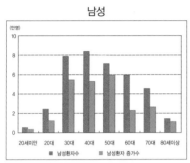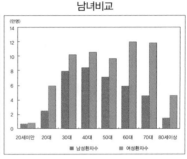

자료: 〈닛세이기초연구소〉

간병문제는 고령여성의 삶과 직결된다. 평균수명과 장수수명의 갭은 여성의 경우 7.5년이다(2004년 · WTO). 결코 짧지 않은 간병기간이다. 고령화가 진행되면 더 늘어날 전망이다. 노년간병을 위한 개호보험의 요(要)인정비율은 75세 이상에 집중된다. 65세 이상보다 7배나 많다. 게다가 개호보험의 보호막은 불안하다. 인정수요는 많은데 재정공급이 턱없다. '늙으면 돈이 효자'이듯 자력구제가 있지만 실제로는 어렵다. 돈이 없어서다.

물론 평균적인 일본노인은 돈이 많지만 속속들이 뜯어보면 노노(老老) 격차가 현격한데다 여성은 남성보다 한층 열악하다. 연금선진국답게 연금소득만으로 사는 인구도 63.5%에 달하지만 간병비용을 커버하기엔 역부족이다. 재정건전화 차원에서 향후 연금수령이 늦춰지고 수급액마저 축소될 전망이라 더더욱 불안하다.

그래서 선택한 게 취업카드다. 고용형태로는 비정규직이다. 남성 비정규직은 청년 때 높다 이후 낮아지다 고령인구 때 재차 급증한다. 'U자'다. 반면 여성 비정규직은 출산·육아기(25~34세) 때 낮다 이후 일관되게 높다. '√스타일'이다.

비정규직은 여성이 남성보다 3배 많다. 남성 비정규직이 적고 여성 비정규직이 많은 구간이 중년기다. 비정규직이니 소득은 낮다. 그렇잖아도 성별 임금격차가 큰데 비정규직 레테르마저 붙으니 임금수준은 더 낮다. 고용·성별형태의 임금격차는 1.5~1.8배에 이른다. 여성 비정규직에겐 사실상 이중격차다. 중년여성의 노후준비를 막는 거대복병이란 얘기다.

물론 여성 비정규직은 그간 큰 문제가 아니었다. 남성전업·여성가사 모델 탓에 가계보조적인 취업형태로 인식됐다. 다만 지금처럼 배우자의 휴업·실업·무업위기가 커지면 얘기가 달라진다. 같은 맥락에서 만혼·비혼 등의 가족붕괴 리스크도 해결변수다. 눈높이의 미스매칭이 야기한 결혼수급 갭이 여성의 생애단신으로 연결돼서다. 부모동거라면 2세에 걸친 노후압박 악재다.

이혼도 문제다. '이혼→재혼' 비율은 여성이 낮다. 이 경우 대부분 모자가정으로 빈곤함정에 빠질 수 있다. 고용과 가족이슈는 자연스레 WLB 강화로 귀결된다. WLB의 구축·실천으로 여성의 고용부담을 덜어줄 필요대두다. 소득과 가족 모두를 손에 쥘 수 있어서다.

중년위기를 넘기자면 라이프코스별로 본인에게 맞는 대응준비가 필요하다. 정도차이는 있지만 리스크가 적은 건 배우자 있는 고용확보다. 배우자 없는 고용확보와 배우자 없는 건강유지도 비교적 괜찮다. 문제는 결혼(가족)리스크에 노출됐거나 배우자 있는 건강악화다.

_더 열악한 중년여성, '가족관계 대체시스템 필요'

이를 종합해 중년여성의 유력한 라이프코스별로 리스크와 대응책을 정리해보자. 3가지다. 먼저 독신리스크다. 비정규직이 길어지면 연금소득을 비롯한 노후불안은 높아진다. 부모의존도 한계가 있다. 노후단신을 대비한 간병마련도 부정적이다.

따라서 정규직 도전이 급선무다. 사회적으론 임금격차 축소 및 직업능력 확대방안이 유력하다. 전업주부리스크는 드라마틱하다. 지금껏 드물었던 남편실업·숙년이혼이 예상되고 중년취업은 여전히 힘들다. 대안은 맞벌이를 비롯한 취업전선의 조기데뷔다. 연금구조에 취약했던 전업주부를 위한 급부확대 및 공제개편 등도 거론된다.

마지막은 양립(WLB)리스크다. 가정·직장의 양립요구는 여성에게 과도한 압박이다. 남편협력을 유도하고자 근로형태 다양화와 휴가·시설등이 마련됐지만 효과는 미지수다. 출산·육아를 위한 여성의 커리어중단도 여전하다. 노후대비에 취약한 여성이 WLB에 성공하도록 한층 효율·현실적인 추진정책이 필요하다. 이들 3대 리스크의 공통대응책은 가족관계를 대체할 새로운 인적 네트워크의 형성이다.

[표 1-1] 중년(고령)위기의 남녀비교

	남성	여성
건강격차	• 심리질병(우울증) 문제 • 직장고립과 자살증가	• 장수와 간병 및 노후자금 문제 • 고령 생활보호수급자의 증가
고용격차	• 실업률의 상승 • 무업(無業)자의 증가	• 비정규직의 증가 및 고용환경 변화 • 비정규직의 리스크 증가
결혼격차	• 생애미혼율의 상승 • 숙년이혼의 증가	• 미혼 · 비혼 · 이혼증가와 재혼율 저하 • 일과 가정 양립조화의 리스크 상승
대응책	• 기업 · 개인의 양립조화 촉진 • 기업복지에서 사회복지로 전환	• 취업지속 및 임금격차 시정 • 독신우려 줄일 네트워크 수립

자료: 〈닛세이기초연구소〉

통계로 살펴본
'일본노인의 평균생활'

늙어가는 속도란 제어불능인 듯하다. 당초예측을 비웃는(?) 광범위·급속도의 고령화는 국제공통의 골칫덩이 이슈다. 선두주자는 역시 '장수대국' 일본이다.

일본의 고령화는 가히 거침없다. 매년 기록갱신이다. 2012년 9월부로 노인인구(65세 이상)가 3,000만명(3,074만명)을 넘겼다(후생성). 전년(2,972만명·23.3%)보다 102만명이 늘었다. 비율은 24.1%. 사상최고치다. 1차 베이비부머(단카이세대) 맏형격인 1947년생이 2012년 65세를 맞아 고령그룹에 가세한 결과다. 결국 4명 중 1명이 노인인 셈이다.

그중에선 70세를 넘긴 이들(2,256만명)이 절반을 웃돈다. 총인구의 17.7%다. 확연한 늙음이다. 여성(1,759만명)이 남성(1,315만명)보다 훨씬 많다. 여성 4명 중 1명(26.9%)이 할머니란 얘기다. 노인인구가 1,000만명 (1979년), 200만명(1998년), 3000만명(2012년)으로 계속 느는데 소요기간은 각각 19년, 14년이다. 시간단축이다. 이래서 고령화가 무서운 법이다.

지금의 노인인구와 그들의 라이프스타일은 곧 뒤따를 중년세대에게 중요한 바로미터이자 반면교사로 작용한다. 닮아갈 수밖에 없기에 회피하고자 할 때 미리 준비하고 대처하는 기준틀이 된다. 이런 점에서 일본노인의 평균생활을 살펴보는 것은 일본중년뿐 아니라 한국의 후속주자에게도 일정부분 삶의 힌트를 제공한다.

_거침없는 장수추세… 불안한 변방일자리 전전

그렇다면 일본노인의 평균적인 인생2막은 어떨까. 먼저 취업상황부터 보자. '60세→65세'로 2013년부터 사실상 정년을 늘린 일본답게 고령근로는 한국보다 사정이 낫다. 평생고용 채택압력이 높아지면서 노인취업은 꾸준히 개선 중이다. 고령취업자(65세 이상)는 모두 544만명이다(2011년). 남성(333만명)이 대다수이며 여성(211만명)이 뒤를 떠받친다. 취업률(고령취업자/고령인구)은 남녀 각각 27.6%, 13.1%다. 수치만 놓고 본다면 정년연장에도 불구, 여전히 갈 길이 멀다는 증거다. 전기고령자(65~69세) 남녀 취업률은 각각 46.2%, 26.9%로 그나마 높다.

취업내용은 확실히 변방일자리다. 농림업(93만명)과 도소매업(92만명)이 압도적이다. 성별로 나누면 남성노인은 농림업(54만명), 도소매업(51만명), 제조업(42만명) 순서로 많다. 여성노인은 도소매업(42만명), 농림업(38만명), 숙박·음식서비스업(23만명) 등이다.

취업상태는 불안하다. 피고용자(317만명) 중 절반가량이 비정규직이다. 그중엔 임원이 적진 않지만 대부분은 비정규직(163만명 · 51.4%)이다. 임원을 빼면 69.7%로 뛴다. 임원제외 피고용자(234만명) 중 파트타임 · 아르바이트는 남녀 각각 34.3%, 55.7%다. 반면 정규직은 31.4%, 28.9%에 불과하다. 특히 남성고령자 중 22.6%는 정년퇴직 이후 재계약을 통해 근무연장이 이뤄진 계약 · 촉탁직원이다. 65세를 넘겼어도 계속고용이 이뤄진다는 의미다.

[그림 1-7] 임원제외 고령취업자의 취업형태별 비율(2011년)

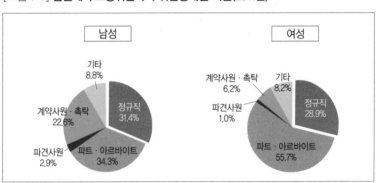

자료: 노동력조사

관심사는 노인가계부다. 고령세대주 대부분은 무직세대로 평균 1개월 가계수지는 적자상태다(2011년). 세후평균 18만5,000엔이 전체수입이다. 세금 · 소비지출의 실제지출은 22만1,000엔이다. 그나마 최근 지진영향 · 차량보조금(친환경) · 포인트제도(가전) 등으로 소비가 줄어든 걸 반영한 결과다. 즉 월 3만6,000엔 적자다.

[그림 1-8] **고령무직세대의 가계수지 추이비교(2007~2011년, 전체세대)**

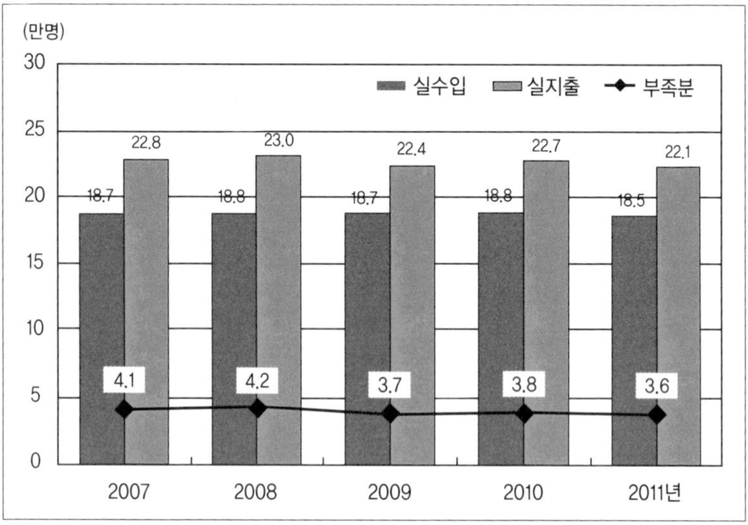

(만명)

	2007	2008	2009	2010	2011년
실수입	18.7	18.8	18.7	18.8	18.5
실지출	22.8	23.0	22.4	22.7	22.1
부족분	4.1	4.2	3.7	3.8	3.6

자료: 가계조사

　　그렇다면 부족분은 어떻게 벌충할까. 대부분은 금융자산 인출활용이
다. 다행스러운 건 부자노인의 정황증거다. 고령세대주의 저축액은 1세
대 평균 2,257만엔이다(현역세대=1,358만엔). 줄어든 게 이 정도다. 이는 4
년 연속감소(2007년 2,481만)다. 평균함정을 피하고자 저축액이 낮은 세대
부터 높은 세대까지 줄을 세운 한 중간도 1,464만엔(중앙치)이다. 역시 감
소세지만 '노인=빈곤'의 한국으로선 꽤 부러운 대목이다.

　　저축내용(2인이상 세대)을 보면 고령세대주는 정기예·적금(47.7%), 통
화예·적금(17.4%) 등 현금성 저축 위주다. 보험(19.2%), 유가증권(14.9%)
은 일부다. 반면 현역세대는 각각 39.0%, 20.5%, 26.6%. 10.6%로 구성

된다. 이들의 실수입 중 90%는 사회보장급부비(공적연금)다. 현역수입(46만9,000엔)의 80%가 근로소득인 것과 구분된다. 은퇴이후 지출감소 차원의 도심탈출은 미약하나마 목격된다. 노인의 지역별 전출입을 보면 도쿄탈출 노인인구가 연 4,000~5,000명 정도다. 취업·진학을 위한 청년세대의 도쿄집중 트렌드와 비교된다.

_생활비부족은 저축인출로 충당… '배우는 노인' 증가

지갑사정을 뺀 이들 일본노인의 삶은 어떨까. 독거노인·고독사망·무연사회란 유행어대로라면 궁극의 절대소외가 예상되지만 생각보다 외롭지는 않다. 고령의 단신거주로 인연·네트워크가 붕괴돼 힘든 노후가 불가피한 사례가 적지 않지만 아직 대세는 아니다. '현수교 효과'처럼 대형재난 이후 가족부활의 움직임도 고무적이다.

  무엇보다 장수추세로 노인부부가 증가세다. 고령세대의 유배우자 비율증가다. 다만 고령자 중 부부동거·독거비율은 성별로 뚜렷이 갈린다. 할아버지 대부분(81.8%)은 아내와 함께 사는 반면 할머니 2명 중 1명(49.6%)은 독거신세다(2010년).

  당연하지만 동거비율은 연령증가와 반비례한다. 70세까진 대부분 함께 살지만 이후부터 독거할머니가 급증한다. 85세를 넘긴 여성은 80%가 남편사별로 홀로 살아간다. 고령세대 중 단신세대는 1995년 12.1%에서 2010년 16.4%로 늘었다. 시설입소(노인홈)도 각각 4.2%에서 5.7%로 증가했다. 특히 단신세대는 남녀(11.1%, 20.3%)로 갈린다. 평균수명의 남녀

격차 반영결과다.

일상생활은 비교적 긍정적이다. 당장 뭔가를 '배우려는 노인'이 증가세다. 2011년 '학습·자기계발·훈련' 등을 받은 고령자(718만명)는 동일그룹 중 26.0%에 달했다. 특히 70세 초중반 연령대의 학습열의가 높다. 학습내용은 '인문·사회·자연과학'과 '간병' 관련을 빼면 전체항목에서 늘었다. 특히 컴퓨터 등 정보처리를 배우려는 열기가 뜨겁다.

운동관심도 높다. 어떤 종류든 스포츠를 즐긴다는 노인(1,420만명)이 동일연령대의 51.4%에 달한다. 2006년 조사보다 4.8%P 늘었다. 역시 70대 초반이 활기차다. 종류별로는 '워킹·경증체조'가 인기인 가운데 등산·골프·자전거 등은 횡보상태다. 취미·오락을 즐기는 노인인구 (1,991만명)는 72.1%로 나왔다. 2006년보다 3.4%P 증가한 수치다.

취미영역은 75세 이상 후기고령자에 특히 유력관심사다. 이중에선 영화감상이 최근 인기다. 2004년부터 시작된 '부부할인(부부 중 한명이 50세 이상이면 할인)'이 계기가 된 것으로 보인다. 이밖에 10명 중 6명이 즐긴다는 노인취미의 선두주자가 원예(Gardening)다. 독서, 음악, 노래방, 미술, 견학(야유) 등도 상위권이다. 대개 10~30%의 인구가 이런 고전취미를 즐긴다.

가택(주변)에 머무는 인구도 많다. 가령 TV시청자의 압도그룹은 고령세대다. 20대의 일평균 TV시청시간은 2시간 정도인데 60대는 4시간을 넘긴다(NHK방송문화연구소). TV에서 라디오로 옮겨가는 고령인구도 만만찮다. 소비품목이 많은 것은 에어컨·스토브 등 냉난방용기구로 조사됐다. 직장생활의 현역세대와 달리 집안에 장시간 있어 그만큼 냉난방 관련지출이 필요해서다. 생활불편을 없앤 거주환경을 위한 설비수선·

유지의 주택개조도 돋보인다.

식비지출은 전반적인 감소세다. 다만 신선과일 등 친환경·건강지향을 위한 먹거리는 부각된다. 반찬 중에선 육류부진 속 어류호조가 대조적이다. 쌀과 빵 중 고르라면 빵이 유리하다. 학교급식에서 빵을 먹어본 세대가 최근 고령인구에 합류한 덕분이다. 휴대전화·인터넷 요금 등은 확연히 증가세다. 현역세대엔 못 미쳐도 노인세대도 정보수집·커뮤니케이션에 관심이 높다.

한중일 비교
'일본노인의 7대 불가사의'

장수국가는 위험하다.

사회·경제구조의 지속가능성에 물음표를 던지기 때문이다. 밑을 떠받칠 현역세대는 줄고(저출산) 모셔야 할 은퇴세대는 느니(고령화) 당연지사다. 전형적인 가분수다. 흔들리고 쓰러질 수밖에 없는 물구나무 신세다. 재정압박으로 국가부도 위기봉착의 남유럽사태가 증거다. 서둘러 고령사회의 유지기반을 높이는 작업이 필요한 이유다.

근원해법은 분모증대(출산율 증가)다. 다만 하루아침에 될 일은 아니다. 품과 돈이 많이 든다. 현실론은 분자(고령화)의 충격완화와 대책마련에 무게중심을 둔다. 그러자면 고령인구의 집중분석이 필수다. 은퇴이후를 둘러싼 막연한 공포판매 대신 노인그룹의 실태인식과 이에 발맞춘 맞춤대응의 제시필요다.

최근 경제주간지 〈다이아몬드〉는 일본 중국 양국의 노인생활 패턴을

7가지로 비교해 화제를 모았다. 중국노인과 비교해 일본노인의 당면문제가 뭔지를 다뤘는데 밝고 건강한 미래지향적인 장수사회 실현에 적잖은 시사점을 안겨줬다. 여기에 한국까지 넣어 한중일 3국 노인생활상의 현실과 해법실마리를 찾아본다.

_'일본→한국→중국' 순서의 고령화, '대응은 역순서'

먼저 배경논리다. 3국 모두 미래사회의 지속가능성에 빨간불이 켜졌다. 당초예상을 깨버린 급속한 고령화가 위험수위에 달했다는 건 공통이슈다. 후속국가일수록 속도·규모는 상상초월이다. '일본→한국→중국' 순서다. 65세 이상 인구(고령화율)는 일본(23%·초고령사회·2011년)이 1위다. 한국(11%·2010년)은 고령사회(14%) 일보직전이다.

중국(8.2%·2010년)도 고령화사회(7%)에 편입됐다. 1억 중국인이 65세를 넘겼다는 계산이다. 특히 중국은 60세 이상을 고령자로 보는데 모두 13%(1억7,000만명)다. 매년 600만명이 새로 편입된다. 속도는 더 빠르다. 다만 고령화 대처수준은 다르다. 사회보장급부비가 105조엔(2011년)인 일본은 일찌감치 관련대책을 펴왔다. 한국은 1990년대에 첫 삽을 떴다. 중국은 이제 시작단계다.

실제풍경은 다르다. 늙어가는 모습은 제각각이다. 노인인구가 많을수록 쓸쓸하고 외로운 고립독거가 일반적이다. 반대로 고령초기일수록 국가·사회의존도가 약하고 복지기반도 허술하다. 그래서 중국의 경우 자발적인 저비용구조의 노후생활에 익숙하다. 지금부터는 한중일의 노인생활 7대 패턴의 비교결과다.

◆ 활동여부

일본노인은 잘 움직이지 않는다. 간병이 필요한 노인환자야 둘째 치고 건강한 노인조차 일상생활에서의 움직임이 별로 없다. TV 앞에 앉아 기계적으로 리모컨을 돌리며 시간을 보내는 경우가 많다. 교통비가 비싸니 금전지출도 부담스럽다. 커튼을 내린 채 은둔적인 외톨이로 집안에서만 오간다.

중국은 좀 다르다. 이곳저곳을 기웃대며 집밖에서의 활동공간을 찾으려는 노인인구가 많다. 이웃과의 일상교류도 잦다. 요컨대 활동적이다. 독거노인이 늘면서 활동성이 줄긴 해도 아직은 행동하는 뒷방존재다. 부유층 중국노인은 이동성이 더 좋다. 여름엔 북쪽, 겨울엔 남쪽휴양지에서 철새처럼 간병센터를 찾아다닌다. 한국은 중간정도다. 일본보다는 활동성이 높지만 중국보단 낮다. 지하철의 무료제공 등도 한몫했다.

◆ 대화빈도

활동영역이 좁으니 커뮤니케이션이 원활할 리 없다. 은둔생활의 독거노인화가 확대되면서 아예 말을 하지 않는 고령자도 많다. 간병시설 등 동년배의 집단공간조차 커뮤니케이션은 기대하기 힘들다. 동그랗게 둘러앉아도 대화는 상실이다. 묵묵부답의 무표정이다. 특유의 인간관계 탓이다. 남을 배려해 간섭하지 않고 폐를 끼치지 않으려는 의식이다. 노인고독을 노린 방문사기가 급증하는 배경이다.

반면 중국풍경은 다르다. 3~4명만 모여도 자연스레 대화가 이뤄진다.

대화에 거부감이 없는 문화다. 바둑·장기로 친교를 쌓는 경우도 많다. 한국은 일본에 가깝다. 고령여성은 그나마 낫지만 남성고령자에겐 친교 장벽이 높다.

◆ 노후여가

중국은 사교댄스가 노인의 유력한 오락거리다. 지역광장에서 춤추는 노인은 어디서든 볼 수 있다. 노인대학도 많은데 필수과정이 사교댄스, 탭 댄스, 탁구, 태극권 등이다. 몸을 움직이는 강습위주다. 남녀차이도 없다.

한국은 성별로 갈린다. 여성노인 중 댄스·가요 등 활동취미는 보편적이지만 남성노인에겐 드물다. 남자노인에겐 취미자체가 거의 없다. 일본도 노인대상 프로그램 중 사교댄스는 없다. 배울 의지도 기반도 없다. 취미라면 서예·독서 등 정적인 게 대세다. 당연히 노후여가는 집안에 매몰된다. 과거엔 노인특유의 존재역할이 있어 지역사회 참여율이 높았다. 마을축제 준비책임이나 공동작업, 장례접수계 등이 노인임무였다. 죽을 때까지 할 일이 있었던 셈이다. 근대화·도시화·핵가족화는 이들에게서 일을 뺏어버렸다.

◆ 의료의존

중국아침은 공원의 태극권에서 시작한다. 본인의 건강유지를 위해서다. '다리가 움직이지 않으면 인생은 끝'이란 공포감 때문이다. 경보, 스트레칭, 기구운동 등을 즐기는 노인도 많다. 보험제도의 미정비, 영리적 병원성행, 뇌물관행의 의료진, 효과 낮은 의약품 등 의료에의 불신감이 강해서다. 부자를 대상으로 한 양질 의료기관이 있지만 일반인에겐 문턱이 높다. 즉 '약에 기대지 않는 건강생활'이 중국노인의 기반심리다.

반면 한국 · 일본은 의약의존적인 은퇴생활이 적잖다. '사회적 입원', '의료쇼핑' 등 과다진료 무리수가 빠지지 않고 지적될 만큼 의약의존성은 맹신적이다. 의료보험 재정압박 때 노인의료비는 늘 거론되는 단골지적이다.

◆ 운동습관

중국공원은 체력증진과 오락향유를 위한 노인인구의 놀이터다. 노래, 춤, 트럼프 등을 즐기고 구경하는 이들로 넘쳐난다. 아침에 출근해 저녁에 퇴근할 때까지 공원을 터 삼아 노후생활을 보내는 이가 많다. 돈을 쓰지 않는 인생 즐기기의 실천이다.

반면 일본노인은 공원에서 사라졌다. 일본주택가 공원은 인기척이 사라진지 오래다. 일본노인에게 운동습관이 별로 없다는 점도 관련이 있다. 운동량을 늘리라는 처방을 해도 실천이 어려운데 원래 운동을 해본 적이 별로 없기 때문이다. 운동시설은 거의 활용되지 않는다. 공원은 많지만 운동은 없다. 한국은 중국에 가깝다. 아침저녁으로 산책 · 운동을 즐기는 노인인구가 급증세다.

◆ 치매빈도

일본엔 치매환자가 많다. 노인평균 유병(有病)비율이 3.0~3.8%다. 숫자로 240만명 정도다. 치매환자를 위한 시설 · 인적지원도 많다. 안심할 수 있는 노후생활의 근거다. 수준도 높다. 시설내부에 독자화폐를 유통시켜

치매진행을 늦추거나 룰렛을 설치해 자금관리 능력을 유지시킨다. 아이디어는 각양각색이다.

중국은 치매통계가 없다. 정확한 수치는 없지만 일본보단 적을 것으로 추정된다. 중국(73세) 평균수명이 일본(82세)보다 낮아서다. 노인보호망이 빈약한 환경도 치매발병을 떨어뜨린다. 삶이 불확실해 긴장감을 지키려는 자립의식이 강하다는 얘기다. 한국도 노인치매는 가족붕괴를 넘어 사회병폐로 연결 중이다. 그럼에도 불구, 아직은 가족책임 영역이다. 간병제도(장기요양)가 있지만 실효성은 미지수다.

◆ 손자양육

현역세대 중 맞벌이가 증가세다. 이 시대 밥벌이의 대세다. 이때 자녀양육은 최대걸림돌이다. 직장과 가정양립이 힘들어서다. 이때 은퇴세대가 손자세대를 돌봐주면 걱정거리가 준다. 일본은 웬만하면 손자를 돌봐주지 않는다. 본인생활에 적극적이지만 최근 희생전제의 손자양육이 늘고 있다. 하지만 아직은 소수사례다. 세대단절이다.

중국은 맞벌이가 일반적이라 그 자녀의 뒤치다꺼리는 조부모 역할로 한정된다. 일종의 암묵적 양해다. 사회적으로도 노인의 주요임무 중 하나로 인식된다. 자녀가족을 위해 살림을 도맡는 경우도 많다. 여기서 존재역할과 의미를 찾기도 한다. 한국은 중국과 비슷하다. 당위론이든 현실론이든 돌봐줄 수밖에 없다고 봐서다.

2장

직장위기
일자리로 갈리는
은퇴난민 티켓전쟁

거세진 '사표압력' vs 답답한 '중년속내'

"일자리가 최고다!"

복지이슈가 한창이다. 지향점은 정부복지다. 스웨덴·노르웨이·핀란드처럼 고부담·고복지의 사민주의를 부러워하는 이유다. 많이 거둬 넉넉히 나눠주니 빈곤함정에 걸려들 여지가 적다. 잘려도 아파도 걱정 없이 쉴 수 있다. 행복한 복지시스템의 상징이다.

한국은 어떨까. 너도 나도 "죽겠다"가 입에 붙었다. 틀린 말은 아니다. 갈수록 더 그렇다. 본격화된 감축성장으로 성장에너지가 줄어든 가운데 승자독식·적자생존의 가치철학(신자유주의)마저 횡행해 양극화가 극에 달했다. 가진 자는 더 갖고 없는 자는 더 털리는 구조가 착근됐다. 증거는 많다. 하류인생의 대량양산이 대표적이다. 노동시장은 '정규직→비정규직'으로의 하락이 일상적이다. 기업에게 근로자는 비용일 뿐이다. 잘 벌 때 고용했다가 힘들 때 해고하면 그뿐이다. 고임금의 정규직이 부담스럽다면 구조조정이 만능카드다.

고용불안은 이렇게 확대재생산의 악순환을 반복한다. 무차별적이다. 떳떳하게 사회진출을 해왔던 청년세대는 실업이라는 거대장벽 앞에 무릎 꿇기 십상이다. 얼마나 많은 돈을 들여 준비했는데 3D의 낮은 일자리는 타협불가다. 최소수준은 맞아야 하는 '교육→취업'의 공고한 사회인식이다. 속편한(?) 공무원에 도전하는 배경이다.

_너도 나도 "죽겠다!", 일상적인 고용불안 가속화

은퇴세대라고 다를 게 없다. 60세로의 정년연장이 법률로 정해지면서 밥그릇 쟁탈전에서 패배한(?) 청년세대의 비난이 거세지만 이들의 퇴장은 실로 불안하고 안타까운 현실이다. 자녀 뒷바라지하고 부모를 모시며 겨우 마련한 아파트 한 채가 유일한 재산인데 나이 60을 한참 앞두고 물러나야 한다면 이후 30년은 지옥과 다름없다. 결국 해법은 일자리다. 정신건강을 위한 일은 한가한 소리다. 오직 돈(근로소득)이 관건일 뿐이다.

자, 이제 그 사이에 낀 4050세대의 중년속내를 어림짐작해보자. 앞뒤 세대가 워낙 대결·갈등 지향적이라 이슈에서는 밀려났지만 샌드위치라는 비유답게 속은 타들어간다. 조만간 은퇴연령에 도달하는데 트릴레마(부모봉양·자녀양육·본인노후)는 엄중한 무게로 다가온다. 반면 왕성한 경제활동과 능력발휘로 생애소득 중 정점을 찍어야 할 판에 들어오는 월급봉투는 달라진 게 별로 없다. 줄지 않으면 다행일 정도다.

무엇보다 해고공포가 상시적이다. 회사가 돈 벌기 힘들어졌다는데 뽀

족한 경쟁력조차 없다면 버텨내기가 힘들다. 은퇴선배 혹은 부모세대를 보니 일자리가 유일무이한 노후빈곤의 탈출해법인데 중년부터 불안해지니 살길이 막막하다. 가능한 버텨내든가 혹은 과감히 때려치우고 확률 낮은 창업성공을 꿈꿀 수밖에 없다.

따라서 중년에게 "너의 꿈이 무엇이냐"고 묻는다면 "첫째도, 둘째도, 셋째도, 아니 백 번째도 일자리를 유지하는 것"으로 요약될 터다. 퇴직 이후의 빈부격차를 결정짓는 관건이 '근로소득'을 얼마나 오랫동안 갖느냐에 달렸다는 점을 이미 학습효과로 배웠기 때문이다. 일자리만 있다면 현역시절이 늘어나기에 그만큼 소득확보가 용이해진다. 트릴레마를 해결할뿐더러 실업이후 갉아먹을 자산손실까지 방지할 수 있다. 일자리가 가르는 노후빈곤의 격차확대다. 심리안정은 불문가지다. 소득루트가 막히면 지출구멍의 체감크기는 더 커질 수밖에 없다.

아쉽게도 현실은 정반대다. 중년의 일은 바야흐로 절체절명의 고빗사위에 섰다. 명확하게 종신고용이라는 제도를 두지는 않았지만 외환위기가 있었던 1990년대 중반까지만 해도 중대한 결격사유만 없다면 정년까지는 함께 가는 문화가 많았다. 그런데 이제 과거형이 됐다. 기업변심이 컸다. 천문학적인 내부유보를 보면 기업은 돈을 벌어도 이를 나눠줄 의지가 없다. 직원보다는 주주가 우선됐고 해외진출 등을 통한 지속가능한 기업모델을 위해 돈을 쌓아둘 필요는 높아졌다는 이유다. 이를 뒷받침한 논리가 경쟁유도적인 신자유주의다.

이때 고비용의 중년직원은 주요타깃으로 떠올랐다. 덜 주고 더 써먹을 수 있는 2030세대의 젊은 직원보다는 더 주고 써먹기도 애매한 4050세대가 정리대상에 먼저 올랐다. 물론 갈수록 연령대는 하락하는 추세다. '오륙도→사오정→삼팔선→이태백'의 신세한탄이 그 증거다. 물론 노조저 항이 센 경우면 아예 신입사원을 뽑지 않는 경우도 비일비재다. 50대가 되면 언제 짐을 싸도 이상하지 않다는 게 주변지인들의 공통지적이다. '고비용 소모품' 신세로의 전락이다.

_고용불안의 고빗사위에 선 중년, '고비용 소모품'

통계마다 다르지만 한국의 평균적인 퇴직연령은 50대 초중반이 대세다. 좋게 봐도 50대 중반이면 사실상 퇴직연령대에 접어든다. 나이 50 이후 엔 퇴직을 언제든 받아들여야 한다는 얘기다. 설상가상 베이비부머답게 경쟁자도 많다. 뚜렷한 경쟁력으로 승진하지 못하면 옷 벗는 건 시간문 제다. 화려한 스펙으로 치고 올라오는 후배그룹도 부담스럽다.

일자리를 잃는 순간 중년의 삶의 무게는 천근만근 무거워진다. 당장의 호구지책을 떠올리면 노후대책은 설 공간조차 없다. '눈앞의 반찬거리도 못 살 판에 노후준비는 어불성설'이란 의미다. 당연한 얘기다. 그래서 창 업한다. 주지하듯 비슷한 처지의 선행도전이 대부분 실패로 끝났다는 중 년창업의 실상을 적나라하게 알려줘도 어쩔 수 없다. 당장 먹고 살아야 해서다. 자녀마저 밟힌다. 어떻게든 자녀교육은 양보불가란 게 이 시대 중년부모의 공통속내다.

이럴 때 정부복지가 탄탄하면 그래도 숨통이 열린다. 다만 상황은 '아 니올시다!'로 요약된다. 한국의 복지시스템은 대단히 실망스럽다. 2012 년 대선에서처럼 최근 복지이슈가 국가적 관심사로 부각됐지만 개선은 어렵다. 주장하듯 재원도 없지만 무엇보다 정치권의 의지부족이 치명적이다. 사견이되 복지재원은 결단코 적은 금액이 아님에도 불구, 위에서 아래까지 줄줄이 새고 겹치고 이권마저 판쳐 정작 복지수요자에게 전달되는 건 일부뿐이다. 표(민심)만 준다면 울다가도 웃을 고약한 정치문화가 개선되지 않는 한 복지대국은 요원하다.

또 하나 중년어깨를 짓누르는 건 연금구조다. 아이러니컬하게 노후생활의 버팀목인 연금이 중년세대의 목줄을 움켜쥐고 있다. 고용불안이 가속화되면서 실질적인 정년이 앞당겨지자 불가피한 연금공백이 발생했기 때문이다. 현재 국민연금은 60세부터 받을 수 있다. 중년일 때 잘려 60세까지는 연금수령이 불가능한 상황이다. 특히 2013년부터는 61세부터다. 이렇게 5년마다 1세씩 늦춰지는 스케줄을 통해 2033년 65세 지급을 완성할 계획이다.

다행히도 정년연장이 발표됐다. 60세까지 의무고용을 하라는 일종의 강제조치다. 벌칙조항이 있지만 피해나갈 구멍이 많아 실효성은 반반이다. 정년연장은 사실 권고사직을 없애 중년실업을 막기 위한 이유보다 더 큰 근거가 있다. 연금재정을 안정시키려는 정부의 뜻이 반영된 결과다. 어쨌든 정년연장이 60세로 적용되면 많은 중년근로자가 다소의 시간벌이가 가능해진다. 추가적인 근로소득 확보다. '은퇴 크레바스(Crevasse)'의 탈출이다.

다만 60세 정년연장은 또 다른 족쇄가 될 여지도 있다. 연금재정은 필연적으로 악화된다. 저성장·고령화가 목격되는 국가 중 연금재정이 탄탄한 곳은 한 곳도 없다. 그렇다면 감액조치와 함께 재차 연금수급 개시연령을 손볼 수밖에 없다. 따라서 60세로의 정년연장은 그 이상의 수급

연기를 위한 사전작업일 수 있다. 실제 국책연구기관에선 국민연금 수급연령을 67세까지 추가로 늘려야 한다는 주장이 제기됐다(한국금융연구원). 재정불균형을 막고 청년세대까지 노후보장 체계를 수립하자면 고통분담이 필요하다는 이유다.

_60세 정년연장의 노림수, '연금재정을 아껴라!'

결국 공통적인 핵심사항은 중년의 고용안정으로 요약된다. 4050세대에 장기·안정적인 일자리가 제공된다면 해고공포 없이 현역생활과 노후준비가 가능해질뿐더러 연금재정을 건전화할 수급연령 연장조치까지 가능하기 때문이다. 따라서 아예 정년제를 없애거나 성장엔진을 재가동해 중년 일자리를 넉넉히 제공하는 게 최선책이다. '정년퇴직=실업진입'의 등식을 퇴출시키는 것이다. 이제부터 일본사례를 통해 왜 중년의 일자리가 불가피하게 흔들릴 수밖에 없는지, 그들은 어떤 상황에 놓여있는지, 저성장·고령화 국가의 중년세대가 품은 직장위기를 살펴보자. 한국보다 훨씬 복지시스템이 탄탄하고 개별가계의 축적자산마저 월등히 많을 뿐만 아니라 여전히 종신고용의 문화전승이 잔존하는 일본에서 확인되는 중년그룹의 직장위기는 한국사회에 적잖은 시사점을 안겨줄 수 있다. 결론적으로 배고픈 현실을 피하고 목돈이 드는 진짜 노후겨울을 준비하자면 방법은 사실상 일자리 하나로 요약되기 때문이다.

중년에게 직장이란
'죽어도 지킬 최후카드'

'마누라, 아내, 애들 엄마, 집사람, 와이프'

중년남성에게 필요한 5가지란다. 인터넷에 떠도는 유머인데 꽤 적절한 비유다. 참고로 중년여성에게 필요한 5가지는 딸, 돈, 건강, 친구, 찜질방이라고 한다. 다분히 냉소적이고 희화화된 유머지만 현실상황과 접점이 많아 설득력이 있다.

다만 '중년'이란 단어는 좀 그렇다. 고령·노인·은퇴남성이면 몰라도 4050세대가 주축인 중년그룹에겐 좀 억울할 수 있겠다. 배우자란 당연히 필요하고 꼭 있어야 하는 존재지만 가장역할을 벗어나 일을 놓은 은퇴남성만큼 절실하진 않을 터다.

오히려 정말 절실한 필수사항은 앞서 강조했듯 '일'이다. 직장명이 붙은 명함소지가 중년표정을 좌우한다. 일자리를 가졌다면 현실생활과 노후준비 모두 어려우나마 버텨낼 여력이 있어서다. 반대로 실업상태라면 투명인간이나 매한가지다. 이게 진중하고 답답한 시대현실이다. 은퇴에 임박한 중년세대에게 일자리는 은퇴난민 여부를 결정짓는 최대변수다.

_4050세대 중년 '실업신세=노후난민', 일본사례의 엄중경고

일자리가 은퇴난민 티켓전쟁의 핵심승기(勝氣)라는 건 한국보다 일찍 유사환경을 겪은 이웃나라 일본에서 확인된다. 일본국민은 부자다. 살인적 국가부채로 나라곳간은 비었어도 개별가구의 축적자산은 세계최고다. 평균적인 일본노인은 은행에 맡겨둔 금융자산만으로 평균수명까지 적자 우려 없이 넉넉히 살 수 있다. 부동산 등 실물자산은 예외다. 여기에 3층(국민연금, 후생연금, 기업연금)의 복층연금이 실행되고 있어 연금소득만으로도 '유유자적의 은퇴생활'이 기대된다. 연금소득은 일본노인의 노후소득원 중 약 90%의 절대비중을 차지한다.

이유가 뭘까. 종신고용·연공서열에 따른 성장과실을 집중적으로 받아 연령이 들수록 임금커브 상향수혜(／)를 입었고, 은퇴시점엔 막대한 퇴직금을 수령했으며, 일부는 부모를 포함한 선대의 상속자금까지 물려받아 오늘의 부자노인을 완성했다. 평일엔 최고급 스시와 백화점 쇼핑을 즐기고 주말엔 스포츠카를 타고 별장을 찾아 바비큐파티를 즐기는 은퇴생활의 이미지는 여기서 비롯된다. 실제 필자는 일본체제 때 이웃의 부자노인을 여러 번 목격했다.

그렇지만 여기엔 빈틈이 있다. 또 그 빈틈은 생각보다 크다. 노노(老老)격차다. 통계함정을 피하기 위해 챙겨보는 중앙치로 분석하면 일본노인 중 대부분은 생각보다 가난하다. 부자노인이 적진 않지만 일본노인의 상징모델로 삼기는 힘들다. 기업울타리 안에서 종신고용·연공서열을 적용받은 정규직 은퇴자가 적을뿐더러 연금구멍이 커 누락되거나 가까스로 걸리는 무연금·저연금 노인세대가 숱하게 많다. 유통기한이 지난 편의점도시락을 공짜로 얻어 끼니를 때우거나 여름겨울엔 냉난방비가 없어 몸 하나로 버텨내는 한계노인이 수두룩하다.

이 둘의 갭, 즉 부자노인과 빈곤노인의 차이를 한층 벌리는 게 중년시절 일자리 확보여부다. 또 그 일자리가 얼마나 안정적이고 장기적인지가 관건이다. 광의로는 현역시절 전체에 걸치는 일자리의 질적인 문제로 확산되지만 4050세대로 좁혀도 마찬가지다. 라이프사이클상의 중년특성을 감안할 때 이 연령대의 일자리는 오히려 임박한 노후빈곤 여부를 가늠짓는 결정적인 잣대에 가깝다. 중년의 '일'이 대부분 이후의 은퇴생활과 직간접적으로 연결되기 때문이다.

한발 나아가 은퇴연령에 도달해도 일은 중요하다. 근로소득 상실여부가 노후양극화를 사실상 결정하기 때문이다. 즉 특별한 경우가 아니면 노인이라도 일을 그만둘 때 빈곤나락에 빠진다. 근로소득이 끊기면 생존이 힘들어서다. 따라서 고령자 핵심복지는 일자리 확보를 통한 근로소득 유지다. 가장 바람직한 노후빈곤의 해결책이 꾸준한 근로소득이란 의미다. 정년과 무관한 장기근로 인구가 많아지면 재정부담도 경감된다.

한국보다 앞서 일본이 정년연장을 법적조치로 강구한 것도 같은 맥락이다. 특히 마땅한 노후준비를 못한 경우라면 지속근로는 필수다. 영세자영업자의 경우, 보험료 부담과 급부가 상대적으로 적은 국민연금뿐이다. 저소득·장기실업에 노출된 그룹도 그렇다. 또 저소득자라면 상대적으로 건강상태가 열악해 나이가 들수록 취업마저 힘들다.

요컨대 연금생활이 힘들고 일마저 없다면 노후궁핍은 피하기 힘들다. 연금선진국이라는 일본의 연금급부 수준(순연금소득대체율)도 OECD 평균(70%)을 밑도는 60%대다. 근로소득 구성비는 저소득층(25%)과 중간소득층(39%)으로 5%대 · 10%대인 스웨덴 · 영국 · 미국보다 높다(고령자의 소득계층별 가처분소득 구성변천). 노후빈곤을 피하자면 꾸준한 근로소득이 거론될 수밖에 없다.

_노후준비 없을수록 근로소득 필수, '연금선진국의 교훈'

다시 중년세대의 일자리 필요여부로 돌아오자. 정년연장 수혜도 없이 이미 퇴직한 노인세대는 기댈 바가 정부뿐이다. 빈곤노인이면 최후보루가 정부다. 다만 안타깝게도 이들을 커버할 만한 정부여력은 없다. 일본이든 한국이든 그렇다. 인간다운 삶을 밑도는 최소생활이 가능하면 다행일 정도다. 오늘의 중년은 이들로부터 교훈을 얻는 게 필요하다. 아직 시간이 있기에 노후빈곤의 미끄럼틀에서 미끄러지지 않을 방책을 찾을 때다.

실제 중년의 위기감은 높다. '노후난민 예비군'인 정년임박의 4050세대 불안감은 어느 때보다 높다. 갈수록 성장환경이 핍박받으면서 4050세대의 노후자금 마련압박이 심화되고 있다. 설문조사를 보면 중년응답자의 70%가 본인노후를 현재노인보다 열악해질 것으로 봤다. 지금보다 노후가 더 나빠질 것이란 응답도 50%에 달했다. 좋아질 것이란 답은 6%뿐이다(피델리티퇴직투자교육연구소 · 2010년). 노후난민이 될 수 있다는 불안감의 표현이다. 이를 통해 실질적인 노후대책의 압권카드가 '일'이란 사실이 자연스레 도출된다.

중년의 일…
'그 절체절명의 이유'

'중년의 일은 선택이 아닌 필수다.'

앞 꼭지의 결론이다. 중년에게 직장은 목에 칼이 들어와도 지켜내야 할 절체절명의 마지막 카드다. 이를 놓으면 미래는커녕 현재도 없다. 물론 자발적으로 일을 놓고 물러날 여유로운 이는 거의 없다. 대부분은 어쩔 수 없이 옷을 벗는다. 그럼에도 불구, 버틸 수 있다면 최대한 출퇴근 루트는 확보하는 게 최선이다.

『그들은 소리 내 울지 않는다』는 책의 부제는 '이 시대 50대 인생보고서'다. 유명한 사회학자인 서울대 송호근 교수가 집필해 화제를 더 모은 책이다. 구구절절 한국의 베이비부머가 처한 냉엄한 현실스토리를 풀어내 공감을 얻었다. 직접 다양한 50대를 만나 얘기를 들었다니 현실감이 높다. "청춘세대야 아프면 울면 되지만 50대는 그럴 수조차 없다"는 게 더 먹먹하다. "남이 있는 데서 울지 않을 뿐 홀로 있을 때 자주 운다"는 현실고백이다. 저자의 분석처럼 그 울음의 본질은 '서러움'이다. 인생의 짐이 투영된 한없는 '서글픔'이다.

문제는 앞날이다. 4050세대가 품어야 할 '서러운 서글픔'은 사실 이제부터다. 아직 시작조차 않았다. 안타까운 건 짧지도 않다. 못해도 20~30년, 길게는 30~40년을 함께 해야 할 동반감정이 '서러운 서글픔'이다. 특히 저성장·고령화에 막 접어든 한국사회로선 겪어보지 못한 미증유의 시대도래란 점에서 그 감정의 깊이와 넓이조차 예견하기 힘들다. 시대의 변화양상이란 그만큼 무차별적이고 무제한적이다.

_중년특유의 '서러운 서글픔'… 해결책은 '일자리'

그래서 준비가 필요하다. 모르기에 더 확실한 미래대처법이 필수다. 다행스러운 건 선행사례의 존재감이다. 차별적인 경로의존성 탓에 장기간 구축된 사회의 하부구조가 다르고 설명변수의 영향력이 다를 수밖에 없지만 후속주자로서 다소간의 벤치마킹·반면교사의 힌트를 제공받을 수 있다는 것이다. 무엇을 말하는 것일까. 바로 일본이다.

'서러운 서글픔'을 경감 혹은 지체시켜줄 해결책을 일본에서 찾는다면 그 결론은 뭘까. 사실상 중년숨통은 일자리에 달렸음이 확인된다. 일, 요컨대 직장의 확보여부가 중년현실은 물론 노년생활을 가르는 최대승부처다. 그래서 최근 중년세대가 느끼는 직장위기를 극복하는 것이 중차대한 과제다. 길게는 은퇴난민의 예비명단에서 빠질 수 있는 최선책이다.

지금부터 4050세의 중년세대에게 왜 일이 중요한지를 은퇴대국·장수사회 일본의 변화트렌드에서 확인해보자. 과거와 달라진 시대환경과 삶의 작동원리, 그리고 세상살이의 생존원칙을 복합적으로 살펴보면 '중년의 일'은 개인을 넘어 국가전체의 행복증진을 위해서도 필수란 점을 알수 있다. 중년인구의 일을 둘러싼 정합성(整合性)에 대한 근거는 2011년 출간된 졸저『은퇴대국의 빈곤보고서』를 인용·요약하며 설명하겠다.

중년에게 일자리가 필요한 이유를 간단히 키워드로 범주화하면 다음과 같다. 크게 6가지로 모두 일본사회의 현실풍경을 토대로 추출된 이슈다. △무연사회 △불편왜곡 △목돈압박 △노후자금 △연금의존 △고령근로 등이다. 이들 6대 이슈는 노후준비의 최소분모다. 정의·규정은 달라도 대부분의 노후생활 준비항목과 겹치는 주제다. 재무, 가족, 취미(여가), 사회활동, 건강 등 5가지 포트폴리오를 제시(삼성생명은퇴연구소)한 국내연구와도 일맥상통한다.

_이슈 1 : 무연사회, '고독사와 가족해체 속의 대량방치'

중년의 일은 관계지속을 뜻한다. 소득확보를 넘어 인간관계와 네트워크의 기반이 되는 마지막 타이밍이 40~50세의 중년기다. '늙으면 돈이 효자'란 말처럼 돈이 없으면 인륜이자 본능인 자녀애정조차 떠나가는 게 현대사회의 엄연한 현실이다. 따라서 이때 일을 움켜쥐지 못하면 돈부터 관계까지 증발된 무자비한 노후인생이 불가피하다. 일본이 그 반면교사다.

일본사회가 고독에 빠졌다. 돈이 없어서다. 가난이 인간관계마저 휑하니 끊어버렸다. 외로움에 치를 떨다 고독하게 죽는 하류인생의 대량생산이다. '독신=가난' 항등식 성립이다. 3가구 중 1가구는 단신세대로 이미 가난에 직면했다. 저소득 · 비정규직은 독신탈출 자체가 힘들어졌다. 이들 삶에 희망이란 남아 있지 않다.

남자는 더 어렵다. 초식(草食)을 이어 고남(孤男)과 독남(毒男)이 넘쳐난다. '청년→중년→노년'의 연대순서다. 공통점은 고독이다. 충격적인 사건사고도 반복된다. 생계범죄부터 아사사건까지 부자나라 · 빈곤국민의 부끄러운 현대병폐가 총망라 중이다. 도쿄주택가의 흉가는 새로운 도시괴담으로 떠올랐다. 백골사체 미스터리를 품은 빈집만 800만호다. 핏줄에 대한 기본예의조차 사라졌다. '무연사회(無緣社會)'의 개막이다.

후폭풍은 무차별적이다. 성장과실을 누린 부자노인이 이럴진대 돈 없는 후속세대는 무방비상태다. 이들에게 노후는 절망과 동의어다. 노처녀 · 노총각의 한숨소리가 높은 이유다. 고립공포를 품은 4050세대를 필두로 한 노후난민 예비군의 대량양산 구조다. 경제논리 앞에 그 유명하던 지역축제(마츠리)도 무릎을 꿇었다. 연대감은 악화일로다.

와중에 사회안전망은 붕괴됐다. 기업복지(개발주의 복지모델)로 자녀교육 · 주택마련 · 노후자금 등 개인복지를 책임졌던 기업은 이제 변절했다. 일본기업 특유의 공동체의식 대신 적자생존 · 승자독식의 신자유주의와 맞물려 무한이익에 사활을 걸었다. 월급은 줄이고 사람은 자르며 격차사회의 패권을 독점했다. 미끄럼틀에서 떨어진 중산층 이하가 급증한 상황논리다.

눈물과 고독을 돈벌이로 삼은 무연사회 비즈니스마저 등장했다. 돈만

좋던 부자나라의 슬픈 자화상이다. 일본사회가 무연(無緣)화되고 만혼(晩婚)화되며 폐색(閉塞)화되는 근본이유다. 요컨대 돈 걱정을 둘러싼 연령불문의 집단우울이다. 4050세대의 중년그룹은 이제 그 예고된 장수사회의 피폐무대로 진입이 강제될 찰나다. 해법모색은 목에 찼다.

_이슈 2 : 불편과 왜곡, '최소불행 사회의 망주·폭주노인'

고립공포의 폐색감이 극단적으로 표출되면 사회문제로 비화된다. 과거엔 없었던 새로운 사건사고가 등장하기 시작한다. 공통점은 장수사회의 풍경과 정확히 일치한다. 전통사회였다면 이를 품어줄 연대감과 공동체의식이 있었겠지만 지금은 냉혹한 '신자유주의' 시대다. 돈이 안 되면 어떤 것도 제공되지 않는다. 상생논리는 없다. 노인인구의 생활불편이 가속화되는 가운데 이들의 비이성적인 감정표출이 일상적으로 늘어나는 이유다.

일본은 고령국가다. 좋게는 장수대국이다. 길거리 풍경주인의 절대다수가 노인인구다. 꽃집과 병원이 문전성시인 것도 같은 맥락이다. 실버산업 예찬론의 배경이다. 그런데 실제 노인의 삶은 알려진 것과 정반대다. 무연사회 희생자인 것도 서러운데 돈으로도 해결할 수 없는 생활불편이 수두룩하다. 삶의 질을 높이고자 '최소불행 사회'를 외쳤던 정부(민주당)로선 머쓱한 대목이다.

600만명의 구매난민이 대표적이다. 생활권내에 일용품을 살 곳이 사라져서다. 두부 한모 사자고 1㎞ 이상을 걷거나 택시 타는 노인은 새롭잖다. 몸은 아픈데 동네점포가 폐업하니 방법이 없다. 생명줄의 중대한 단절위협이다. 기름도 그렇다. 일본특유의 사례지만 불편하고 추우며 외로울수록(지방·겨울·노인) 주요소 폐업공포는 구체적이다.

생활불편을 악용한 악덕상술은 넘쳐난다. 돈 냄새는 나는데 사리판단은 떨어지니 사기꾼이 몰리는 건 당연지사다. 갈수록 악질·교묘해져 골칫거리다. 피해총액만 GDP의 1%다. 고령자 3대 불안인 금전(돈), 건강(병), 고독(범죄)은 짭짤한 사기타깃이다.

노인문제는 복합적이다. 은퇴순간 사회·경제·육체·정신적 변화가 복합적으로 수반된다. 또 그 변화는 급박하다. 그래서 충격이 크다. 상실감과 소외·자괴감에 아슬아슬한 삶을 사는 노인인구가 수두룩하다. 그래도 알려진 건 덜하다. 접촉을 피해 스스로를 집에 가둔 경우가 많아서다. 낮은 담을 비웃는 무거운 커튼의 존재감이 그렇다. 아무리 담이 낮아도 집안을 볼 수 없다. 집밖에서 소통부재를 해소하자니 온갖 불협화음이 이들을 기다린다.

이는 노소갈등을 유발하는 민폐부터 사회후생을 저해하는 범죄로까지 이어진다. 상징키워드는 망주(妄走) 혹은 폭주(暴走)노인이다. 미쳐서 날뛴다고 괴물(Monster)로 비유된다. 베이비부머의 대량퇴직이 기형화된 고령괴물을 양산했다는 시각이다. 은퇴이후의 사회부적응 문제로 정년이후 연착륙에 실패한 경우가 많아 심각한 사회문제가 된다.

이들 대부분은 '대형쓰레기(버리는 데도 돈 들어 골치 아픈 존재)'로 살며 '가족복수(현역 때 가족을 무시·냉대한 결과 생기는 은퇴이후의 가족 따돌림)'에 고생하니 차라리 집밖이 탈출구지만 사회인식은 차갑기 그지없다. 그만큼 고독과 울분이 넘쳐난다. 곧 노인범죄로 연결된다. TV에 소개된 고령자형무소의 실상은 가히 충격적이다. 노인들이 밉다는 청년세대도 비일비재하다. 지혜로운 노인존경은 옛말이 됐다.

_이슈 3 : 목돈압박, '돈 걱정에 두 번 죽는 일본노인'

은퇴이후 돈이 절체절명의 숙제인 것은 삼척동자도 다 아는 상식이다. 다만 감각적으로 필요하다고 여길 뿐 구체적인 자금수요와 그 규모에 대해선 잘 모른다. 특히 한국은 아직 본격적인 고령대국에 진입하기 직전이라 미증유의 풍경일 뿐이다. 앞서 악전고투 중인 일본사례를 보면 만약의 때를 대비한 노후자금은 기실 천문학적이다. 그래서 일이 필수다.

고령화는 두 얼굴을 가졌다. 위기와 기회다. 기회란 실버산업의 무게감이다. 고령인구의 소비파워 덕분이다. '실버시장=블루오션'의 등식성립이다. 금융자산의 절대다수를 쥔 돈 많은 일본노인이기에 더더욱 장밋빛이었다. 시장규모만 100조엔 이상이라 봤다.

그런데 실상은 달랐다. 참패였다. 일본노인은 돈·시간 모두 여유로웠지만 단 하나 소비의욕이 부족했다. 불발에 그친 실버시장 버블이었다. 노후부담에 부자노인조차 소비를 줄인 결과다. 즉 어제의 노인과 오늘의 고령자는 상황자체가 달랐다. 이미지 수정이 불가피해졌다. 실버품목의 냉온수혜는 차별적이다. 노인눈높이에 맞추지 못하면 재고신세로 전락하기 십상이다. 다행인건 확인된 일부다. 게임·주택·건강(의료)·식품 등 일부 성공모델은 그래서 값지다.

'황금알 vs 거품론'의 진실게임에도 불구, 실버시장은 크다. 장수사회답게 꼭 필요한 거액의 소비항목이 줄줄이 대기 중인 걸로 확인된다. 간병비용과 장례비용이 대표적이다. 이 둘을 생각하면 맘 놓고 죽을 수조차 없을 정도로 비용부담이 천문학적이다. 수도권은 장의비용이 500만엔 이상이다. 인생최후에 돈 깔고 눕는다는 말까지 떠돈다. 먹고 살기 힘들어져 장례·제사를 못 챙기는 후손도 급증세다. '내 묘는 내 스스로'가 등장한 배경이다. 생전의 장의준비다.

더 겁나는 건 간병비용이다. 늙으면 아픈데 준비상황은 무방비다. 위협·파괴적인 간호공포가 무차별적인 불행 도미노를 야기한다. 누구든 '단란한 가족행복=불행한 간병지옥'에서 자유롭지 못하다. 치매간병이면 집안자체가 풍비박산이다. 노환비용만 5년에 1억엔이 든다는 통계까지 있으니 놀랄 뿐이다. 수명이 긴 여성노인 간병비용은 부르는 게 값이다.

그나마 맘에 드는 간병시설도 드물다. 상당금액을 치렀는데도 서비스가 불만인 곳이 수두룩하다. 불만족스러운 '최후효도'란 푸념소리가 높은 이유다. 부자노인이면 낫지만 통계에 감춰진 대다수의 빈곤노인에겐 그나마 '그림의 떡'이다.

_이슈 4 : 노후자금, '길 없는 곳에서 길 찾기'

따라서 자금마련은 중차대한 과제다. 생애소득곡선으로 봐 최대소득을 올리는 40~50세의 중년기가 중요할 수밖에 없는 근거다. 나갈 돈도 많지만 들어올 돈을 더 키워 다가올 장수사회의 트릴레마를 해소해야 할 임무가 주어졌다. 그럼에도 불구, 길은 좁고 험하다. 인구변화가 활력감소, 감축성장, 수요둔화를 낳아 인플레 여지를 줄여버린 결과다. 모으고 불릴 수 있는 여건자체의 퇴색이다. 그래서 중년에게 노후자금 확보전략은 '길 없는 곳에서 길 찾기'다.

죽음은 이제 일상적이다. 고령사회의 중년이후 관심사 중 하나는 '웰다잉(Well-Dying)'이다. 잘 사는 것만큼 잘 마무리하는 게 중요해졌다. 그러자니 일정부분 돈이 필요하다. 노후자금의 준비이유다. 그런데 실상은 빈부격차와 세대격차가 심화되면서 중년이후부터 인생 2막은 확연히 갈린다. 출발은 비슷해도 나이 40을 넘기면서부터 인생후반전은 달라진다. 부자부모를 뒀어도 그 재산이 자녀에게 넘겨지는 타이밍은 40~50세에 집중된다.

부자자녀를 결정짓는 최대관건은 부자부모에 달렸다. 일본열도가 50조엔의 상속시장을 주목하는 이유가 여기에 있다. 그만큼 유산상속에서의 진흙탕 싸움은 일상적이다. 금융기관은 '원활한 유산상속'을 수익모델로 내걸었다. 경기침체로 유산의존이 높아진 결과다.

유언장 대행서비스는 각광이다. 허탈한 부(富)의 이전을 바라보는 서민층은 아예 의욕상실이다. 결국 노후자금은 자기책임이다. 한 푼이라도 더 쟁여두려는 준비전략은 치열하기 그지없다. 그래도 길이 없다. 자산시장 붕괴상징답게 재테크 원조국 일본은 고개를 숙인 지 오래다.

길 없는 곳에서 길을 찾으려는 노력은 눈물겨울 수밖에 없다. 요즘 뜨는 건 용돈펀드다. 낙양지가(洛陽紙價)가 따로 없다. 2000년대 이후 10년 새 40배나 커졌다. 시중금리 이상의 분배금이 매월 지급되어 생활자금으로 충당할 수 있어 매력적이다. 노인가계의 적자생활비를 벌충하기에 '딱'이다.

한국이라면 창업카드가 있다지만 일본은 자영업이 가시밭길이다. 전형적인 실업탈출구로서의 역할은 기대난이다. 창업의욕도 이유도 없다. 자영업자라면 더더욱 노후위기감이 높다. 국민연금조차 기대하기 힘들어서다. 비교적 탄탄한 샐러리맨의 노후연금에 비해 자영업자 연금구조는 곳곳이 함정이다. 장사라도 잘되면 낫다지만 셔터 내려진 상점가엔 절망감만 자욱하다.

그래서 저축의존적일 수밖에 없다. 쓰나미에 밀려온 개인금고는 유례가 깊다. 장롱예금 에피소드는 '믿을 건 현금뿐'이란 공고한 저축의식에서 비롯된다. 은퇴이후 적자장부를 벌충할 유력방법도 저축인출뿐이다. 고령·무직세대가 허리띠를 졸라매는 이유다. 금융이론조차 무위로 만든 고령인구의 위험자산 선호현상도 같은 맥락이다. 저축조차 없다면 방법이 없다. 노후난민에게 인생 2막의 출구는 존재하지 않는다. 벼랑 끝의 아슬아슬한 삶뿐이다.

_이슈 5 : 연금의존, '일벌레의 절망스러운 인생후반'

늙으면 아프다. 일하고 싶고 또 해야 하지만 몸이 안 따르면 별 수가 없다. 재산조차 없다면 빈약한 사회안전망 하에서 사는 빈곤노인의 운명은 하나뿐이다. 그래서 일할 수 있을 때까지 최대한 근로소득을 확보하는 게 좋다. 연금 때문이기도 하다. 근로기간을 늘려 연금납부를 더 늘리면 훗날 이러지도 저러지도 못할 때 훌륭한 동아줄이 된다.

가급적이면 연금구조가 빈약한 자영업보단 1층(국민연금)과 2층(퇴직연금)이 가능한 봉급쟁이로 60세 연장된 정년시점까지 넥타이를 매는 게 중요하다. 평생직장을 위해 창업했다면 2층은 빼더라도 3층(개인연금)을 더 탄탄히 하는 게 권유된다. 구멍 많은 연금후진국에서 살면서 청년세대의 연금탈취 비난을 피하자면 방법은 각자도생(各自圖生)뿐이다.

일본은 연금선진국이다. 일본노인이 비교적 유유자적의 노후생활을 즐기는 최대근거가 탄탄한 연금소득 덕분이다. 거액의 보유자산보다 든든한 게 바로 매달 꼽히는 연금소득이다. 죽을 때까지 지급받기에 불확실성은 거의 없다. 3층 구조의 연금비밀이 갖는 파워다.

실제 일본노인의 은퇴생활 만족도는 비교적 높다. 노후자금의 81%가 연금소득에서 비롯될 정도다. 고령가구의 평균가계부를 보면 한국입장에선 부럽기 짝이 없다. 1층(국민연금), 2층(후생연금)의 공적연금에 3층(기업연금)까지 합쳐지면 그야말로 무적구조다. 1~3층을 모두 받는 1,400만의 샐러리맨이 그렇다.

이들이 바로 '일본노인=부자'의 풍족한 은퇴생활을 규정짓는 완성판이다. 다만 연금소득은 현역시절을 어떻게 보냈느냐에 따라 천양지차다. 그리고 연금파워는 '지금까지'에 한정된 얘기다. 1,400만처럼 선택받은 일부그룹이 아니면 연금생활은 곧 빈곤진입을 의미할 뿐이다.

일본정부가 자랑하는 월 23만엔의 모델연금(남편전업+여성주부)도 평균치와 거리가 멀다. 착시현상이다. 해당자는 소수에 불과하다. 그런데도 대부분의 연금생활자가 뭇매를 맞는다. 가난한 현역세대의 세금으로 부유한 은퇴가계가 유유자적한다는 비난이 그렇다. 세대격차 논쟁이다. 유유자적은커녕 기본생활도 힘든 대다수 빈곤노인 입장에선 억울할 수밖에 없다.

무연금 · 저연금 등 연금제도의 사각지대에 놓인 이들이 의외로 많다. 국민연금 수령인구 900만 중 절반이 사각지대에 있다. 특히 고령여성에 집중된다. 공적연금 사각지대는 저축 · 자산 없는 빈곤가구와 정확히 일치한다. 정부도 포기한지 오래다. 문제는 연금누락의 사각지대 증가세인데 이게 심상찮다.

연금불신은 갈수록 심화된다. 재정고갈 이슈가 뜨거운 한국과 달리 일본에선 '사라진 연금기록'이 뜨거운 감자다. 연금기록 누락사건으로 보험료를 내고도 제대로 못 받는 이가 수두룩하다. 3층의 기업연금은 JAL의 부도사태 이후 대수술 중이다. 대세는 금액삭감이다. 현역세대 절대다수는 재정악화로 인해 '지금 내도 나중에 못 받을 것'이란 인식이 지배적이다.

_이슈 6 : 고령근로, '숙명이 돼버린 평생현역의 길'

중년의 일은 '직장위기'란 타이틀이 대변하듯 아슬아슬하다. 필요는 높아졌는데 상황은 악화됐다. 한국처럼 50대 중반이면 은퇴를 강요받는 사회에선 특히 그렇듯 40대에만 진입해도 언제 그만둘지 고민해야 하는 처지다. 노동이 비용 · 소모품화 되면서 상시적인 핍박경영이 펼쳐진 것이다. 언제 잘려도 이상하지 않은 국면이다. 그러니 중년부터 삶이 엇갈릴 수밖에 없다. 살아내자면 근로소득을 죽을 때까지 확보하는 게 최선이다.

고령근로는 이제 추세다. 장수사회의 운명이다. 빈약한 사회안전망도 거든다. 즉 고용불안은 연금재원을 갉아먹는다. 한국정부가 최근 60세로 정년연장을 단행(?)한 건 국민연금 재원고갈 기간연장을 위한 조치다.

2033년엔 65세부터 국민연금을 받게 되니 65세로의 정년연장도 향후 불가피하다. 다만 제도는 제도일 뿐이다. 키를 쥔 기업은 생각이 다를 수 있다. 앞으로 살펴보겠지만 자발적인 사표제출의 이면에는 강제적인 퇴출압력이 거세다. 정년까지 버틸 수 없다는 얘기다. 물론 살아남은 중년에게도 슬픔은 크다. 서둘러 상생적인 직장안정화가 필요하다.

일본사례를 보자. 수명연장은 이중적이다. 축복 혹은 재앙이다. 그 기준은 '돈'이다. 돈 많은 이들에겐 축복이되 빈털터리 빈곤세대에겐 재앙에 가깝다. 상대적 박탈감이 가득한 후속세대에게 고령화는 시한폭탄이다. 넘어질 수밖에 없다는 점에서 물구나무를 선 것이나 다름없다. 해법은 결국 경제력 확보다. 그래서 연금카드가 유력하다.

물론 앞으로는 이조차 기대하기 힘들어졌다. 이때 현실적인 유력대안은 근로소득을 통해 월급루트를 확보하는 것이다. 고령근로다. 길어진 후반기와 줄어든 정부곳간을 생각하면 장수사회의 딜레마는 평생현역을 통한 근로소득 확보뿐이다. 일본정부가 정년연장을 꺼내 든 것도 이것이 고령사회의 난맥상을 푸는 가장 강력한 정책카드이기 때문이다. 공적연금 수급연령을 60세에서 65세로 늘린 배경이다. 갈등이 없진 않아도 실보다 득이 많은 최선책이라는데 이견이 없다.

개별가계도 '마의 벽(60세→65세)'으로 불리는 보릿고개를 넘기자면 고령근로가 불가피해졌다. 실제 은퇴이후 빈부격차 관건은 근로소득 보유여부에 달렸을 정도로 고령근로는 남다른 의미를 갖는다. 쌓아둔 금융자산보단 들어올 근로소득이 훨씬 파워풀한 법이다. 중산층 이하라면 더더욱 그렇다. ㈜일본의 신화붕괴로 회사의 노후책임이 사라진 것도 근로소득의 장기·지속성의 가치를 배가시킨다. 일 없는 노후란 그만큼 힘들다.

고령근로는 선택이 아닌 필수다. 장수대국의 선순환을 위한 불가피한 필수옵션이다. 은퇴대국 일본의 노인빈곤을 줄이는 가장 효과·실천적 방안이 근로소득 유지·확보다. 정년연장의 경제적 합리성이다. 연령차별 없는 평생현역이야말로 일본사회의 제반문제를 해결하는 유력카드인 때문이다. 2006년 법 개정이 그 출발점이다.

물론 갈 길은 멀다. '제도는 좋은데 현실이 못 따를 것'이란 게 정년연장의 현주소다. 감춰진 노인취업률 통계로 허세를 부리는 경우도 있다. 기업의 인식전환과 비용부담 및 청년실업 등의 역차별요소가 부담거리로 남는다. 관건은 정년연장을 위한 정부지원이다.

한편에선 괜찮은 성공모델도 속속 보고된다. 세대갈등을 치유하며 사실상 정년폐지를 실천 중인 선행기업이 숱하게 많다. 만족도와 효율성이 고령근로의 당위론에 무게감을 실어줄 정도다. 다만 아직은 65세 정년연장이 유일한 제도지원이다. 근로의욕·체력을 감안할 때 실제로는 70세 이상으로 더 늘리자는 목소리가 높다. 정년무용론이다.

은퇴는 언제?
'인구쇼크의 연쇄충격 딜레마'

미래진단은 늘 흥미롭다. 연말연시면 미래학이 서점가를 강타하는데 그 이면엔 살아보지 못한 앞날을 알고 싶은 인간본연의 속성이 녹아 있기 때문이다. 다만 갈수록 호재보단 악재의 지배력이 높아져 아쉽다. 뾰족한 활력이 부족한 선진국 경제구조를 갖춘 국가라면 특히 그렇다. 감축성장기의 불가피한 측면이다.

한국도 마찬가지다. OECD를 비롯해 국제통계에서 한국위치는 선진국에 포함되지만 실상은 그렇게 낙관적이지 않다. '고령사회'란 단어에서 확인되듯 기대보단 불안이 많을 수밖에 없어서다. 요컨대 낙관하기엔 풀어내야 할 숙제가 산더미처럼 쌓였다. 말이야 선진국이지만 아직 일부지표가 중진국·신흥국에 위치했다는 점에서 갈 길은 더 먼데도 선진국의 각종문제는 이미 본격화돼 더더욱 우려스럽다. 방향잡기가 혼란스럽다는 의미다.

일본이야말로 전형적인 선진국 딜레마를 모두 갖췄다. 국가재원 부족이슈가 대표적이다. 만만찮은 갈등한계를 넘어 증세문제를 해결(?)한 게 다행이면 다행이다. 재정위기는 갈 길 바쁜 일본경제에 브레이크를 걸 묵직하면서 지속적인 걸림돌인 까닭이다. 내수침체도 벌써 20년째 잃어버린 유동성을 찾아 미로를 헤맨다. 2013년 아베정부 등장이후 금융완화·재정출동·성장전략의 '아베노믹스'가 엔저유도로 내수활력을 꾀하고 있지만 실효확인엔 시간이 필요하다. 아무튼 이들 문제제기와 정책대안의 진원지는 하나다. 인구문제다. 저출산·고령화다. 아쉽게도 일본적 인구쇼크의 후폭풍은 앞으로도 지난하게 일본열도를 괴롭힐 확률이 높다.

_'2012년 문제' 인구쇼크 스타트, 물구나무 선 고령일본

인구문제는 미래이슈다. 불안·공포·충격적인 예측과 전망이 난무하지만 누구도 앞날을 확신할 수는 없다. 일본도 마찬가지다. 아무리 미증유의 고령대국이라 해도 인구쇼크의 클라이맥스엔 도달하지 않았다. 조만간 닥칠 파도다. 이런 점에서 2012년은 클라이맥스로 치닫는 결정적인 출발점이다. 인구쇼크의 집성판인 '2012년 문제' 때문이다.

'2012년 문제'는 인구쇼크의 위기·기회를 아우른 대형이슈다. 출발은 고령숙련의 대량퇴직에서 비롯되지만 그 연쇄사슬의 파급효과는 재정·복지·성장에까지 다다른다. '저팬리스크'의 확인을 뜻하는 위협적인 신호다. 세밀한 정책대안이 준비되지 않으면 대혼란이 불가피하다. 위협신호가 곧 실질공포로 연결될 가능성이다. 또 2012년이 지났지만 인구문제는 그대로란 점에서 매년 이름만 바뀌어 'OOOO년 문제'로 부활할 게 명약관화다.

'2012년 문제'는 인구 오너스(Demographic onus) 우려가 줄거리다. '국력=인구' 이후의 저출산·고령화문제다. 현역청년은 줄고 부양노인은 늘어나 재정압박·성장둔화·갈등유발 등을 야기할 것이란 걱정이다. 굳이 2012년이란 단어가 붙은 이유는 인구쇼크가 이때부터 본격·다각적으로 확인되기 때문이다.

즉 전형적인 베이비부머(1947~49년생)인 단카이(團塊)세대 제1진(47년생)이 65세를 맞아 2012년부터 동시다발적으로 퇴직하는 까닭이다. 퇴직인구의 대량러시다. 인구추계(2009년)에 따르면 1947~49년생은 664만4,000명이다. 얼추 매년 220만명이 태어난 셈이다. 현재 1세아 인구가 109만명이니 거의 2배다. 광의의 베이비부머(1947~51년생)까지 합하면 1,063만4,000명에 달한다. 그만큼 큰 덩어리(團塊)의 인구밀집기다. 2014년까지 이들이 65세를 넘기면 고령인구는 가뿐히 3,600만명을 찍는다. 고령인구 30% 시대개막이다.

베이비부머의 대량퇴직은 다양한 부문에 먹구름을 드리운다. 우선 숙련노동의 일거퇴진이란 점에서 제조현장에 타격을 안긴다. 일본의 파워근원은 고도성장에서 확인되듯 제조현장의 장인정신이다. 저비용·고효율의 린(Lean) 생산방식은 기술축적과 숙련인재 덕분에 구축됐다. 종신고용과 맞물린 장인정신은 특유의 '모노즈쿠리(物造り)' 기업문화를 만들어냈다. 장기간에 걸친 다기능공 육성체제다. 비록 서구가치적인 신자유주의 도입으로 일본적 경영(생산)방식이 변신을 요구받고 있지만 제조현

장의 숙련파워만큼은 일본기업의 핵심요체다.

이들 주역이 회사인간으로 불리는 단카이세대다. 2012년부터 1947년 생(65세)의 은퇴가 시작되면 숙련확보는 상당수 기업의 불안요소일 수밖에 없다. 은퇴러시에 맞물린 퇴직금 부담도 크다. 2007~2009년의 3년간 퇴직일시금이 30조엔이었다는 점을 고려하면 대량퇴직이 시작되는 2012년부터는 훨씬 많은 자금지출이 불가피해진다.

_불가피한 재정핍박, '무서운 베이비부머의 대량퇴직'

일본정부로서 집중적인 대량퇴직은 최대한 피하고픈 문제다. 재정핍박 탓이다. 2011년 연말 일본정국을 냉각시킨 증세논란도 실은 재정압박을 덜려는 방책으로 거론됐다. "피해서도 미뤄서도 안 될 테마"라는 총리발언에서처럼 증세는 목에 찬 문제다. 5% 소비세율을 2015년까지 10%로 올리겠다는 계획인데 이는 지속가능한 국가유지를 위한 최선책이란 게 중론이다.

증세를 반길 국민은 없다지만 나라살림을 뜯어보면 증세 이외엔 뾰족한 대안이 없다. 국가부채만 해도 GDP대비 200%(1,024조엔)대를 넘겼다. 와중에 국가예산(92조엔) 중 절반가량은 국채발행(44조엔)에 의탁하는 처지다(2012년 기준).

인구쇼크는 여기에 기름을 끼얹는 악재다. 공적연금 등 사회보장비용의 비율증가 때문이다. 현역 3명이 노인 1명을 떠받치는 노인부양비율은 2050년 1대1까지 떨어질 전망이다. 연금붕괴 스토리다. 사회보장급부비

[그림 2-1] 인구동태로 본 사회보장비 증가액

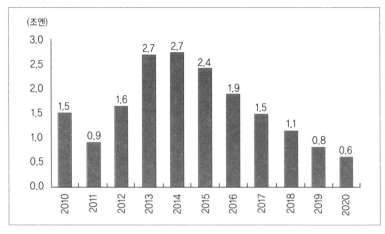

자료: 내각부 등

105조엔 중 보험료(59조엔)를 뺀 나머지는 국가부담일 수밖에 없다. 여기에 대량퇴직 이후에는 매년 2조엔 이상이 추가로 필요해진다.

한편 퇴직가계의 개별상황이 악화될 것이란 건 불을 보듯 뻔하다. 2014년까지 3년에 걸쳐 664만명이 일자리를 단계적으로 잃는다면 가뜩이나 불안한 노후생활이 한층 열악해질 수 있다. 삶의 질의 급격악화다. 경쟁격화·경기침체로 가계부문의 소득감소는 이미 일상적이다. 비용절감 경영 덕분에 기업은 돈을 벌어도, 고용불안에 휘달리는 가계는 마른 수건까지 비틀어 짜내야 할 처지다. 가처분소득(실질)은 1997년 월 49만 7,000엔에서 2005년 44만엔으로 감소한 후 2009년 40만엔 초반까지 떨어졌다. 소득감소를 둘러싼 상시적인 불안감이다.

소득이 줄어도 일만 하면 자금벌충은 가능하다. 65세를 맞은 1947년생의 2012년 이후 고용유지는 미지수다. 법적인 보호망을 2012년부터는 적용받지 못하기 때문이다. 적어도 절반 가량은 뒷방신세로의 퇴진이 예상된다. 이는 정년전후의 노동력율(근로자 · 구직인 비율)에서 확인된다. 2005년 시점 25~59세의 노동력율은 90%를 웃돌다 60세부터 급락한다. 67세 땐 50%대까지 추락한다. 60세부터 매년 4~5%포인트씩 떨어진다.

물론 65세까지의 계속고용이 이뤄지기 전의 통계지만 어쨌든 점진적인 퇴직증가(노동력율 감소)는 불가피하다. 일시적인 대량퇴직은 아닐지언정 단카이 제3진인 1949년생이 67세가 되는 2016년까지는 누적퇴직이 발생함을 뜻한다.

'2012년 문제'의 원류는 '2007년 문제'다. 인구폭발이 발생한 1947년생의 60세 정년시점이 2007년이란 점에서 일본경제에 상당한 후속영향을 미칠 것이란 우려표명이다. 당시 기업으로선 숙련단절이, 정부로선 연금부담이, 경제로선 활력저하가 꽤 구체화됐었다.

다만 결과적으로 2007년 문제는 터지지 않았다. 일부 발생했지만 충격은 미미했다. 2006년 시행된 신(新)고령자고용안정법 덕분이다. 정부가 정년시점을 60세에서 65세로 5년간 늘렸기 때문이다. 정년연장 · 정년폐지 · 계속고용 등 3가지 카드 중 하나를 선택하게 한 게 주효했다. 고용단절 후 재고용(신분변화)하는 계속고용이 절대다수(98%)였지만 실질적인 정년연장은 꽤 효과적이었다. 일본의 60세 이상 취업률이 구미선진국과 비교해 절대 떨어지지 않는 고수준이란 게 그 증거다.

이로부터 5년이 흐른 2012년. 2007년 시점에서 5년을 늘린 65세까지의 정년연장 효과는 이젠 사라졌다. 1947년생은 2012년부터 정년연장(가령 70세)기업이나 정년폐지기업에 다니지 않는 한 물러날 시점이 됐다. 5년

[그림 2-2] 65세로의 계속고용에 따른 고용연장 효과(60~64세의 노동력율)

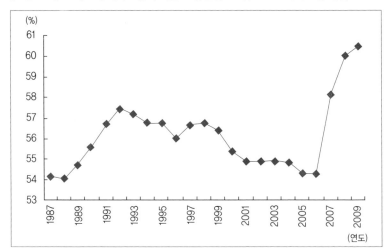

자료: 다이이치생명경제연구소

의 유예기간이 끝나면서 법적보호망은 사라졌다. 기업은 65세를 넘긴 근로자를 계속해 안고 갈 필요가 없어졌다.

그래서 '2012년 문제' 이후의 후폭풍이 큰 것이다. 가뜩이나 고용감축에 따른 비용절감 유혹에 취약한 기업으로선 필수숙련이 아니면 굳이 계속고용을 선택할 이유가 없다. 정부도 공적연금 수급개시 연령을 65세로 미루면서 5년을 벌었지만 더 이상은 물러설 여지가 없어졌다. 증세카드에 여유가 없어진 까닭도 여기에 있다.

안타까운 건 '2012년 문제'가 서막에 불과하다는 점이다. 2012년부터 가시화될 인구쇼크의 연쇄반응은 갈수록 넓고 깊어질 수밖에 없다. 물론 대량퇴직 후 얼마간은 버틸 수 있다. 그렇다고 해서 기업불안·정부재정·가계파탄의 삼각파도를 피할 수는 없다. 뒷방신세의 시한폭탄에 일본열도가 잔뜩 긴장하는 이유다.

중소기업을 괴롭히는 2012년 문제

사업승계 압박 불구, '대 이을 이가 없다!'

중소기업의 '2012년 문제'는 좀 다르다. 동일한 인구쇼크가 진원지지만 내용이 차별적이다. 다만 고령사회의 인구변화와 맞물린다는 점에서 한국에도 시사하는 바가 적잖다. 중소기업의 '2012년 문제'는 사업승계 딜레마로 요약된다. 중소기업 CEO에게 최대고민은 사업승계 여부다. 선대로부터 부여받은 절체절명의 과제다. 그런데 후계를 찾기가 굉장히 힘들어졌다. 가뜩이나 경기침체로 가업경영이 힘들어진 판에 후계마저 불확실해지면서 이러지도 저러지도 못하는 진퇴양난의 늪에 빠진 형국이다. 〈TV도쿄〉는 이 문제가 2012년부터 거세질 것을 예상하면서 특집보도를 내보냈다.

대안카드는 M&A다. 사명존속·고용승계를 전제로 동종업계와의 합종연횡을 통해 후속문제를 해결하려는 수요증가다. 가령 후계자가 없어 고민 중이던 '닛케이인쇄'는 최근 M&A카드로 사업승계를 풀어냈다. 유기적이고 원활한 바통터치를 위해 CEO가 일정기간 현업에서 일하며 연착륙을 시도 중이다. 중소기업 M&A를 주선하는 사업모델도 성황이다. '일본M&A센터'는 중소기업에 밝은 전문가들을 모아 M&A 육성코스를 만들어 화제다. M&A 정보부족을 해소하기 위함이다. 향후 중소기업의 M&A 수요는 후계승계의 인구쇼크와 맞물려 급증할 것으로 알려졌다. 중소기업은 430만개에 육박하며 전체기업의 99.7%에 해당하는 잠재력을 갖췄다.

해고벼랑에 선 중년
'권고퇴직 or 강압퇴사

샐러리맨의 '생존전쟁'이 본격화됐다.

과거양상과는 사뭇 다르다. 돈 한 푼 더 불리려는 '+α'적인 생존전략은 사실상 '그림의 떡'이다. 이젠 하루하루 호구지책을 염려하는 당장의 일자리가 급해졌다. 자산소득은커녕 근로소득이 당면과제로 떠오른 셈이다. 자르려는 회사와 버티려는 직원이 펼치는 양보불능의 대형승부다.

즉 향후 직장인의 키워드는 위기관리일 확률이 높다. 특히 그 중심은 중년 월급쟁이에 맞춰진다. 금융위기 · 빈곤추락을 잘 이겨냈어도 살얼음판의 앞날은 먹구름 천지다.

저성장 · 고령화로 감축성장이 불가피한 일본은 그 전형적인 사례다. 사표와 퇴직이 급속도로 증가추세다. 물론 특유의 고용안정은 한국에 비할 바가 아니다. 일본은 한때 고용천국이었다. 탄탄한 가족주의 덕분에 종신고용 · 연공서열이 진리처럼 수용됐다. 직원해고는 CEO의 머릿속에 없는 단어였다. 공동체의 상생추구만이 최고의 추구가치였다. 소프트 파워 1순위에 꼽히는 장인정신과 교토(京都)식 기업모델이 대표성과다.

우리에게도 잘 알려진 '㈜일본'의 신화는 이렇게 써졌다. 하지만 버블 붕괴 후 일본모델은 적잖이 방황했다. 이때 흡수된 게 신자유주의다. 완전경쟁·적자생존 등 능력지향의 일본사회 확산이다. 이로써 고용안전판은 약화됐다. 유연성의 확대다. 필요하면 썼다가 여차하면 자른다. 비정규직을 필두로 한 노동의 상시적 용도폐기다.

_고용천국 일본의 변질, '잦아진 노동의 용도폐기'

그래도 65%의 정규직은 해고파고에서 비켜선 수혜집단이다. 힘들다 해도 스스로 나가지 않는 한 지속고용은 보장됐다. 그런데 요즘 좀 달라졌다. 이들 '회사인간'의 퇴사러시가 심상찮다. 평생직장의 붕괴다. 물론 표면상은 희망퇴직이다. 원해서 나가는 형태다.

그런데 속내는 좀 다르다. 강제·위협적인 권고사직이 태반이다. 나가지 않을 수 없도록 온갖 방법으로 등을 떠민다. 갈수록 경영환경이 악화되면서 가족주의는 옅어졌다. 동정은 있어도 배려는 없다. 일부 외국계는 본토식의 살벌한 해고기법을 써가며 분쟁까지 낳는다. 방법은 살아남는 법의 체득이다. 살생부에 들지 않도록 더 오래 더 세게 일할 수밖에 없다. 버텨내는 생존전쟁이다.

장수대국 일본의 직장사회 핫이슈는 '권고퇴직'이다. 포인트는 감춰진 집요함이다. 상상초월의 비인간적인 사퇴압력이 횡행해서다. 정리해고

[그림 2-3] **주요 상장기업의 희망 · 조기퇴직자 모집추이**

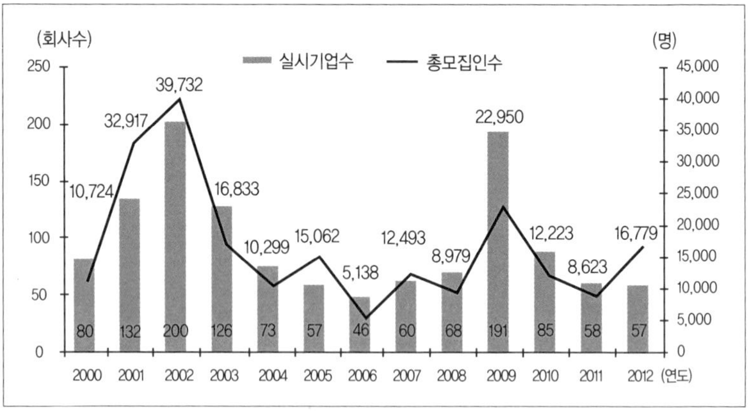

자료: 도쿄상공리서치(2012년 11월 7일 현재)

형태의 강력한 권고퇴직이지만 밖에선 자발적인 희망퇴직으로 포장되니 의외로 문제의 심각성이 가려져있다.

〈동양경제〉가 소개한 사례를 보자. 원래 권고퇴직 면담횟수는 2~3회가 보통이다. 그런데 이젠 10번을 웃도는 경우까지 있다. 출근만 하면 사표를 강권하니 스트레스는 불문가지다. 퇴직권유를 받은 NEC그룹의 40대는 인터뷰에서 '사표=죽음'까지 떠올렸다고 했다.

방법도 의외였다. 처음 2~3회 면담은 그래도 잘 아는 직속상사였다. 그 다음부터는 때때로 2시간 이상의 퇴직권유가 반복되면서 상대도 이사 혹은 인사담당자로 바뀌었다. 심리적 불안 · 부담이 극대화될 수밖에 없다. 외부도움을 부탁했더니 냉혹한 매도와 따돌림은 한층 심해졌다. 능력부족의 질타는 보통이고 나중엔 인신공격까지 자행됐다. 이 사례는 현재 소송 중이다. NEC그룹은 2012년 희망퇴직자를 2,400명으로 잡았다.

도쿄상공리서치에 따르면 2012년 10월 현재 상장기업 희망 · 조기퇴직 모집규모는 1만6,000명을 웃돈다. 예년의 2배 수준이고 금융위기 직후인 2009년보다도 많다. 실제로는 빙산의 일각이란 지적까지 있다.

최대규모는 반도체메이커인 '르네사스'다. 뒤이어 전기메이커인 NEC, 샤프 등도 많다. 산업연관성이 넓은 전기업계가 퇴직 진원지란 점에서 거래처의 악영향까지 우려된다. 원청업체가 자르는 판에 잉여인력을 들고 갈 하청업체는 없어서다. 르네사스는 업적악화로 국내공장의 절반을 폐쇄 · 매각 중이다. 대상공장 9곳의 거래처는 2차 거래처까지 합해 모두 3,500개사에 이른다. 지역경제에 해고여파가 본격화되지 않을 수 없는 규모다.

잘려도 재취업되면 문제는 없다. 그런데 이게 쉽잖다. 권고퇴직 주요 대상은 4050세대에 집중된다. 입사이후 대략 20~30년을 일한 회사의 기둥집단이다. 다만 인원이 너무 많다. 버블경기가 한창일 때 대량으로 입사해 어떤 산업 · 기업이든 두터운 인력풀로 남아있다. 동일업종을 고집하면 재취업은 물 건너간다.

그럼에도 불구, 이들 4050세대 중년은 가계지출이 최고조다. 주택대출 이자변제와 자녀교육비 등에 허리가 휜다. 희망퇴직으로 상당한 할증퇴직금을 받아도 재취업 불안 탓에 고민이 깊다. 그래서 쉽게 희망퇴직을 결정하지 못한다.

반면 회사의 인원정리 스케줄은 순조롭다. 모집정원까지 거의 채운다. 여기엔 꼼수가 있다는 게 시민사회의 판단이다. 일본의 노동규제는 비교적 센 편이다. 정규직이면 잘릴 일이 거의 없다. 노동계약법에도 객관적·합리적이며 회사통념상 인정되지 않는 해고는 무효다. '해고권남용'을 막기 위해서다. 그래서 필요성, 회피노력의무, 인선합리성, 절차합리성 등 정리해고의 4요건을 충족시켜야 한다. 때문에 기업은 파탄직전까지 몰리지 않는 한 해고가 불가능하다고 반발해왔다.

_저성장 속 늘어난 퇴직행렬, '희망퇴직보단 권고퇴직'

그래서 기업은 수면아래에서 비책(?)을 찾는다. 권고퇴직과 배치전환의 악용이다. 해고는 힘들어도 권고퇴직·배치전환은 제한이 약하다. 권고퇴직은 그 자체로 문제는 없다. 단 집요한 반복이나 협박 등의 강요는 위법이다. 2008년 재판에서도 '퇴직을 거부해도 권고를 중단할 필요는 없으며 재검토를 재촉하는 것도 가능하다'고 밝혀 기업에 숨통을 열어줬다.

배치전환은 직원으로선 만만찮다. 기업의 광범위한 재량발휘가 가능해 원치 않는 곳에 배치시킬 수 있어서다. 엉뚱한 자회사에 보내거나(出向) 실적하락을 이유로 강등인사도 할 수 있다. 화이트칼라의 개발자에게 창고정리를 시켜놓고 능력부족을 대며 닦달하는 식이다.

직장에서 따돌리는 수법(Lock-out)도 다양화됐다. 가령 통신사인 블룸버그 도쿄지국의 중년기자는 어느 날 연간 1건의 베스트기사면 충분했던 것을 월 1건으로 쓰라는 노르마(norma：표준노동량이나 최저책임량)를 부여받았다. 이후 미달을 이유로 권고퇴직이 시작됐다. 결국 자택대기를 거쳐 4개월 후 능력부족을 이유로 해고됐다. 이때 사원카드만 반납

하고 즉시퇴사를 명령받았다. 개인물품은 택배로 보내겠다는 설명이었다. 훗날 재판과정에서 반박증거를 없애고자 한 회사의 의도로 의심된다.

이처럼 '능력부족+보통해고=퇴사압력'이 최근 유행이다. 갑자기 불러 일면식도 없는 인사담당자가 해고예고통지를 읽은 후 그 시간부로 출사(出社)금지를 통보하는 형태가 대표적이다. 짐도 못 챙기고 황망히 떠날 수밖에 없다.

이유는 모두 능력부족으로 구체적인 설명은 없다. 통지문에는 2일 안에 본인사정에 따른 자발퇴직을 결정하면 할증퇴직금과 재취업지원회사의 지원을 제공한다는 조건부항목이 포함된다. 즉 희망퇴직을 하든가 즉시 나가든가 선택토록 강요했다. 해당직원으로서는 사실상 방어조차 힘들다.

〈동양경제〉는 전문가 코멘트를 빌려 이를 일본의 제4기 구조조정으로 명명했다. 특정 중·고령자를 노린 구조조정(제1기), 업적악화로 전체직원 대상의 희망퇴직(제2기), 정리해고를 내세운 희망퇴직(제3기)에 이은 강공책 일변도의 최근 상황을 제4기로 규정했다. 요컨대 해고자유화의 흐름이다.

_강공책 일변도의 제4기 구조조정, '자유로운 해고'

이는 제조업·대기업에만 해당되지는 않는다. 제조업의 실업자를 받아줬던 서비스업도 심각하다. 가령 신입사원을 입사 6개월 후 점장으로 발령 내 아침 7시부터 저녁 10시까지 일을 시키는 경우다. '관리감독자'니

잔업수당은 없다. 즉 '이름만 관리직'이다.

신입사원이니 다른 회사 사정을 몰라 묵묵히 격무에 시달릴 수밖에 없다. 이후 쓰러지거나 우울증에 빠져 상당수가 스스로 퇴직을 결정한다. 또 뽑으면 되니 회사로선 그다지 손해가 아니라는 입장이 공고하다.

중소·영세기업도 마찬가지다. 구인은 얼마든 가능하다는 쪽이다. 때문에 중소기업에서 해고는 이미 자유화됐다. 협조부족 등 턱없는 일방적인 해고사유도 많다. 귀를 의심케 하는 해고사례는 이밖에도 얼마든지 있다.

문제는 앞으로다. 고질적인 내수불황에 주요산업의 채용감소까지 예상돼 당분간 더 힘들어질 전망이다. 자동차를 필두로 전기업계 등 일본 산업의 간판기업의 경우 산업연관성이 커 해고여파가 우려된다. 그래서 이들 위기의 중년들에게 앞으로의 출퇴근은 '생존전쟁'으로 묘사된다.

헷갈리는 중년셈법
'조기퇴직의 경제학'

 # 사례 1 = 56세에 사표를 던졌다. 재산은 저금 1,000만엔에 퇴직금 2,500만엔. 주택대출은 갚았다. 노후자금 2,000만엔을 빼고 연금이 나올 때(65세)까지 1,500만엔(자녀교육비 300만엔 포함)으로 버틸 요량이다. 월 3만엔 나오는 개인연금까지 합하면 월 14만엔의 생활설계다. 현재는 대만족이다. 막상 살아보니 월 12~13만엔이면 충분하다. 대신 얻은 게 여유다. 금전적으로 정년근무와 비교하면 손해지만 돈으로 살 수 없는 많은 가치를 얻었다.

 # 사례 2 = 5년 전 55세 때 퇴사했다. 당시 조기퇴직금(할증) 4,000만엔에 저금 1,000만엔을 보유했었다. 퇴직위로금이 워낙 많아 후회는 없었다. 도시근교의 자택에서 시골생활을 누려볼 요량이었다. 그런데 지금은 실패다. 월급은 없는데 교육비와 주택대출금이 발목을 잡았다. 일상생활

비도 그대로다. 60세가 된 지금 남은 건 1,000만엔뿐이다. 조기퇴직만큼 연금도 줄었다. 후생연금 5년을 뺐더니 65세부터 매년 18만엔 축소됐다.

위의 사례는 회사를 중도에 그만두는 경우다. 정년이 남았지만 짐을 싸는 건 대부분 기업요청에 따라 진행된다. 실적악화로 과잉인력이 발생할 때가 대표적이다. '노동=비용'으로 인식하는 경영철학이 확산되면서 최근 조기퇴직은 빈번해졌다.

2008년 금융위기 이후 재해·엔고(2013년부터는 엔저전환)까지 맞물려 힘든 시기를 보낸 일본에선 특히 조기퇴직이 급증했다. 소니·NEC 등 전자메이커를 필두로 난국타개 차원에서다. 지방교원 등 공무원조직도 예외는 아니다.

특이한 건 결과다. 지원인원이 모집인원을 웃도는 게 다반사다. 이들은 왜 장기간 몸담은 조직을 떠나려는 것일까. 자못 궁금하다.

_조기퇴직 증가세, '이젠 그만 vs 아직 빨라'

위 사례 둘은 〈닛케이비즈니스(2012.6.18)〉와 보험전문사이트 〈NTTiF(2013)〉에 소개된 사례다. 조기퇴직의 경제학을 극단적으로 보여준 비교샘플이다. 그만큼 조기퇴직은 택하기 힘든 난제란 얘기다. 그럼에도 불구, 적잖은 중년근로자에게 조기퇴직은 현실이슈다. '강 건너 불구경'이라기엔 4050세대의 자리보전이 꽤 힘들어졌다.

과거처럼 과잉고용을 품으며 경기회복을 기다리던 인내력을 지닌 일본기업은 줄어들었다. 2000년대 이후 미국식 경영기법이 도입되며 그때 그때 필요에 따른 고용조달이 이를 대체하게 됐다. 소모품으로 비하되는 비정규직의 증가세가 그 증거다. 줄인다면 1차 타깃이 중년그룹이다. 고용부담이 커서다.

조기퇴직은 4050세대의 피할 수 없는 이슈다. 위기봉착 때 비명조차 못 지르며 넘어지는 중소기업 근로자는 해당되지 않는다. 그나마 여력을 갖춘 대기업의 정규직 얘기다. 그렇다고 외면할 수는 없다. 큰 굴곡 없이 살아온 중년남성 상당수가 조기퇴직 후보군에 드는 까닭에서다. 45~54세의 중년남성이면 정규직 비율이 90%에 달한다.

동시에 조기퇴직이 위협인자만은 아니다. 졸업이후 회사생활이면 20년 동안 앞만 보고 달려왔다는 점에서 한계·피로감도 절정에 달한다. 고·스톱여부를 진지하게 고민할 나이인 셈이다. 인생마차를 바꿔 타자면 마지막 기회다. 드물지만 조기은퇴를 고려하는 첫 번째 타이밍도 이때다. 반면 중년에겐 특유의 지켜야 할 거리가 또 늘어난다. 부양가족이 그렇다. 즉 최소한 현재수입 확보가 절체절명의 미션이다.

조기퇴직 고민은 사실상 일상다반사다. 가뜩이나 인생 한가운데서 정신이 사나운데 재고기회까지 주어지면 고민밀도는 한층 깊어진다. 꾹 참고 정년까지 매달린 것인지 아니면 제2의 인생을 찾아 떠날 것인지 여부다. 더구나 중간인력을 타깃으로 한 구조조정이 안착됐다는 점에서 회사 잔류를 결정해도 퇴직고민은 얼마간의 시간벌이에 불과하다. 조만간 재차 닥칠 수밖에 없다.

회사입장은 강고하다. 회사로선 조기퇴직만한 선호선택지가 없다. 퇴직금에 일시위로금까지 붙는 거액지출이 불가피해도 장기적으론 유리하다. 조직내부의 활력을 위해서도 그렇다. 실제 대기업의 40~50세 근로자 중 80%는 그만둬도 전력차질이 없는 잉여인력이란 판단이다. 다른 통계를 봐도 사내실업자(고용보장자)는 9.5%인데 조기퇴직 희망인원은 1.2%에 불과하다(후생성).

_줄곧 달려온 중년, '정년고수와 인생전환' 딜레마

결국 조기퇴직의 고민은 한 꺼풀 벗겨내면 '돈' 문제로 요약된다. 남을지 떠날지 그 절대기준이 주판알에 달렸다는 얘기다. 요컨대 기회비용의 문제다. 조기퇴직엔 금전보답이 있다. 일찍 관두니 일종의 위로금이다.

단 회사사유에 따른 조기퇴직일 때만 적용된다. 희망 · 명예퇴직이란 이름으로 실시하는 조기퇴직 때 기업은 우대조치로 퇴직금에 일정금액을 얹어준다. '할증가산금'이다. 직원에겐 거부권한이 있어 이를 장려하려는 인센티브 차원이다. 대개 기본급의 몇 개월 치 월급형태다. 연령을 나눠 절대금액을 주거나 퇴직금에 할증률을 곱하기도 한다.

2000년대 초반엔 30~40개월 월급을 가산금으로 줘 화제가 되기도 했다. 통상적으로는 12~24개월이 많다. 그나마 이는 대기업 사례다. 중소기업은 할증률이 턱없이 낮다. 많이 주는 곳이 12개월 치로 나타났다. 할증률은 재무상황 · 조정규모 등 기업사정에 따라 달라진다.

위로금이 많다면 고민할 게 없다. 그런데 대부분은 미묘한 금액이다. 정년 때까지 연봉을 다줄 회사란 없다. 그래서 금전고민이 구체적이고 현실적이다. 셈법이 복잡해지는 것이다. 금액수준 · 퇴사연령 · 전직확률·가족상황 등 고려변수가 수두룩하다.

　중년답게 노후자금이 가장 걱정스럽다. 상당금액이 불가피하다. 가령 45세에 퇴직하고 90세까지 살면 무려 1억3,500만엔이 필요하다. 월 25만 엔을 가정한 시산(試算)이다. 연금이 문제없이 나와도 8,000만엔이란 거액이 소요된다(닛케이비즈니스). 와중에 결정을 내리기란 여간 어렵잖다.

　한편 〈닛케이신문〉의 설문조사(2009년)에 따르면 3,000만~5,000만엔의 퇴직금이면 조기퇴직(33%)이 보편적으로 고려된다고 조사됐다. 그 다음이 1,000만~3,000만엔(25%), 5,000만~7,000만엔(19%) 순으로 조사됐다.

　확실한 건 있다. 조기퇴직이 금전적으로는 손해일 수밖에 없다는 현실이다. 정년까지 버텨낼 경우의 생애연봉·연금수준을 볼 때 중도퇴사는 당연히 그 절대금액이 감소한다. 연봉 계산이야 위로금과 전직·창업 등 후속카드의 소득여부로 따지면 확실하다.

　헷갈리는 건 연금계산이다. 앞의 '사례 2'를 통해 연금감소분을 살펴보자.

　55세의 조기퇴직으로 지금까지 후생연금(2층)을 32년 가입했고 60세까지는 국민연금(1층)을 낸 경우다. 이때 60~65세까지 후생연금은 연간 약 117만엔을 받는다. 65세부터 사망까지는 국민연금 73만엔, 후생연금 117만엔을 받는다. 반면 60세 때 정년은퇴(후생연금 37년)했다면 후생연금은 60세부터 135만엔을 사망 때까지 지급받는다. 국민연금도 65세부터 73만엔을 받는다. 5년의 조기퇴직이 가져온 차이가 적잖다는 의미다. 가장 사망 때 전업주부가 받는 유족후생연금은 매년 14만엔의 차이다.

　물론 퇴직 후 변신에 성공하면 된다. 조기퇴직이니 당장 전직·창업카드가 자연스럽다. 문제는 녹록찮은 현실장벽이다. 그래서 가능한 회사잔

류가 권유된다. 50대 직장인 중 65세까지 근무희망자도 55%에 달한다(덴츠). 사표이후엔 정글법칙이다. 재취업성공은 1/3에 불과하고 들어가도 소득은 이전의 70%에 불과하다.

화이트칼라라면 더 냉엄하다. 55세를 넘긴 사무직은 구인자체가 없다. 취업직종 상위권은 청소·잡무와 조리 뿐이다(55~59세). 개업해도 50%는 1년 안에 폐업이다. 또 생존점포의 절반은 기약없는 개점휴업이다. 귀농도 만만찮은 게 30%는 몇 년 안에 접는 것으로 알려졌다. 농촌이란 게 꿈꾸는 낙원은 아니다.

_금전적으로는 손해인 조기퇴사, '남는다고 방법 없어'

자산운용으로 노후생활을 버티는 시나리오도 공론에 가깝다. 사실상 꿈일 뿐이다. 낙타 바늘귀 들어가기다. 해외에서의 연금생활은 1년을 버틸 확률이 10%뿐이다. 심하면 홈리스로의 전락이다. 결국 특집기사를 실은 〈닛케이비즈니스〉는 '조기퇴직은 노후생활의 질을 떨어뜨릴 수밖에 없다'는 식으로 마무리했다.

회사에 남는다고 만사형통은 아니다. 주지하듯 갈수록 중년직원이 설 땅은 사라진다. 50대면 일반적으로 관리직으로 끝이다. 급료가 줄고 자격은 떨어진다. 일선현안은 비켜선다. 부하가 상사로 되돌아오기도 한다. 부담스럽다.

감봉까진 없어도 승진·승급이 멈추고 낯선 곳으로의 배치위험도 크다. 생존중년을 괴롭히는 '잉여인간대책'은 더 무섭다. 회사의 사퇴배려를 거절(?)한 이후라면 보호막은 없다. 스스로 그만두도록 압박카드가 동원된다. 잡담금지에 화장실은 허락제다.

그러니 5명 중 2명은 스트레스 등 정신불안에 시달린다. 관리직 사망률은 최근 5년에 60% 증가했다. 이런 사태에 봉착하면 샐러리맨으로서 꿈과 목표는 확실히 사라진다. 오히려 앞은 불투명하다. 정년까지 최대한 즐겁게 버텨내기를 바라지만 실제는 정반대다. 남은 기간이 짧다면 참을 수도 있지만 반대로 이는 떠나도 미련이 없음을 의미할 뿐이다. 그렇다면 할증금액이 악화되기 전이 회사를 떠나는 최선의 타이밍이란 결론에 도달하게 된다.

결국 중년근로자에게 조기퇴직은 딜레마다. 남는 것도 뜨는 것도 위험하긴 매한가지다. 조기퇴직을 둘러싼 만능해법은 없다. 이해득실이 달라 주판알을 튕기는 일만 반복될 뿐이다.

대안은 아쉽게도 상식적이다. 본인만의 능력강화다. 경쟁력이다. 회사제공의 기득권은 포기가 낫다. 매달릴수록 초라해지는 상황만 반복된다. 자연스런 연공서열과 이에 준하는 연봉증가 등 회사가 제공하는 메리트는 물론 상당하다. 힘들어도 퇴직금·연금(퇴직연금)은 줄뿐더러 웬만한 회사는 무너지지 않는다.

다만 이런 고도성장기 때 정착된 기득권이 사라지고 있다는 점에서 이를 대체할 능력을 스스로 키워 생존력을 높이는 게 좋다. 적극적인 사고와 노력으로 회사배경 없이도 1인분 인생을 완성하는 자세가 요구된다. 안타깝지만 조기퇴직의 갈등축소엔 이것뿐이다.

회사에 남을 때 직면할 수 있는 시련 12가지

1 강격(降格) · 감봉, 임금 · 승진정지

2 전적 및 계열사 이동

3 전근(원격지 및 해외 등)

4 미경험, 부적절 부서로 이동

5 직종전환

6 구조조정 임무부여

7 업무로드 많은 부서로 이동

8 잡용부서(우편구분 등)로 이동

9 자택대기

10 경력연수, 전직준비연수 수강

11 직장에서 집단적인 왕따

12 보고서의 빈번한 제출의무

자료: 닛케이비즈니스

사표수리 NO!
'공포의 퇴직트러블'

"나가고 싶어도 못 나간다!"

20년 복합불황의 최종희생양은 샐러리맨이다. 핵심은 고용불안이다. 정리·감축 등 일자리를 둘러싼 근로자의 패배스토리다. 덕분에 회사는 인건비 등의 경비절감으로 시련기를 버텨왔다. 와중에 해고갈등은 일상적으로 펼쳐진다. 자르려는 쪽과 버티려는 쪽의 대결구도다.

한편에선 꽤 특이한 양상이 목격된다. 그만두려는 자와 잡아두려는 자의 대치국면이다. 직장인을 둘러싼 퇴직갈등이다. 사표를 내도 수리되지 않고 극단적인 트러블로 전이되는 경우다. 실제 사표수리가 거부·연기된 채 맘 떠난 직장에서 어쩔 수 없이 일하는 샐러리맨이 많다. 일부는 소송으로 비화되며 왜곡된 노사관계의 현실을 여실히 보여준다.

〈NHK〉는 회사를 못 그만두게 하는 각종의 퇴직갈등을 보도해 시선을 끌었다(2012년). 이때 소개된 IT기업 정규직이었던 S씨의 사례는 퇴직

갈등의 심각성을 단번에 부각시켰다.

S씨는 3년 전 업무실수로 회사에 손실을 끼쳤다. 회사는 월급에서 이를 공제했다. 30만엔이던 월급은 11만엔까지 줄었다. 3년 동안 모두 600만엔이 변제됐다. 결국 사표를 던졌다. 하지만 수리되지 않은 채 되돌아온 건 핍박뿐이었다. S씨는 사표를 남긴 채 회사를 떠났다. 퇴직통보 기간인 2주를 지켰기에 자연스레 퇴직됐을 것이라 생각했다.

그런데 회사는 퇴직수속을 밟지 않았다. 실업급여를 위해서 퇴직 후 10일 안에 신고해야 하는 이직서류도 제출되지 않은 상태였다. S씨는 실업자도, 샐러리맨도 아닌 애매한 신분으로 존재자체가 사라진 셈이 돼버렸다.

_급증하는 퇴직갈등 '교묘한 기업대응 눈살'

이는 빙산의 일각이다. 퇴직갈등은 교묘하고 광범위하다. 상담센터엔 상식을 뛰어넘는 이상한 증언이 쏟아진다. IT · 부동산 · 건설업 등 광범위한 직장공간에서 비상식적인 행위가 일상적으로 펼쳐진다. 퇴직자유를 뺏긴 채 일할 수밖에 없는 슬픈 근로자의 증가추세다.

NPO법인인 '노동상담센터'는 퇴직거부 상담이 2010~2011년 2년간 3배나 늘었다고 밝혔다. 2008년 금융위기 이후 급증세다. 2009년엔 약 200건에 불과했는데 2011년엔 688건으로 급증했다. 상담내용은 "그만 두고 싶은데 그만 둘 수 없다"는 호소로 일관된다.

퇴직권리는 법률(민법)로 보호된다. 다만 각종편법으로 이를 방해하는 기업이 적잖다. 실업보험 신청에 필요한 이직서류를 발급해주지 않는 게 가장 많다. 근로자로선 여기에 얽매여 그만두지 못하는 경우가 태반이다. 자기퇴직은 거부하고 징계해고로 서류를 꾸며 업계에서 매장시키기도 한다. 징계해고라면 중대과실을 의미해 재취업이 사실상 불가능하다.

퇴직하면 그때까지 미지급된 월급을 주지 않겠다는 회사도 있다. 결국 줘야 될 때를 대비해 월급인하를 인정하는 계약서도 요구한다. 추후 돈을 덜 주려는 속셈이다. 사직하면 교육·연수 등으로 이미 투자한 비용과 업무공백에 따른 손실을 내놓고 나가라며 손해배상 청구를 내뱉는 기업도 있다. 강압적인 협박이다. 상담내용을 살펴보면 소송협박은 왕왕 현실로도 연결된다.

퇴직갈등은 그나마 감춰진 게 많다. 대부분은 말 못한 채 퇴직고민 중이다. 정규직으로 뽑아준 회사에 대한 은혜나 재취업 불안감이 발목을 잡는다. 함께 고생한 직장동료와의 관계단절도 퇴직을 가로막는 장벽이다. 집단을 중시하는 일본문화를 볼 때 사직은 배신행위로 해석될 수 있어서다. 이때의 사표낙인은 두고두고 부담이 될 수밖에 없다.

그럼에도 불구, 사직자유를 둘러싼 유무형의 억압은 일과 직장에 염증을 느낀 샐러리맨에겐 기본적으로 탈출구의 원천봉쇄를 뜻한다. 과도한 업적강요와 잔업압박에 노출된 봉급쟁이의 희망상실이다. 노예나 마찬가지로 남는 것도 지옥이고 떠나는 것도 지옥이다. 우울증 등 정신질환으로 연결되는 경우도 많다.

퇴직갈등이 늘어난 건 장기불황의 후폭풍이다. 경기악화로 고전 중인 기업에게 여유가 사라졌다는 평가다. 즉 저임금에 성실한 근로자라면 잡아두는 게 상책이다. 선전효과도 노릴 수 있다. 가령 소송이라는 강력한 시그널로 잔류근로자의 연쇄적인 사직유인을 막아보려는 노림수다. 기업도 할 말은 있다. 손실이 막대하다. 당장 후속인재를 뽑는데 상당한 자금·노력이 투여된다. 근무환경을 저해하는 건 물론이다.

생존중년의 비애
'일 없이 돈 받는 절대공포'

월급쟁이 수난시대다.

잘리고(고용) 깎이며(월급) 기죽는다. 비정규직은 그렇다 치고 정규직조차 회사출근을 감사히 여긴다. 경쟁유도·적자생존의 일상적인 구조조정 탓이다. 예전이었다면 묻어서라도 가겠지만 경쟁·성과주의 시스템에선 그것조차 불가능해졌다.

때문에 대부분의 샐러리맨은 버텨내는 게 최선책이 됐다. 봉급쟁이 인생기한은 늘릴수록 좋다는 인식이다. 옷 벗는 순간 밥벌이의 고단함이 시작된다. 그래서인지 가축(家畜)에서 비롯된 '사축(社畜)'이란 말까지 나왔다. 회사가축이란 뜻이다. 회사보호망의 그늘에 남으려는 욕구다. 길고 가늘게 회사생활을 오랫동안 하는 게 여러모로 최선이란 판단이다. 특히 중년이 그렇다.

그러자면 때때로 자존심을 대신할 생존기술이 필요하다. 가축처럼 고

분고분 살며 먹이(월급)를 챙기자는 현대판 샐러리맨의 생존기술이다. 중도퇴직 경험자 중 상당수가 '사축' 시절을 그리워한다는 경험담도 증가세다. 노동시장이 경직된 상황에서 일장풍파가 일상적인 경쟁무대에 뛰어들어봤자 득보다 실이 많다는 구구절절한 메시지다.

_월급쟁이 본격수난 속 사내실업? '5명 중 1명'

사실 봉급쟁이 인생연장은 그리 어렵진 않다. 종신고용의 역사적 전통을 가진 일본기업에선 특히 그렇다. 여전히 해고금지를 주창하는 CEO도 많다. 직원을 자르는데 과민반응을 보이며 가족주의 경영을 강조하는 경우다. 비자발적 퇴사가 적은 이유다.

이런 점에서 일본기업엔 잉여근로자가 적잖다. '사내실업'이다. 일할 의욕은 있는데도 실업자처럼 일이 없는 경우다. 그렇다고 일 없이 돈만 받아가는 사내실업자를 언제까지 두고 있을 수만은 없다. 다양한 방법으로 자발적 퇴사를 유도하게 마련이다.

중간관리직 이상인 4050세대의 경우 권한자체를 부여하지 않음으로써 자발적인 퇴직을 유도하는 경우가 일반적이다. 기업내부에서 사내실업자를 정규라인 밖으로 배제시킴으로써 그들에게 소외공포를 안겨주는 효과를 기대한 결과다. 암묵적·자발적 인원조정이다.

사내실업은 불안의 씨앗이다. 특히 중년에 집중되는 사내실업 후보그룹의 해고공포가 높다. 지금이야 버틴다지만 언제든 퇴사압박이 높아질 수 있어서다. 사내실업자는 중견규모 이상의 회사에 많다. 규모가 클수록 전체실적이 커 개별기여도·존재감은 묻히기 좋기 때문이다.

　그렇다면 회사를 다니면서도 일이 없는 사내실업자 규모는 얼마나 될까. 상상 외로 많다. 일본의 완전실업률(근로의사 있는 실업자)은 4%대다. 근로의사가 없는 자까지 합해도 5%대다(실업률). 즉 완전실업자는 300만명 정도다(6,200만×0.05).

　하지만 사내실업은 완전실업자의 2배를 넘는다. 이는 '고용보장(保藏)' 숫자로 확인된다. 일의 양보다 근로자가 얼마나 더 있는지를 시산한 수치다. 자료(경제재정백서·2009년)에 따르면 금융위기 이후 기업의 사내실업(잉여인원)은 607만명까지 증가했다. 전체직장인의 10%에 해당하는 수

[그림 2-4] **사내실업자(고용보장) 증가추이**

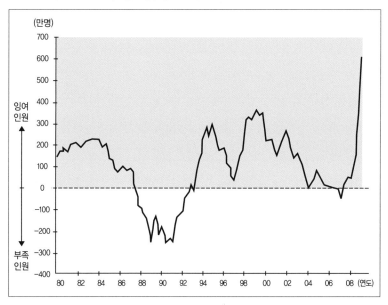

자료: 경제재정백서(2009년)

치다. 1990년대 버블붕괴 직후 5년 평균이 300만명이었으니 무려 2배나 늘어났다.

고용위기의 심각성과 불안감이 극단적으로 높은 배경이다. 결국 실제 실업자까지 포함해 일 없는 사람만 900만명이다. 사내실업까지 실업통계에 넣으면 완전실업은 16%까지 치솟는다. 바꿔 말해 근로자 5명이 1명의 일 없는 실업자를 먹여 살린다는 의미다. 같은 맥락에서 사내실업률은 직장인 중 자영업자 · 공무원(1,700만명)을 제외하면 실제 13%로 계산된다.

_중년그룹에 이어 2030세대까지 가세… 이기주의 질타

사내실업자의 연령은 무차별적으로 확산된다. 승진정체에 임박한 4050세대가 전통적으로 많지만 최근엔 2030세대의 젊은 근로자까지 가세했다. 겨우 입사했는데도 정규직에 어울리지 않는 잡일만 배당받는 경우가 대표적이다. 인터넷엔 본인상황을 설명하며 '내가 사내실업이 아닌지 불안하다'며 도움을 요구하는 글이 끊이지 않는다.

2030세대의 사내실업은 특히 문제가 심각하다. 이들의 경우 일이 없어 업무스킬을 못 배우니 전직조차 힘들어서다. 근무시간 중 절대비중을 단순노동 혹은 시간 죽이기에 할당하니 젊었을 적 필요한 경력계발은 요원한 과제다.

이들은 일할 의지와 능력이 있으니 처음엔 비자발적 사내실업이다. 게다가 정규직이다. 그만큼 말 못할 고민이 깊다. 회사입사 후 적당한 업무가 장기간 배당되지 않자 '사내실업증후군'에 빠지는 경우도 있다. 물론 한편에선 애초의 조바심이 추후엔 자포자기로 연결돼 현실안주에 만족하는 사내실업자도 적잖다.

사내실업은 최근 관심사로 부각 중이다. 서적출간·뉴스보도 등으로 그들의 열악한 실태가 알려진 게 계기다. 2010년 하반기에 출간된 『사내실업-기업에게 버림받은 정규직』이란 책이 도화선이 됐다. 본인이 사내실업자였던 저자의 구구절절한 사내실업 실태고백이 화제가 됐다.

이를 계기로 사내실업에 대한 일반적인 오해가 주목됐다. '일도 없이 돈 받으니 더 좋을 것'이란 편견이 그렇다. 당연히 실상은 정반대다. 원래 600만 사내실업자는 300만 완전실업자의 눈 밖에 났다. 일 없이 돈 받는 사내실업이 취업좌절 중인 완전실업자에게 좋게 보일 리 만무다. 일자리를 둘러싼 중년과 청년의 갈등문제로의 연결이다.

즉 파견해고와 내정취소 등 청년의 일자리 불안기저에는 그만둬야 함에도 버티고 있는 600만의 사내실업이 꽈리를 틀고 있다고 이해된다. 일 안하는 정규직을 자르면 그만큼 청년취업이 늘어날 것이란 기대다. 일부에선 '오르는 월급을 지키려는 욕구와 프라이드로 일도 없는데 회사를 계속 다닌다'며 사내실업의 이기주의를 질타한다.

이때 흔히 거론되는 비교대상이 과거 유행한 '마도기와(窓際)족'이다. 창가에 의자가 있어 온종일 하염없이 창밖만 바라보다 퇴근하는 전통적인 잉여인간을 뜻한다. 회사에선 중요업무를 수행하지 않으며 남겨진 일정기간을 보낸 후 퇴직하는 게 보통이다.

업무에 방해되지 않도록 창가에 자리를 배치한 걸 풍자해 만들어졌다. 무위도식하며 기업을 좀먹는 용도폐기의 퇴물직원을 비하하는 일종의 야유다. 일종의 부정적인 전관예우다. 자르진 못하고 얼마간 편의를 봐주는 일본적 고용관행의 일부다.

종신고용이 건재했던 80년대 대거 확산됐다. 주로 퇴직에 임박한 관리직이 해당된다. 지금은 연령대가 낮아져 정리해고·명예퇴직에서 살아남은 후 회사에서 눈칫밥을 먹는 경우도 포함된다. 이미지는 조직에 도움이 되지 않는 부정적 존재감과 집단적 소외감으로 요약된다.

_정규직 사내실업자 600만… 해고 1순위

사내실업자는 '마도기와(窓際)족'과의 동일취급을 거부한다. 일이 없는 직원이란 점은 둘의 공통분모지만 세부사정은 크게 다르다고 봐서다.

대표적인 게 금전대우다. 마도기와족은 일만 없을 뿐 급료·대우는 정상그룹과 동일하다. 퇴직 때까지 몇 년 만 여유롭게 통근하면 퇴직금과 연금까지 나와 여생을 보낼 수 있다. 하지만 사내실업은 속내가 완전히 다르다. 당장 연령대가 낮아졌다. 40대를 필두로 2030세대도 조금씩 증가세다. 이들은 월급이 적어진데다 그나마 근무기회가 없어 실적조차 별로다. 결과적인 실력저하로 전직도 원천봉쇄다. 즉 사내실업자는 잔업제로에 실력향상 기회제로다.

특히 경영악화 땐 자연스레 해고조정 1순위에 오른다. 밝은 미래를 그릴 수가 없다. 실태보도 이전엔 실상조차 베일에 가려 마땅히 고민상담할 대상도 없었다. 능력부족을 탓할 뿐 본인만의 특수사례로 취급하기 일쑤였다. 힘들게 취업관문을 통과했는데 사내실업자로 전락했다는 점에서 실망감은 상당한 수준이다. 누구든 사내실업 후보자란 점도 불안근 거다.

사내실업은 기업변심과 맥이 닿는다. 과거 일본회사는 종신고용을 상식처럼 받아들였다. 지금도 일본적 가치복원에 열심인 회사는 종신고용과 해고금지를 불문율로 이해한다. 때문에 적자를 내고 일자리가 없어도 해고만큼은 가급적 허용불가였다. 사내실업 형태로 고용을 유지하며 훗날을 대비하는 전략이 일반적이었다.

하지만 최근엔 대량감원과 내부유보가 정비례한다. 돈을 벌면서도 인원정리를 계속한다는 뜻이다. 인건비를 비용요소로 본 결과다. 경기가 좋아 인원이 필요할 땐 값싼 비정규직을 잠깐씩 쓰는 대신 나빠질 땐 즉각적인 인원감축으로 고용비용을 줄이는 전략이다.

사내실업은 이때 의미를 갖는다. 인원정리 수순이 '비정규직→사내실업자→정규직'으로 자연스레 옮아가도록 비정규직과 정규직 사이에 설치된 절묘한 충격흡수 장치란 얘기다.

심상찮은 중년프리터
'노후불안 딱지예약

중년은 그 자체가 '위기'다. 곳곳이 요철이고 함정이다. 넘어지면 회복불가가 많다. 중년인생이 늘 조심스럽고 아슬아슬한 이유다.

그렇다고 삶의 무게가 호락호락하지도 않다. 딜레마를 넘어선 트릴레마의 압박이 무겁다. 밑으론 자녀교육이, 위로는 부모봉양이 통장잔고를 위협한다. 정작 중요한 자신의 노후준비는 우선순위가 밀린다. 샌드위치답게 회피불가능의 3대 과제다.

해법은 하나뿐이다. 경제적 자유획득이다. 자산소득이든 근로소득이든 은퇴이후를 대비한 자금원 확보방안의 모색이다. 역사적 초저금리를 감안한 일본중년의 선택지는 근로소득이 보다 현실적이다. 안정적 일자리를 더 오래 유지하는 방법이다. 자발적 정년연장이다. 물론 쉽잖다. 상시적 구조조정과 고용 없는 성장이 갈 길 바쁜 중년가장의 장기근로를 방해해서다.

실제 열도중년의 위기감은 위험수위를 넘었다. 십중팔구 그 위기진원은 일자리다. 중년갈등 대부분이 일자리와 직장에서 비롯된다. 요컨대 해고공포다. 정부의 정년연장 조치로 65세까지의 계속고용이 가능하다지만 실상은 좀 다르다. 노동시장 유연화를 내세운 신자유주의의 도입결과 50대면 회사를 관두는 경우가 적잖다.

_중년가장의 소득상실 '살자면 프리터조차 불가피'

대놓고 안 잘라도 집단주의적 조직압력에 굴복·사직하는 문화도 건재하다. 생존한다고 삶의 질이 좋아지는 건 아니다. 떠난 자의 몫까지 배당된 잔업·과로 탓이다. 살아남은 자의 비애다. 자녀교육·부모봉양·노후준비의 트릴레마 해결에 숨통은 트일지언정 존재가치와 행복지수는 낮아질 수밖에 없다는 의미다.

중년의 자살률이 1위를 달리는 배경이다. 불안해도 일자리가 있다면 그나마 희망적이다. 일자리를 잃어버린 중년이 계속 증가하고 있어서다. 가정경제의 버팀목인 중년가장의 소득상실은 빈곤전락을 뜻한다. 잠시는 버텨도 길게는 힘들다. 차선책은 비정규직이다. '중년프리터'의 탄생구조다. 미래에 직면할 불안·빈곤딱지의 예약그룹이다.

중년프리터가 '뜨거운 감자'로 떠올랐다. 원래 프리터란 청년세대의 전유물로 1990년대 중반, 비정규직의 상징사례로 부각됐다. 거품경제 붕괴로 취업빙하기에 돌입하면서 정규직 관문통과에 실패한 이들이 급증한 결과다.

물론 일부청년은 자유로운 삶을 즐기고자 자발적인 아르바이트 생활을 택하기도 했다. 때문에 청년위주의 단기·일시적이고 불안정한 고용형태를 빗댄 유행어로 인기를 얻었다. 실제 프리터는 해당연령대가 15~34세로 한정·분석됐다. 아르바이트 생활자라도 이 연령대를 벗어나면 프리터로 불리지 않았다. 공식통계조차 없다.

다행히 청년프리터는 감소세다. 15~34세 프리터 숫자는 2003년(217만명) 꼭지를 찍은 후 2011년 176만명까지 축소됐다. 경기상황별 소폭증감은 있지만 방향만큼은 하락세다. 노력부족·자기책임으로 몰아세워 우호적 입지를 줄인데다 2000년대 중후반까지의 경기확대도 일정부분 기여했다. 이로써 언론의 주요관심사에서도 다소 벗어났다. 첨예한 이슈지만 오래된 문제인 까닭에서다.

_35~54세 중년프리터 증가세 '고령사회 갈등직결'

다만 중년프리터라면 얘기가 다르다. 청년프리터와 구분되는 이슈의 심각성 때문이다. 청년기 단기간의 궤도이탈과 달리 인생전체에 영향을 미칠 반복되는 악순환 연쇄사슬 탓이다. 즉 노후생활을 포함한 생애전체에 걸친 절대빈곤의 대량양산 염려다. '중년프리터→고용불안→소득정체(하락)→가족붕괴→노후불안→절대빈곤'의 연결고리다.

사회·국가적으로도 당연히 악재다. 격차심화는 물론 만혼·비혼 등 개인고립 및 폐색확률의 증대우려다. 예를 들어 '중년프리터→가족파탄→고립증대→무연심화→사회폐색→소비감소→비용증대(정부)→재정압박' 등의 부정적 흐름확대다. 중년프리터의 규모증가는 지속가능한 사회유지의 거대장벽 중 하나로 거론된다.

타깃연령 35~54세의 중년프리터는 증가세다. 중년프리터의 경우 남성은 졸업자, 여성은 졸업·미혼자로 정의된다. 이중 △파트타임·아르바이트 종사자 △완전실업자 중 취업활동 중인 파트타임·아르바이트 종사자 △비노동력인구 중 가사·통학이 아니면서 파트타임·아르바이트 희망자 등이 중년프리터다.

추세는 2000년대 이후 꾸준히 늘었다. 2002년 50만명에서 2011년 77만명으로 증가했다(노동력조사·2011년). 중년프리터 중에서 후속그룹(35~44세)이 급증했다. 동일기간 25만명에서 50만명으로 2배나 불었다. 반면 선발그룹(45~54세) 프리터는 25만명에서 27만명으로 소폭 느는데 그쳤다. 동일연령 중 점유비중도 유사흐름이다.

[그림 2-5] **중년프리터 증가 추이(3개 지진피해 지역제외)**

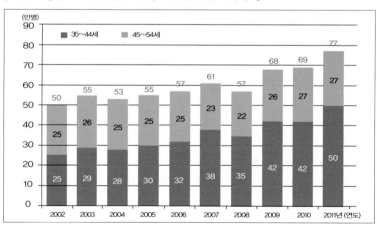

자료: 〈garbage news〉

45~54세 인구 중 프리터 비율은 1.4%에서 1.8%로 늘어난 데 비해 35~44세 중 프리터는 1.6%에서 2.8%로 크게 증가했다. 뚜렷한 우상향 추세다. 특히 중년프리터 중 후속그룹은 2011년(2.8%) 최대증가폭을 기록했다. 2010년(2.4%)보다 0.4%나 급증했다. 원뜻에 충실한 청년프리터가 감소세란 걸 감안하면 35~44세 중년프리터의 급증세는 이례적일 수밖에 없다. 심화되는 40세 전후 고용불안의 단적인 증거다.

　중년프리터의 양산배경은 뭘까. 일단 2가지로 압축된다. 우선 청년프리터의 연장추세다. 애초부터 청년프리터였던 인구가 35세 돌파시점에서 갑자기 취업이 될 까닭이 없거니와 이후의 고용불안도 지속될 수밖에 없어서다. 미취업 상태로 35세를 넘긴 경우다.

[그림 2-6] 중년프리터의 해당인구별 점유비율 추이

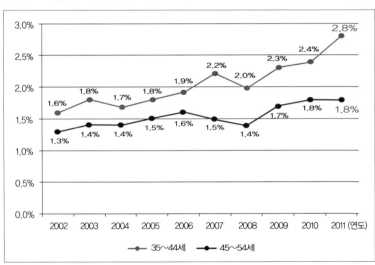

자료: 〈garbage news〉

실제 20년 전 프리터 출신자인 취업빙하기 고졸 · 대졸자가 현재 ±40세에 직면하고 있다. 프리터가 5년 후에도 프리터로 남을 확률은 1020세대는 50%인데 비해 30대 이후엔 70%로 치솟는다는 연구결과와도 맥이 닿는다.

또 다른 중년프리터 증가는 정규직의 프리터로의 신분변화 때문이다. 고용악화로 정규직장에서 퇴출된 중년 중 상당수가 프리터로 전락했을 가능성이다. 정규직 옷을 벗으면 재취업이 힘들기 때문이다. 경직된 일본적 고용관행을 볼 때 중년퇴직은 곧 비정규직을 뜻한다.

신입사원 일괄채용이 지배적인 일본에서 중년근로자의 중도채용은 일부업종에 한정될 뿐이다. 동일정규직으로의 중도채용은 사실상 불가능에 가깝다. 그럼에도 불구, 본인건사 · 가정유지를 위해선 노동시장에 대시할 수밖에 없다. 결국 파트타임 · 아르바이트의 프리터가 유일한 현실해법이다.

_청년프리터의 중년화 및 정규직 탈락이 원인

문제는 향후추세다. 청년실업이 만만찮은 현실상황을 감안할 때 중년프리터의 추가발생이 불가피해 보인다. 가령 중년프리터 개시연령인 35세의 경우 졸업시점(1995년) 실업률이 5.5%였음을 감안하면 지금의 청년프리터 중 상당수가 중년프리터로 연결될 개연성이 높다. 2012년 1월 실업률이 9.5%에 달하기 때문이다. 현재 청년프리터라면 35세 이후 중년프리터로 자연스레 가세할 가능성이 높다.

갈수록 살벌해지는 직장환경도 변수다. 경직적 고용시장이 건재한 가운데 해고공포가 상시적이란 점에서 중년퇴직은 프리터로의 신분하락을 고착화시키기 때문이다. 정규직 재취업의 관문이 높아지는 한편 저임금의 비정규직 수요증가도 중년프리터의 규모증가에 일조한다. 편의점·음식점·주유소 등 '프리터 대환영'의 간판증가가 이를 뒷받침한다. 하나같이 일자리가 유동·단기적이며 특히 임금은 최저생계비조차 넘어서기 힘든 수준이다.

반면 중년프리터의 구직활동은 꽤 눈물겹다. 중년특유의 라이프사이클에 요구되는 트릴레마를 해결해야 해서다. 다만 정부대응은 무방비상태다. 중년프리터의 고용문제는 정부대책의 사각지대에 숨겨진 채 방치됐다.

[그림 2-7] **청년프리터의 장기 추이**

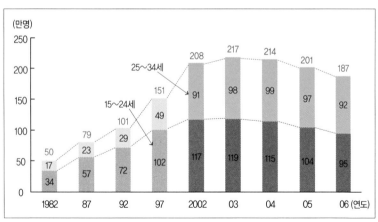

자료: 2007년 〈노동경제백서〉

정부의 프리터 감축방안은 청년세대에 한정될 뿐이다. 일례로 프리터 채용기업에 장려금을 제공하는 트라이얼(Trial)고용제도도 적용대상은 34세까지다. 중년프리터는 해당사항 없음이다. 나머지 제도도 비슷하다.

다만 문제가 불거진 이상 해법모색이 필요해진 시점이다. 주요언론은 '중년프리터의 아르바이트 무한연쇄를 끊어내는 묘책'을 요구하고 나섰다. 중도채용의 관문을 넓히는 게 대표적이다. 정규직 문턱이 높다면 일단은 비정규직 관문확대도 권유된다. 적어도 파트타임·아르바이트보다는 고용안정성이 높은 근로형태의 적용확대다.

아쉽게도 전망은 어두운 편이다. 중년프리터 문제가 워낙 중층적인 원인을 내포하고 있어서다. 고용제도·인식관행 등을 포함한 포괄·구조적인 접근자세가 필요한 이유다.

[그림 2-8] **프리터 인구예측**

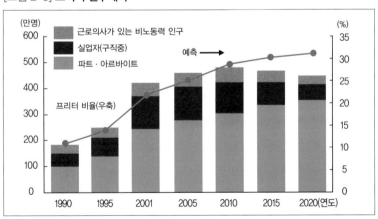

자료: 내각부 〈국민생활백서〉

사고다발 퇴직연금
'직장인 노후불안 UP'

노후불안은 만인의 근심거리다. 늙어 병들 때를 떠올리면 밤잠을 못 이룬다. 노후준비란 그래서 필요하다.

국가가 연금제도를 운영하는 것도 같은 이치다. 의무가입으로 노후빈곤을 막으려는 조치다. 국민연금의 탄생근거다. 요즘 한국에선 국민연금이 '뜨거운 감자'다. 기금고갈 · 정부보증을 둘러싼 논쟁이 한창이다. 폐지론까지 대두된다. 노후준비가 마뜩찮다면 답답한 노릇이다.

그나마 직장인은 사정이 좀 낫다. 대안이 있어서다. 퇴직연금이다. 목돈으로 받던 퇴직금을 현역시절에 분납 · 운용해 은퇴이후 연금형태로 지급받는 제도다. 중간정산으로 목돈기능이 훼손되고 기업도산으로 퇴직금을 못 받을 것을 우려해 노후연금으로 진화시킨 결과다. 가능한 오래 월급쟁이로 남아 퇴직연금을 든든하게 쌓아둘 필요가 4050세대 중년의 냉엄한 현실과제 중 하나인 이유다. 한국처럼 연금구조가 빈약한 경우 특히 그렇다.

퇴직연금의 기능은 파워풀하다. 사실상 핵심적인 연금기둥이다. 직장인이면 빈틈 많은 국민연금을 대체할 유력한 노후자금원이다. 소득비례의 장기가입이면 짭짤한 연금소득이 제공된다. 여기에 개인연금까지 합쳐지면 1~3층의 복층연금이 완성된다. 2005년 12월 시작돼 현재 근로자 중 46%가 가입됐다. 절반정도다.

그렇다면 퇴직연금은 노후버팀목이 될까. 결론적으로 우려스럽다. 당장 수익률 염려다. 기금의 93%가 원리금 보장상품으로 운용돼 수익률이 낮다. 아직은 높지만(2012년 4.5%) 저금리 상황이라 미지수다. 역마진 상품을 유지할 금융기관은 별로 없다. 또 73%가 안전지향적인 확정급여(DB)를 선택했는데 이는 일종의 기업부채로 부실여지가 적잖다.

_퇴직연금 사고 잇따르는 일본 '연금불신 심화'

연금선진국 일본사례를 봐도 퇴직연금의 미래는 불안하다. 2012년엔 한 운용대행사(AIJ투자고문)가 위탁연금 2,000억엔 대다수를 날려버린 사건까지 발생했다. 원인은 도덕불감증이었다. 낙하산인사와 뇌물ㆍ접대가 얽히면서 자랑했던 고수익이 거짓으로 밝혀졌다.

피해자는 노후자금을 맡겼던 가입자다. 가입ㆍ수급자 88만명이 피해를 봤는데 중소기업 일부(84개사)만 해당돼 그나마 다행(?)이었다. 문제는 후폭풍이다. 불똥이 전체연금으로 튀면서 염려가 구체화됐다. "리스크는 알았지만 이만큼 마이너스인지 몰랐다"는 표현처럼 손실사례가 봇

물처럼 터졌다. 믿고 맡긴 행복노후가 날아간 게 아닌지 우려와 함께 '연금=안전' 등식마저 깨져버렸다.

퇴직연금은 일본에선 기업연금으로 불린다. 이는 연금시스템을 완성하는 3층짜리다. 자유선택으로 개인연금을 덧보태는 경우가 있지만 대부분은 3층에서 끝난다. 정부 관할인 1~2층 공적연금의 부족분을 보완해주는 결정적인 변수다.

연금액이야 직장경력 · 기업규모 · 연봉수준에 따라 달라지지만 기업연금 가입자라면 노후자금에 상당히 도움이 된다. 3층 완성으로 30만~40만엔대의 풍요로운 노후자금원이 확보된다. 극소수지만 간부퇴직자라면 50만엔대 수령자도 있다. 이 정도면 남부럽지 않은 노후생활이 가능하다.

하지만 더는 곤란해졌다. 퇴직했거나 정년임박 사례가 아니면 제도개혁 탓에 덜 받는 쪽으로 금액삭감이 적용될 확률이 높아졌다. 수술은 시작됐다. 2000년대 이후 대기업이 기업연금 감액조치에 돌입했으며 추세는 확대 중이다.

결정적인 개혁계기는 JAL(일본항공)의 경영파탄과 법정관리가 제공했다. JAL 부도이후 기업연금 수술은 일상적이다. JAL의 경영파탄은 복합적이다. 경영자의 모럴해저드, 사원의 연령구조와 기득권, 무리한 차입경영 등이 그렇다. 그런데 여기엔 공통분모가 있다. 고령화 문제다. 중년층 이상의 조직적인 집단대응과 이기주의가 반민반관의 기업성격과 맞물려 재정파탄을 야기했다는 게 중론이다.

결국 파탄원인 중 하나는 과도한 기업연금이다. 연금지급액 절감이 불가피한데도 중년층 반발이 두려워 개혁을 미뤄왔다. 노조의 모럴해저드도 한몫했다. 애초 JAL의 기업연금은 매력적이었다. 연 4.5%로 약속된 급부이율(적립금 운용수익률)에서 확인된다. 퇴직금을 맡겨 운용한 뒤 이를 연금형태로 받을 때 적용이율을 4.5%로 미리 정해둔 것이다.

제로금리인 일본에서 4.5%는 엄청난 특혜다. 운용을 잘해 고수익을 내고 복리효과까지 누린다면 불가능한 것이 아니었지만 실제로는 시장 평균조차 힘들었다. 확정급여형이면 회사는 부족분을 매워줘야 한다. 이 결과 JAL의 모델연금(1~3층)은 연 583만엔으로 350만엔대인 기타기업보다 많았다. 기업연금만 월평균 25만엔이다. 근속 42년의 극단적 사례지만 분명 거액이다. 경쟁사인 ANA는 기업연금이 9만엔대였다. 경영파탄은 예고된 결과였다.

_모럴해저드 휩싸인 퇴직연금 '기업파탄 야기'

기업연금 적립부족은 JAL만의 일이 아니다. JAL이 극단적인 파탄상황까지 내몰렸을 뿐 대부분 기업사정도 비슷하다. JAL의 적립부족은 퇴직자에게 거액의 연금지급을 약속했다는 데 있다. 그렇다면 심각한 고령추세를 봤을 때 연금문제는 전체기업의 공통과제다.

또 연금문제가 골치 아픈 건 기업이 존속하는 한 지불의무가 없어지지 않는다는 점이다. 경영파탄으로 회사갱생을 신청해도 의무는 남고 약속 이율은 또 낮추기 힘들다. 그러니 소송이 많다. 적립부족이 일상문제인 탓이다. 2008년 노무라증권이 3,315개사의 퇴직급부 상황을 조사했더니 부채(76조1,000억엔)가 자산(45조5,000억엔) 규모를 넘겼다. 빚만 30조6,000

억엔이란 계산이다. 적립비율은 59.8%다.

역사가 길고 퇴직자가 많은 전기 · 전자업계의 연금부담이 특히 크다. 산요(三洋)전기 · 도시바(東芝) · 후지(富士)전기홀딩스 · 히타치(日立)제작소 등이 대표적인 적립부족 회사로 분석된다. 물론 대형메이커는 거액증자로 연금문제를 개선할 수 있지만 고율지급을 약속한 대부분 회사는 언제든 어려운 상황에 재차 봉착할 수 있어 미봉책에 불과하다.

그나마 적립부족금은 베일에 싸여 있다. 2001년 기업연금 자산과 채무의 차익을 장부에 반영하도록 했지만 혼란을 우려해 유예기간을 15년 부여했기 때문이다. 부족분은 최대 2016년까지 상각유예가 가능하다. 이것이 미확인의 기업연금 채무로 불리는 판도라의 상자다.

기업연금의 부실문제를 풀자면 적립금을 늘리거나 수급액을 줄이는 수밖에 없다. 많은 기업은 후자를 선택 중이다. 물론 어렵다. 가입자 동의를 얻거나 경영파탄에 빠지지 않는 한 힘들다. 금융회사인 리소나홀딩스가 2004년 평균 13%의 연금감액을 선택했지만 퇴직자들과 법정다툼에 빠진 이유다. 비록 이기기는 했지만 예외사례에 불과하다. NTT그룹은 현역직원 · 퇴직자의 급부삭감에 손을 댔으나 결국 좌절했다. 그만큼 연금액을 줄이는 건 어렵고 번거롭다.

하지만 연금을 줄이는 것이야말로 가장 효율적인 방안으로 거론된다. 끌어들일 자금여력이 별로 없는 상황에서 상당수 기업이 운용손실을 기록하고 있다는 사실이 이를 뒷받침한다. 아직은 소수지만 JAL 사태이후 급부이율을 떨어뜨리거나 실제 운용결과에 연동해 연금액이 결정되도록 규약을 수정하는 기업이 증가세다.

미쓰비시중공업은 현직 · 퇴직자 일부를 대상으로 2010년 9월부터 기업연금 급부액을 연평균 1만2,000엔 삭감 중이다. 자금운용이 곤란해져 급부이율을 내릴 수밖에 없다는 상황을 반영했다. 월 1,000엔 삭감인데도 반발과 충격이 컸다. 반대로 그만큼 기업으로서는 개혁압박이 심화됐다. 기업연금이 고도성장 때 우상향의 성장추세를 전제로 만들어졌기에 그것이 깨진 현재 안정적인 지속성에 의문이 생기는 건 당연해졌다.

_흔들리는 노후버팀목 '더 내고 덜 받는 개혁필요'

후폭풍은 거세다. 그간 강 건너 불구경하던 샐러리맨들의 우려가 높다. 자칫 본인에게도 불똥이 튈 수 있다. 퇴직연령에 돌입한 단카이(團塊)세대와 그 후배세대가 대표적이다. 노후버팀목이라 여겨졌던 기업연금조차 더 내고 덜 받는 본격조정의 최초세대가 될 수 있다는 우려다.

이들 중년 샐러리맨의 경우 공적연금은 양보해도 기업연금만큼은 짭짤할 것으로 봤기에 그만큼 상대적 박탈감은 클 수밖에 없다. 기업경영진에 배신감을 느끼는 배경이다.

배신감은 이해 못 할 바가 아니다. 이들이 대학졸업 후 취직한 1970년대는 호경기였다. 입도선매가 일상적이었다. 대학 3학년 기말성적이 나오기도 전에 내로라는 유망회사에 취직이 결정됐다. 이들이 이전세대의 연금을 지탱하는 피라미드의 밑바닥을 받쳐준 건 물론이다. 다만 1990년대 이후 버블붕괴는 이들에게 충격을 안겼다.

기업연금 문제가 불거진 건 이들이 힘들어지기 시작한 1990년대부터다. 급부이율에 미치지 못하는 운용이율이 많아지면서 연금지속성에 심각한 의문이 제기됐다. 돈을 굴리는 금융기관의 형편없는 실력도 문제로 불거졌다. 장기간 호송선단 방식으로 경쟁 없는 성장을 반복해온 금융기관이 태반이었기 때문이다.

그렇다고 후배세대에 기댈 수는 없다. 경기악화로 제 한 몸 추스르기 힘든 청년세대에 부담을 주기 힘들거니와 현실적으로 가능성도 극히 낮다. 기업연금 하나만 믿어왔던 대다수 은퇴예비군의 시름이 깊어지는 이유다.

65세 현역시대
'40대 중반의 10년 후 고비'

고령근로는 '꿈'이다.

노후불안을 잠재울 최선책이기 때문이다. 용돈을 줄 자녀는 제 코가 석자이고 공적연금은 턱없이 부족한데다 쌓아둔 자산조차 없는 한국노인에게 고령근로는 사실상 유일무이한 노후대책일 수밖에 없다.

물론 현실은 녹록찮다. 50대 중반의 퇴직이 일상다반사고 실업탈출구인 중년창업은 상처만 남긴 채 끝나기 일쑤다. 자녀양육·부모봉양·노후준비의 피크시점에 한국중년의 '일'은 그래서 갈등과 한숨천지다.

이런 점에서 앞서가는 고령사회 일본이 부럽다. 65세까지의 고령근로를 법적으로 완성해서다. 원하면 누구든 65세까지 일할 수 있다. '개정고령자고용안정법' 시행 덕분이다. 회사원이 가입하는 후생연금(2층)의 수급연령이 60세에서 61세로 연장되면서 2025년 65세 수급개시 완성에 발맞춘 조치다. 반발하면 회사이름을 공표하는 등 규제도 마련했다.

2013년 4월1일.

일본 샐러리맨들에겐 기념비적인 날이다. 장수시대 호구지책의 불안정성과 불확실성을 해소시켜준 날인 까닭이다. 요컨대 '60세→65세'로의 정년연장이 적용된 첫날이다. '개정고령자고용안정법'의 시행일이다. 기업은 이로써 희망자 전원을 65세까지 고용하도록 법적인 의무를 지게 됐다.

언론의 표현처럼 '65세 현역시대'의 개막이다. 버블붕괴 이후의 복합불황에서 벗어나려는 탈출승부수인 아베노믹스와 함께 정년연장은 일본의 직장세계에 적잖은 파문을 예고한다. 그간의 틀을 깬 인사·급여시스템의 대폭변화가 불가피해서다. 더 빠른 고령화에도 불구, 50대 중반의 퇴직문화가 지배적인 한국으로선 주도면밀하게 살펴볼 일이다.

'젊은 할아버지·할머니'는 이제 모순적이지 않다. 할아버지·할머니의 구분연령은 무의미해졌다. 젊게 보이고 건강한 육체를 지닌 고령인구가 그만큼 늘어났다. 둘러보면 '나이는 숫자에 불과하다'에 동의할 수밖에 없는 경우가 비일비재하다.

_부러운 일본의 65세 정년연장 '노인정의 바꾸자!'

그렇다면 노인·고령자의 기준은 뭘까. 일본인은 적어도 70세를 넘겨야 노인으로 인정한다(연령에 대한 의식조사·2003년). 48%가 70세를 꼽았다. 13%는 75세 이상으로 봤다. 결국 10명 중 6명이 70세에 동의했다. 적어도 60대는 양로원에 명함도 못 내밀 처지가 된 것이다.

이젠 노인·고령자의 정의를 바꿀 때다. 단순한 개념수정에서 벗어나

법·제도차원의 후속조치가 불가피한 과제라지만 더 이상 미루기엔 목에 찬 이슈다. 정년퇴직·연금제도 등에서 빈틈이 커져서다. 고령자 기준은 으레 65세가 꼽힌다. 1956년 UN보고서에 선진국의 고령화 수준을 체크할 때 65세 이상을 고령자로 규정한 게 유래다.

노인천국답게 일본에선 고령인구 정의가 꽤 다양하다. 최근엔 세분화해 65~74세를 전기(前期)고령자, 75세 이상을 후기(後期)고령자로 본다. WHO(세계보건기구)는 75~84세를 후기고령자, 85세 이상을 말기(末期)고령자로도 본다. 정부기관도 시각이 다르다. 세제상 노인부양을 따질 때는 70세 이상인데 노인보건법에서는 최근 75세로 상향됐다.

노인정의의 수정작업은 복잡한 과제다. 그간의 많은 정책·제도기준이 변경되기에 다양한 금전·수고가 동반된다. 반대로 고령인구의 상향조정은 그만큼 다양한 가능성의 확대를 뜻한다. 과거의 정의·범주규정과 여기에 매몰된 탓에 원천봉쇄가 불가피했던 한계를 풀어줘 새로운 기회창출이 가능해진다. 기준을 65세에서 70세로만 늘려도 사회는 확연히 달라진다.

정년연장도 이렇게 이해되는 것이 바람직하다. 잉여·불요노동력의 적극적인 생상참가가 가능해져서다. 가처분소득의 유지·확대는 내수침체의 돌파구를 제공하고 세수확보를 통한 재정안정에도 긍정적이다. 특히 노후자금이 없어 고전하는 중산층 이하 빈곤노인의 생활수준을 업그레이드시킬 수 있다.

한국은 최근 대선과정에서 정년연장의 필요성이 제기됐지만 일본은 1990년대 이미 법제도적인 관련절차에 돌입했다. 1994년 고령자고용안정법의 개정을 통해 1998년부터 60세 정년을 의무화했다. 이후 고령자고용안정법(2000년 개정)은 65세까지의 계속고용을 기업이 추진하도록 그 노력을 의무규정으로 뒀다.

다만 강제가 아닌 노력 의무규정은 한계에 봉착했다. 그래서 65세 정년의무를 규정한 고령자고용안정법이 2004년 개정됐고 2006년부터 발효됐다. 연금지급 개시연령이 65세로 높아지면서 공백기를 매우고자 65세 정년제 등 계속고용제도(고령근로자가 희망할 때 정년이후에도 계속고용)의 단계도입을 의무화한 것이다. 덕분에 65세 이상 노인인구의 고용률은 OECD 중 최고수준이다. 이번 정년연장으로 고령근로는 한층 늘어날 전망이다.

_60세 연장으로 뒤따르는 한국 '선진국은 65세 이후 대비'

구체적으로는 65세를 목표로 한 △정년상향조정 △계속고용(근무연장+재고용) △정년폐지의 3가지의 방법이 제시된다. 2013년 3월까지 채택상황은 계속고용이 82.5%로 압도적이다. 정년상향조정(14.7%)과 정년폐지(2.7%)보다 받아들이기 수월한 이유에서다.

대상은 근로자가 있는 전체기업이다. 근무연장은 정년연령이 설정된 상태로 그 연령에 도달한 근로자를 계속해 고용하는 제도다. 재고용이란 정년연령에 도달한 근로자를 일단 퇴직시킨 뒤 다시 고용하는 제도다. 촉탁형태다. 정년상향 스케줄은 2007년(62세 이상), 2010년(63세 이상), 2013년(64세 이상) 등으로 추진됐으며 2013년 4월부터 65세 이상으로 설정됐다.

앞으로는 계속고용을 하지 않으려는 선별행위가 금지되며 인정범위도 자회사에서 그룹회사로까지 확대된다. 의무위반일 땐 기업명을 공표하는 등 제도적인 페널티를 부과할 방침이다. 현재 대부분 기업은 사실상 계속고용 형태로 65세 현역근무를 준수한다.

물론 65세 정년연장이 최종목표는 아니다. 일본 등 선진국을 봤을 때 65세로의 정년연장은 일정부분 숨통을 틔어줄 뿐 완전한 해결방안은 될 수 없다. 65세에서 70세로 정년을 확대해 연장하는 게 더 옳았을 것이란 주장도 힘을 얻는다. 늙어가는 속도와 멈춰버린 성장을 볼 때 추가적인 연금재정 확보조치가 불가피해서다.

더 거둬들이는 게 힘들다면 덜 주는 수밖에 없다. 근로연령을 늘려 연금수입을 확보하고 늦게 은퇴시켜 연금지급을 미루자는 얘기다. 좀 각박한 얘기지만 지속가능한 연금시스템을 위해서는 방법이 없다. 특히 기업이 65세 현역의무에도 불구, 60세 정년연령을 고치지 않고 일종의 타협책인 계속고용에 머문다는 점도 한계로 거론된다. 즉 장기·근본적인 대책으로 사실상 70세로 못 박거나 혹은 정년폐지를 추구하는 게 나을 수 있다.

이왕 고칠 것이면 처음부터 주도면밀해야 각종비용과 노력을 줄인다는 점은 서구선진국 사례에서 교훈으로 남아있다. 유럽에선 연금개혁과 맞물린 정년연장이 지루한 핫이슈로 등장한지 오래다. 우왕좌왕하며 이해합의를 못 찾고 설왕설래 중이다. 다만 2001년 '액티브에이징'의 이념을 채택해 노인취업률을 50%까지 올리겠다는 청사진은 주목된다. 이 과정에서 연금수급 개시연령을 67~68세로 끌어올리려는 분위기가 일반적이다.

[그림 2-9] 각국의 65세 이상 경제활동인구 비율(노동력률) 추이

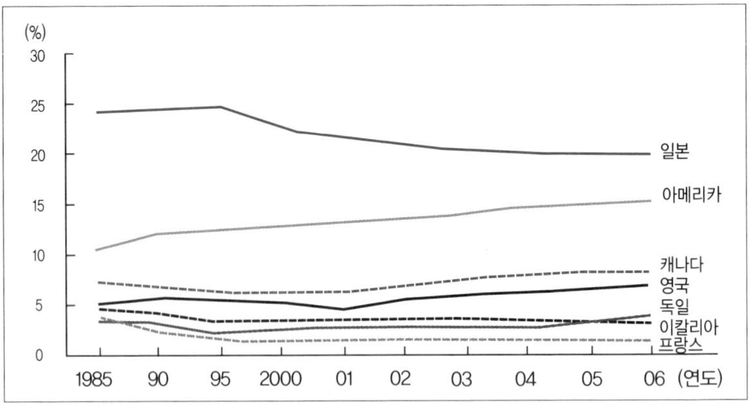

자료: OECD(Labour Force Statistics)

세부적으로 프랑스는 정년연장(60→62세)과 함께 연금수급(100%) 개시 연령을 늘리는(65→67세) 연금개혁안을 채택했다. 하지만 이후 집권한 올랑도 정권은 연금수급 연령을 60세로 돌려놨다. 근로자 표를 의식한 결과다. 영국은 연금수급 개시연령(여성)을 65세까지 늦추고 최종적으로 68세까지 연장하는 계획을 발표했다. 독일의 경우 2004년부터 연금수급 개시연령을 67세로 늘렸고 조기은퇴의 경우 연금급여를 삭감했다.

_"아예 정년 없애자" 높은 목소리, 정년무용론

일본에선 정년자체를 아예 없애자는 의견도 구체적이다. 일찍부터 '정년파괴 · 평생현역' 등 정년무용론을 주장한 세이케 아츠시(淸家篤) 게이오대 총

장이 대표인물이다. 정년퇴직제의 존재자체가 고령자 취업에 명백하게 부정적이란 이유에서다. 일례로 근로의욕이 있어도 정년제도 때문에 일을 그만두는 경우가 많다. 또 정년이후 제2의 직장에서 근무하다고 해도 제1의 직장에서 획득한 기능을 충분히 발휘하지 못하는 경우도 적잖다.

노동전문가인 야마다 아츠히로(山田篤裕) 박사는 정년퇴직 관행과 정년전후의 유연한 임금체계가 노인취업의 주요 결정변수란 점에서 정년무용론에 동의하며 정년을 더 연장할 필요가 있다고 본다. 일각에서는 70세까지의 정년연장이 연금수급 개시연령의 또 다른 연장빌미를 제공할 수 있다는 점에서 염려하기도 한다.

〈주간동양경제〉는 근착호(2013.1.26)의 커버스토리로 '65세 정년의 충격'을 뽑았다. 근로자 입장에선 충격이기보다 수혜일 것 같은데 왜 이런 제목을 택했을까. 인사·급여·채용시스템이 격변하며 특히 고용비용이 늘어난다는 재계입장을 반영한 결과로 해석된다. 실제 고령자 전원 고용 결과 1조9,000억엔의 비용증가를 예상했다.

더알아보기 정년연장의 성공사례

84세 A씨는 의료법인 코로우(高嶺)병원의 촉탁사원이다. 하루 8시간 근무하는 간호사인데 평균월급이 25만엔대다. "건강유지와 일하는 보람을 느껴 아주 좋다"는 입장이다. 72세의 또 다른 간호사 B씨는 파트타이머다. 역시 하루 8시간 일하며 시급 1,480엔을 받는다. 하루 1만2,000엔 정도로 월 20일 근무하면 약 24만엔의 수입이 보장된다. 병원시설답게 전문적인 특수노하우를 보유한 이들이 연령을 이유로 그만두는 것을 낭비라고 보고 적극적인 고령근로를 추진한 결과다. 병원은 '숙년파워의 완전연소'를 위해 92년 정년제를 폐지했다. 65세 때 퇴직금은 지급하되 이후 고용연장을 실시하는 형태다.

– 『은퇴대국의 빈곤보고서』 중에서

무엇보다 버블경기 때 입사해 현재 40대 중반을 차지하는 두터운 '독버섯구름' 층이 정년연장 고려시점인 50대 중후반에 들어가는 향후 10년 후가 고비로 진단됐다. 이들이 계속고용을 희망하면 상당한 부담이 불가피해서다. 즉 고용권한을 쥔 기업은 인건비 증대우려와 각종시스템의 개혁압박이 현실적이다. 외견으로는 법을 지켜 65세까지의 계속고용을 준수하겠지만 그 이면의 사퇴압력이 벌써부터 염려되는 이유다.

결국 순조로운 정년연장 제도정착을 위해서는 정책차원의 지원과 배려가 필수일 수밖에 없다. 생색내기가 아닌 실질적인 정년연장을 이끌어내는 충실한 제도설계가 선행될 필요가 있다.

더알아보기   정년연장의 빈틈과 한계

멀고 먼 고령근로 '임금문제가 걸림돌'

65세 정년연장은 환영입장이 많다. 장수사회의 불가피성 때문이다. 그런데 한편에선 부작용을 우려하는 시각도 구체적이다. 준비가 덜 돼 정책효과가 반감된다는 지적이다. 『65세 정년제의 함정』이란 책처럼 정년연장이 실효를 보지 못할 것이란 주장이 그렇다. 먼저 월급감소다. 늦게 퇴직해도 실질임금이 급락해 사실상 큰 도움이 되지 않을 것이란 얘기다. 실제 65세로의 5년 연장은 고용주에게 상당한 임금압박이다. 기업실적은 물론 신입채용과 현역임금에까지 악영향을 미친다. 이들의 동기부여까지 박탈한다. 때문에 대부분 '재고용' 카드를 꺼내든다. 급여가 30~40% 감소하는데 일부는 절반이하까지 떨어진다.

직장에서의 인간관계는 더 복잡해진다. 60세 이후에도 정규직으로 고용되는 경우는 1/3에 불과하고 나머지는 촉탁·계약사원으로 고용된다. 많은 기업이 이미 내부에 인재파견회사를 설립해 60세 이상 사원을 재고용한 후 원래회사에 파견하는 형태를 취한다. 전형적인 파견근로 형태다. 젊은 후배로선 소속이 달라 존경은커녕 협업조차 꺼리게 된다. '쓰기 힘든 직원'으로 취급당하거나 고달픈 일만 맡기는 등 결국엔 자발적인 퇴직을 유도하는 게 현실이다. 요컨대 '추방사무실'에 한데 모아두고 퇴직을 압박한다. 수입격감뿐 아니라 재고용 후의 신분과 인간관계에 상당한 고충이 예상되는 대목이다. 월급벌레로 비난받느니 그만둘 수밖에 없다.

그나마 이는 대기업의 수혜다. 재고용 기회를 주는 것만으로 중소기업 근로자로선 부러울 따름이다. 중소기업 대부분은 생존여유조차 없어 재고용이 부담스럽다. 환갑이후에도 일하고 싶다면 스스로 재취업자리를 찾는 게 현실이다. 60세를 넘기면 취업상담소(헬로워크)조차 가기 부담스럽다. 특히 5년의 정년연장은 임시조치에 불과하다. 65세가 되면 재차 고용불안에 휩싸일 수밖에 없다. 평균수명 증가로 대부분 65세를 넘겨서까지 일하고 싶어 하지만 65세로의 정년연장이 되레 이후의 근로루트를 완전히 차단하는 부작용으로 연결될 수 있다는 뜻이다. 그땐 방법이 없어진다. 즉 일찌감치 별도코스의 일자리로 정년 걱정 없이 일할 수 있는 방법과 동기를 찾는 것을 저해한다. 어설픈 연장정책이 자발적인 고령근로의 의지를 꺾을 우려다.

모든 정책엔 찬반양론은 있다. 얻는 자와 잃는 자가 있다. 65세 정년연장은 청년반대가 컸다. 한정된 일자리를 둘러싼 청년고용의 박탈염려다. 청년실업률에서처럼 신규채용 루트가 꽤 닫혀버린 판에 고령은퇴자의 연장근로를 넓혀서는 곤란해서다. 그렇다고 고령사회에서 늙음과 대립할 수는 없다. '노해(老害)'를 외치자면 국민의 1/4과 대적하는 셈이다. 2050년이면 국민 절반이다. 역으로 '내수시장=실버시장'이기에 고령인구의 속내와 경험을 되살리는 게 옳다. '노익(老益)' 비즈니스가 그렇다. 노소의 대결구도로만 프레임을 짜면 득보다 실이 많다. 수혜그룹인 고령인구도 정년연령 이전의 철저한 사전준비가 필수다. 정년이후의 로드맵을 둘러싼 정확한 사전정보를 분석해 세파에 휘둘리지 않는 일을 확보하는 게 관건이다.

3장

가족갈등
해체와 재조합,
그리고 관계회복

가족붕괴의 가속화
'핵가족 부메랑을 피하라!'

TV드라마는 시대상황의 반영거울이다. 그 사회가 무엇에 민감하고 또 무엇을 원하는지를 비교적 잘 알 수 있다. 이런 점에서 한국드라마의 화두 중 하나는 '가족'이다. 해피엔딩이든 아니든 가족을 둘러싼 갈등과 화해는 단골소재다.

그 대표주자가 김수현 작가일 듯하다. 그녀의 주된 작품뼈대는 변함없이 '가족'이다. 특히 '화목한 대가족'이 주요장면 중 하나다. 저녁밥상에 옹기종기 둘러앉은 장면은 빠지지 않는다. 또 요즘은 드문 3대인 경우가 대부분이다. 조부모·부모·자녀의 3세대를 둘러싼 줄거리 전개는 다분히 식상하되 그럼에도 불구, 인기가 높다. 히트제조기란 별명답게 2013년 3월에 끝난 '무자식상팔자'란 드라마는 1%만 나와도 성공적이라는 종편채널에서 무려 10%대 기록을 세웠다.

그녀의 관심사와 달리 현실은 그렇잖다. '화목한 대가족'은 꽤 비현실

적인 설정이다. 아련한 기억에서조차 찾기 힘든 일종의 환상이다. 가족
해체를 요구하는 자본주의 작동논리가 전통적인 대가족주의를 훼손시켜
버린 결과다. 고도성장과 맞물린 고용환경은 분가·독립을 재촉했고 가
족보다는 직장(직업)우선의 삶을 강제했다. '함께'보단 '따로'인 것이 더
합리적인 선택으로 굳혀질 수밖에 없는 시대상황의 변화였다.

_'함께'보다 '따로'였던 핵가족의 치명적인 부메랑

지금 대한민국의 가족풍경은 그 결과물이다. 답답한 토끼장을 연상시키
는 아파트에서 잘해야 3~4인으로 구성된 2대 핵가족이 지배적인 모습이
다. 더불어 갈수록 증가세인 1인 독거세대는 소규모 오피스텔을 중심으
로 개인화됐다. 감축성장이 연애·결혼조차 막으니 이들 청춘세대의 가
족구성은 첫 단추조차 꿰기 힘들어졌다. 파편화된 독신생활의 장기화다.
중년의 솔로가 넘쳐나는 이유다. 관계는 희박해지고 대화는 줄어들었다.
　얕고 가벼워진 가족구성은 고령화의 장수시대와 맞물려 상당한 반향
을 낳는다. 현대화된 가족분화의 부작용인 셈이다. 전통적인 가족기능이
면 막을 수 있겠지만 쪼개진 이상 그 불협화음을 정상화시키기 힘든 이슈
들이다. 핵가족의 장점이 장수시대엔 단점으로 되돌아온다는 얘기다. 부
모봉양과 자녀부양 등이 대표적이다. 이를 가장 절실하게 느끼는 그룹이
4050세대의 은퇴예비군이다. 3장에서는 이와 관련된 가족갈등과 이를 해
소하기 위해 도출된 대안카드에 대해 장수사회의 최전선인 일본사례를
통해 살펴보겠다(아래는 졸저 『장수사회의 청년보고서』 중 일부 발췌요약).

최근 일본에선 가족관계를 둘러싼 전통과 현대의 대결이 한창이다. 뿌리는 깊다. 1960년대 이후 고도성장 때부터다. 고향에서 도시로의 인구유입 가속화가 그 계기다. 도시화·근대화 조류와 전통가족관의 대결구도다.

이젠 그 절정에 달했다. 경쟁논리가 심화되면서 미끄럼틀 밑으로 추락한 일본가계가 급증했고, 이 과정에서 빈곤을 내세운 개인화·무연(無緣)화가 현대가족을 붕괴시키고 있다. 그 반발로 가족관계의 재구성도 시작됐다. 전통적 네트워크를 복구해야 일본사회에 희망이 있다는 이유다. 그렇다면 일본의 가족상은 어떻게 변화 중일까.

먼저 돋보이는 가족변화는 무연화다. 집단고독의 원인이다. 적자생존·승자독식의 경제논리가 공고하던 일본특유의 각종 네트워크를 끊어버렸다. 즉 '무연사회(無緣社會)'다. 언론보도로 고독사(孤獨死)가 급증했다는 사실이 밝혀진 뒤 그 후폭풍은 연일 확대재생산이다. 아사·자살 등 충격적인 고독사망은 연간 3만2,000명에 달한다. 대부분은 고령의 단신거주자다.

독신일지언정 가족·친척은 있게 마련이다. 다만 그 관계가 멀어졌다는 게 문제다. 집단·이웃·가족관계를 번거롭게 생각해 자발적으로 인연을 끊기도 한다. 장기간 연락두절의 부모·형제소식은 흔해졌다. 사망후 유골조차 거부하는 경우까지 있다.

그 이유가 뭘까. 돈 문제다. 가난이다. 돈이 없어 인간관계가 끊긴 것이다. '독신=가난' 항등식의 성립이다. 지금은 노인인구에 한정되지만 연령대는 계속 낮아진다. 무연예비군·노후난민 등의 수식어로 불안감에 빠진 중년을 비롯한 현역세대는 수두룩하다. 제도시스템과 인식변화가 없는 한 뾰족한 해결책조차 없다는 게 더 절망적이다.

_무연사회 심화, '35세 넘기면 평생 독신?'

주지하듯 일본의 가족붕괴 핵심은 '저출산·고령화'다. 적게 낳고 오래 사니 문제가 불거졌다. 가족붕괴는 그 결과물이다. 독거(獨居)화·만혼(晩婚)화·무연(無緣)화의 연쇄악재를 풀 해법은 결국 가족관계의 연대구축에서 찾을 수 있다.

이런 점에서 35란 숫자는 의미심장하다. 평생의 단신생활 여부를 가름하는 변곡점이 35세다. 그 이상은 만혼으로 사실상 가족붕괴를 부추기는 요인이다. 35세 이상이면 결혼해도 삶이 평탄치 않을 확률이 높아진다. 자녀양육·부모봉양의 딜레마는 물론 본인노후까지 팍팍해진다. 은퇴시점이면 3대 비용요소가 절정에 달하는 법이다.

만혼이유는 돈이 없기 때문이다. 초식남자 증가도 매한가지다. 결혼만 하면 그나마 희망은 가질 수 있다. 평균 2.09명(부부완결 출생아수)의 자녀는 낳는다는 통계가 있다. 결혼을 안 해서 그렇지 하면 출산은 2명 가량 한다는 얘기다.

한편에선 현역세대인 부모가 빠진 조부모와 손자의 관계회복도 목격된다. 부모가 경제활동에 바쁜 까닭에 은퇴한 조부모가 어린 손자를 돌보는 형태다. 일종의 전통적인 분업관계의 회복이다. 비용절감을 위해 아예 3대가 함께 사는 대가족주의로 회귀하는 경우도 증가세다. 감축성장을 이길 유력한 대안전략으로 손색이 없어서다.

2010년 '화장실의 신(トイレの神様)'이란 노래가 히트를 친 적이 있다. 돌아가신 할머니에게 어렸을 적 "화장실을 깨끗이 써야 미인이 된다"고 들은 추억을 떠올리며 사후의 할머니를 그리는 가사다. 각박해진 열도일본의 심금을 울린 건 물론이다.

그런데 가사 속에서는 중요한 현실내용이 하나 발견된다. 할머니의 손자양육이 그렇다. 즉 노래의 히트배경엔 가사처럼 조부모에게 길러진 20대가 많았다는 점이 주효했다. 지금의 20대라면 엄마가 재취업하면서 할머니에게 맡겨진 경우가 많았기 때문이다. 일종의 공감대다.

실제 이들이 태어난 1990년대는 버블붕괴기로 맞벌이 압박이 컸다. 맞벌이가 외벌이를 추월한 것도 이때부터다. 자녀양육을 조부모에게 의탁할 수밖에 없었다. 그래서 청년세대 중 상당수는 조부모와 친하다. 부모이상으로 친밀감을 늦기며 친구처럼 지내는 경우가 상당수다.

사회인이 돼도 조부모에게 용돈을 받는 손자그룹도 적잖다. 생활전선에 투입된 빠듯한 지갑의 부모보다 연금소득 등으로 비교적 금전여유를 가진 조부모가 낫기 때문이다. 심각해진 경기상황 · 양육환경이 세대를 뛰어넘는 새로운 가족관을 낳은 결과다.

이와 함께 새로운 가족결합의 트렌드가 뚜렷해지는 추세다. 전통적인 대가족으로의 회귀는 아닐지언정 기대효과는 비슷하게 누리는 변형된 형태의 가족결합이다. 가령 함께 한 지붕 밑에서 살지는 않지만 사실상 가까운 거리에 살면서 동거효과를 기대하는 식이다. 함께 살며 받는 스트레스는 줄이고 부모봉양 · 자녀양육의 노림수는 강화하는 구조다.

예를 보자. 일본의 건설회사 CM 중 단골콘셉트는 복합세대 하우스다. 2~3층에서 3세대가 어울려 정겹게 사는 이미지가 많다. 실제 단독주택이 주류인 일본에선 2층짜리 집이 태반이다. 다만 3세대가 동거하는 가구는 생각보다 적다. 무너진 가족관계를 떠받치는 게 조부모라지만 그럼에도 불구, 3대가 동일공간에서 어울려 사는 건 여러모로 힘든 법이다.

고부관계가 불가근불가원인 건 일본도 마찬가지다. 그래서 등장한 게 '보이지 않는 대가족'으로 불리는 근거(近居)형태다. 동거(同居)는 아니지만 근접거리에 살며 사실상 동거효과를 누린다. 자녀양육에 부모협조가 없으면 힘들어진데다 부모봉양에도 도움이 된다.

_'보이지 않는 대가족' 인기… '한 지붕 여러 가족'도

이게 도심의 주거스타일까지 바꿨다. 자녀결혼·출산이후 시골부모의 도심이사가 증가세다. 실제 집을 구할 때 근거를 최대변수로 보는 경우가 늘었다. 중요한 건 거리다. '15분의 법칙'이 나온 이유다. 도보·자동차로 15분 이내에 사는 게 유리하다는 경험칙이다. 국물이 식지 않는 거리다.

통계(NRI)를 보면 근거비율은 1997년 28%에서 2006년 41%로 늘었다. 근거희망자는 30대에서 85%까지 증가했다. 지자체에 따라 근거확대를 위한 비용지원에 나선 곳도 생겨났다. 비슷한 이유로 결혼 전까지 최대한 부자부모에 기생(?)하며 금전부담을 덜려는 캥거루족(=패러사이트 싱글)도 증가세다. 최근엔 중년까지 가세해 '중년 캥거루족'이란 말도 유행이다.

가족의 재구성 추세는 '한 지붕 여러 가족'의 다소 이상한 동거형태로까지 연결된다. 목적은 고독사와 결별하고 무연의 네트워크를 해결하기 위한 고육지책이다. 무연적인 폐쇄환경을 유연적인 생활공동체로 바꾸려는 노력이 대표적이다.

쉐어·컬렉티브 하우스로 불리는 집합주거가 그렇다. 이는 개별세대(전용면적)와 주민공유(공용면적)가 각각 존재하는 구조다. 어린이부터 노인까지 구성원이 다양해 세대교류 주택으로도 불린다. 유명물건은 대기기간만 1~2년일 정도다.

인기이유는 다양하다. 우선 자녀양육에 도움이 된다. 함께 사는 은퇴세대가 부모외출 때 공용면적에서 애들을 봐줄 수 있다. 여성가구라면 안전측면도 탁월한 장점이다. 맞벌이부부는 공용거실에서의 식사가 큰 덤이다. 그만큼 세대를 뛰어넘는 활발한 교류가 보편적이다. 가족붕괴에 따른 외로움·상실감을 이웃연대로 극복한다는 점에서 소통·상생의 전통가치 복귀다. '한 지붕 여러 가족'은 해체된 가족관계를 복원하고 공동체기능을 강화할 중대한 실험으로 인식된다.

심화되는 은퇴갈등
'고독남편 vs 우울부인'

바야흐로 고령 · 장수사회다.

군이 탑골공원이 아니라도 한국 역시 노인대국답게 길거리엔 현역은 퇴자로 넘쳐난다. 아쉽게도 그 표정은 어둡다. 소일거리 없는 쓸쓸한 고령방황의 답답한 현실이다. 고령대책이 절실하지만 뾰족한 수는 없다. 한정된 정부재원이 답답할 뿐이다. 그나마 청년정책보단 월등히 배려됐으니 '더'를 요구하기는 쉽잖다. 와중에 청년이 십시일반 떠받치는 부가형 연금구조 탓에 현역세대의 상대적 박탈감은 경고수위에 달했다.

그럼에도 불구, 은퇴세대의 자발적인 노후대책은 실망스럽기 짝이 없다. 가진 자산은커녕 벌어들일 일거리조차 없어 '은퇴=빈곤'의 함정에 빠지기 일쑤다. 있는 돈도 부동산에 물렸거나 밑 빠진 자녀양육에 거덜난지 오래다.

결과는 우울하다. 갈등과 파탄의 스트레스로 접철된 노후생활이다. 후폭풍은 무차별적이다. 본인도 힘들겠지만 주변가족도 만만찮다. 가족해체까지 심심찮다. 묘책은 없을까. 최선은 힘들지만 차선은 있다. 4050세대로 은퇴를 앞둔 예비그룹의 경우 서둘러 노후대책을 마련하되, 그 핵심과제로 가족갈등을 설정해 이를 줄이도록 일찍부터 실천하는 게 필수다. 이게 일본사례의 교훈이다.

_'은퇴=빈곤'의 함정우려, 가족갈등 본격화

2012년은 장수대국 일본사회의 중대한 고빗사위였다. 2012년을 계기로 확실한 은퇴대국 레테르가 붙기 시작해서다. 전후 베이비부머(團塊 · 1947~49년생)의 선두주자가 65세로 본격 은퇴에 돌입하기 때문이다.

이들 대량은퇴는 3년간 모두 800만에 달한다. 애초 60세 정년을 감안해 2007년에 발생할 걸로 봤지만 법률개정으로 정년을 5년 늘린 결과다. 재정불안으로 연금지급을 늦춘 것의 후속조치다. 그 5년이 2012년으로 끝났다. 앞으로 새로 꺼내들 카드가 없다는 얘기다. 일부기업은 법정정년(60세)을 초과한 것도 모자라 65세 이후까지 계속고용 중이지만 아직은 소수에 불과하다. 절대다수의 근로종착지는 최대한도가 65세다.

이로써 은퇴자를 둘러싼 갈등 · 폐해이슈가 불가피해졌다. 대량은퇴인만큼 대량피폐는 당연지사다. 징후는 벌써 확인됐다. 앞서 퇴직한 은퇴선배의 부적응 · 일탈 등 경로이탈이 빈번하게 갈등으로 번진 경험이다.

갈등은 다각적으로 목격된다. 먼저 은퇴남편은 가족붕괴를 가속화시킨다. 적어도 가족해체를 야기한 불씨를 댕겼다는 혐의는 짙다. 현역시절 40년 넘게 '회사인간'이었던 일본남편에게 정년퇴직은 익숙함과의 결별을 뜻한다. 낯선 세계와의 불가피한 조우다. 출근은 없어졌고 명함은 사라졌다.

그 대신 상실감만큼 낯선 '가족'이 불현듯 눈앞에 나타난다. 뒤늦게 가족애를 외치며 의탁공간을 찾지만 이미 때는 늦었다. 요리를 대접하고자 부엌을 전전하지만 누구도 반기지 않는다. 세탁기는 작동방법조차 모른다. 자식과의 대화는 허공을 가른다.

성격을 죽이면(?) 그나마 버틴다지만 직장간부로 끝낸 외길인생에 양보 · 타협은 찾아보기 힘들다. 그냥 하루하루 살아갈 뿐이다. 아내에게 빌붙어 떨어지지 않으려는 '젖은 낙엽(濡れ落ち葉)', 버리기가 더 힘든 '산업폐기물 · 대형쓰레기(粗大ゴミ)'란 별칭이 생겨난 배경이다. 결국 맘 붙일 데라곤 애완견뿐이다. 아침저녁 애완견 산책이 유일한 즐거움이지만 그래도 실업자로 보는 외부시선은 짜증스럽다.

_회사인간의 퇴직 '망망대해의 외로운 배 신세'

물론 나름 변신을 시도한다. 잃어버린 가족을 찾으려는 고군분투다. 하지만 대부분은 때가 늦었다. 처음엔 애써도 나중엔 포기다. 집안에서 남편공간은 하나하나 없어졌기 때문이다. 소파에 앉았지만 유령취급의 투명인간일 뿐이다. 이는 '코슈(孤舟)'로 비유된다. 망망대해에서의 외로운 배 신세다. 자폐적인 상황에서 알코올중독자로 연결되는 출발점이다. 지켜보는 가족은 더 혼란스럽다. 갑작스럽게 등장한 가장의 존재는 그간의 가정질서를 매섭게 어지럽힌다.

아내반응을 예로 보자. 급작스런 남편과의 하루 24시간은 실로 위협적인 스트레스다. 그래서 '남편 재택스트레스증후군'이란 병명까지 등장했다. 심하면 우울증으로 번져 극단적 선택까지 낳는다. 즉 그간 당해왔던 울분해소를 위해 가장권위가 떨어지자마자 '가족복수(?)'에 착수한다.

현역시절 고압·일방적으로 가족을 무시·방치한 것에 대한 뒤늦은 보복이다. 은퇴이후의 가정회귀가 야기한 날카로운 부메랑이다. 때문에 '황혼(熟年)이혼'도 많다. 2007년부터 후생연금(2층) 분할제도가 적용돼 남편연금을 나눠받을 수 있으니 기꺼이 갈라서는 경우다.

은퇴남편의 문밖출입은 한층 위험하다. 고독·갈등해소의 돌파구를 집밖에서 찾을 때 왕왕 범죄 등 사회병폐로 연결돼서다. 집안이면 관리대상이지만 집밖이면 경계대상으로 격상(?)되는 셈이다. 상징키워드는 '망주(妄走)노인' 혹은 '폭주(暴走)노인'이다.

2010년 베이비부머의 사회부적응을 다룬 『단카이 몬스터(団塊モンスター)』란 책은 이들을 미쳐서 날뛰는 괴물로 비유한다. 은퇴세대의 망주(妄走)로 가슴앓이 중인 피해대상이 그만큼 많다는 이유에서다. 개별가정은 물론 지역과 기업사회가 전부 포함된다.

부제는 더 놀랍다. '망주(妄走)노인들의 사건부(事件簿)'다. 주요언론도 베이비부머의 대량퇴직이 기형화된 고령괴물을 양산했음에 주목한다. 착각에 빠져 사는, 어디에도 쓸모없는 아이 같은 아저씨가 야기한 사회갈등이 시작된 것이다.

책은 은퇴중년의 민폐를 몇몇 에피소드로 표현해냈다. 착각에 빠져 사는 정년자, 시키기만 하는 관리직, 쓸 수 없는 베테랑, 쇼와(昭和,

1925~89년의 연호)적인 인간 등이 그렇다. 젊은이가 바라보는 고령선배의 부정적 이미지다. 받아들이고 이해하기 힘들뿐더러 집요하게 불만을 쏟아내는 회사인간의 현재모습도 부정적이다. 퇴직했는데도 회사에 출근해 이전 부하에게 이리저리 명령하는 사례는 유머를 넘어 섬뜩하기까지 할 정도다.

_폭주와 망주노인 양산, '은퇴연착륙 필수과제'

그래도 자부심만큼은 영원히 죽지 않는다. 일본경제를 일으킨 주역이란 프라이드다. 또 본인은 절대 노인으로 생각하지 않는다. 퇴직 후 지역공동체에 진입해도 전성기 기업전사로서의 컬러는 잘 빠지지 않는다.

문제는 집이다. 주눅이 들 수밖에 없다. 그럼에도 불구, 회사인간답게 인생후반전의 준비는 빈약하다. 추상적인 스케줄로 갈팡질팡하는 게 보통이다. 즉 시간은 넘치는데 취미가 없다. 이들에게 회사인간의 졸업은 그 자체가 불안씨앗이다. 경착륙은커녕 추락사례도 심심찮게 보고된다. 퇴직이후 수첩스케줄이 텅텅 비는 것에 비례해 초조함은 높아진다.

상황은 어렵고 대안은 마뜩찮다. '회사인간=조직인간'이었는데 뒤를 봐줄 조직이 사라졌기 때문이다. 존재감의 부재다. 퇴직 후 'ㅇㅇ회사 OB회 아무개'라는 명함을 만들어 다니는 극단적인 사례까지 있다. 이마저 없으면 불안해서다. 반대로 회사와 사회는 이들을 돌봐줄 의지도 여유도 없다. 그 갈등분출의 결과가 망주와 폭주노인인 셈이다.

그래도 망주는 낫다. 폭주로 연결되면 보다 심각해진다. 폭주의 끝이

범죄로 왕왕 연결되는 현실염려다. 청년세대로서는 연금갈등에서 확인되듯 상대적 박탈감과 함께 노인범죄를 통해 사회적 반발감까지 느낀다. 실제 범죄통계를 보면 노인범죄는 갈수록 증가세다.

이는 평균과 반대흐름이다. 일본의 범죄율은 떨어지는 추세다. 소년흉악범죄는 물론 일반흉악범죄도 격감했다. 2010년 살인사건 인지건수는 2년 연속 전후 최소수준을 기록했다. 반대로 노인범죄는 특이하게 매년 증가세다. 존재확인용 단순절도부터 폭력·살인 등 강력범죄 중 고령초범이 적잖다. 노인인구는 2배 늘어났는데 노인범죄 증가폭은 5~7배나 증가했다.

법령·실무상 기소유예가 많다고 보면 감춰진 노인범죄는 훨씬 많을 수 있다. 늙어 처음으로 갇히는 고령수형자가 사회문제로 떠올랐을 정도다. 〈NHK〉가 2004년 '급증하는 노인범죄'라는 특집방송으로 그 심각성을 보도해 화제를 모으기도 했다.

그렇다면 방법은 없을까. 몇 가지 있다. 은퇴이후의 연착륙 유도방안이다. 해결책은 적극적인 사회진출이다. 사회생활과의 단절을 최소화해 고립을 막고 소통을 유지하면 적어도 무연사회의 희생자로 전락할 가능성은 낮다. 손쉬운 루트는 친구를 사귀거나 커뮤니티에 참가하는 방법이다. 직장친구를 벗어나 은퇴이후 생활주변에서 친구를 만들자는 운동도 활발하다.

원천적인 갈등해소법은 고령근로다. 특정연령이라는 이유만으로 물러나는 은퇴(隱退)를 거부하고 신체·의지가 허락하는 한 계속해 일하는 방법이다. 기대효과는 크다. 사회활동과 관계유지·복구를 통해 고독과 소외로부터 자유로울 수 있다. 돈(근로소득)도 돈이지만 인간적 존재감을 확인하는 적극적 활동주체로 변신하는 것이다. 근로단절이 사라지면 갈등발생 확률도 낮아진다.

정년퇴직자의 민폐사례

정년퇴직 후 처음으로 세탁기를 돌려본 사람이 많다. 세탁작업에는 완전히 무경험자다. 때문에 세제, 유연제, 표백제 구별을 하지 못한다. 모르면 주변에 물으면 되는데 어찌된 일인지 곧바로 메이커에 전화한다. 대뜸 "상품명만으로는 확실히 모르겠다. 내용물이 세제라고 바로 알 수 있도록 표시하라. 용기가 잘 미끄러진다" 등의 불만을 내뱉는다. 어차피 프리다이얼(무료전화)이라 부담도 없이 오랫동안 통화한다. 게다가 자존심은 세고 성격은 급해 대응이 조금이라도 부족하면 바로 화를 낸다. 상사를 바꾸라는 명령부터 경영방침이 맘에 안 든다며 사장과 얘기할 것을 고집하는 경우도 많다. 자신의 지식·경험을 살려 개선요구를 하기 위해서다.

– 『단카이 몬스터(団塊モンスター』 중에서

늘어나는 싱글중년
'노후불안 위험확정'

'100세 시대'다.

이에 걸맞게 많은 시대변화가 요구된다. 새로운 시대욕구의 반영결과다. 가족재구성이 일례다. 장수시대의 가족재구성은 원심력과 구심력의 정반합에서 진행된다. 단절·분화·해체의 원심력에 반발한 새로운 융합·조합·결집의 구심력이 그렇다.

그럼에도 불구, 아직은 원심력이 세다. 그 파워에 주눅 든 가족재구성의 구심력은 다소간의 시간이 필요해 보인다. 여전한 독신가구 증가세가 그 증거다. 싱글의 독주다. 생애주기를 완성했던 연애·결혼·출산·분가의 전통패턴은 줄고 평생 홀로인 1인 가구가 유력모델이 됐다.

옅어진 성징(性徵) 추세도 한몫했다. 여성의 남성화와 남성의 여성화다. 중성화는 절정이다. 장수사회의 싱글독주는 한국에서도 본격화됐다. 일본은 이미 늙어버렸다. 4명 중 1명이 노인(65세 이상)이다. 약 3,000

만명(23.4%)에 이른다. 저성장과 맞물린 인구변화는 라이프스타일에 직격탄을 날린다. '취업→연애→결혼→출산'으로 진행되는 행복보장의 컨베이어적인 생애주기가 붕괴됐기 때문이다. 대신 만혼(晩婚)과 비혼(非婚)추세는 일상화됐다. 즉 가족 빈틈의 확대다.

단독·독신·독거 등 1인족 싱글인구가 그 결과다. 이로써 싱글인구는 표준모델로까지 거론된다. 전체세대(5,093만호) 중 단독세대(31.2%)가 1,589만호로 가장 많다(2010·국세조사). 1980년 19.8%에서 이번에 30%를 넘겼다. 반면 4인가구는 같은 기간 42.1%에서 14.9%로 줄었다.

_무차별적 싱글추세, '결혼실패와 중년싱글의 관계'

싱글은 연령·지역불문 확산추세다. 결혼적령기인 2030세대뿐 아니라 4050세대의 중년은 물론 사별(이혼)이 많은 고령인구에서조차 일반적이다. 특이한 건 4050세대의 싱글증가다. 평생을 단독세대로 살아갈 확률이 높은 후보그룹의 탄생이다. 고독사의 무연사회를 부추긴다며 우려시각이 많은 이유다.

일각에선 너무 나쁘게만 보지 말자는 의견도 있다. 비자발적 독신방치에서 자발적 싱글선택으로 무게중심이 옮겨간 결과다. 가치중립적인 입장선회다. 싱글배경은 다양하다. 고령화 진전과 가치관 변화 등 수없이 많다. 다만 근본원인은 하나다. 빈곤화다. 가난이야말로 짝을 찾는 연애·결혼작업의 최대장벽이다. 돈 없는 청년양산이 전체생애의 싱글추세로 정착된다.

독신사회는 무연사회의 직전단계다. 취업빙하기로 거론되는 청년그룹의 최초취직부터 중년이상의 상시적 구조조정에 따른 정규직 탈락세태까지 복합적인 빈곤함정이 원인이다. 빈곤심화가 촉발한 인간관계의 사막화다.

결혼무용론의 인식변화도 있다. 기존제도에 얽매이기보단 자유롭고 간편한 라이프스타일의 선호결과다. 남녀의 성별역할 변화도 싱글을 부추긴다. 맞벌이의 불가피성과 여성의 사회진출이 기본배경으로 거론된다.

은퇴임박의 중년그룹이 싱글생활에 안주(?)하는 최대이유는 청년시절부터의 타성과 강제가 적잖은 영향을 끼쳤다. 결혼은 가족구성을 위한 최초이자 최대행사다. 이 관문을 통과하지 못하면 그대로 중년까지 홀로 살 확률이 높다.

[그림 3-1] **성별, 연령별 미혼율 추이**

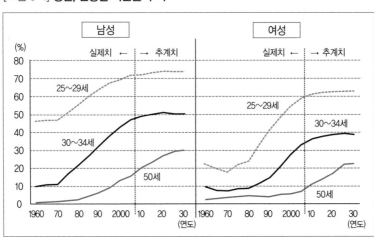

자료: 국립사회보장 · 인구문제연구소

문제는 낮아진 통과확률이다. 결혼은 악화된 고용환경 탓에 소득수준이 열악해진 2030세대에게 심각한 두통거리다. 돈이 없으니 자신감마저 사라지고 그래서 연애조차 시도하지 못하는 청년그룹이 적잖다. 처음엔 미루지만 나중엔 포기다. 만혼(晩婚)으로 버티다 늙어가면서 비혼(非婚) 신세로 전락(?)하는 식이다.

실제 통계추세를 보자. 현재 1,500만 독신세대의 주역은 2030세대다. 싱글가구의 30%에 달한다. 이들은 생애미혼율(45~55세의 미혼비율)의 평균치를 벌써 급격히 끌어올렸다. 2010년 남녀각각 20%와 11%로 20년 전(1990년)의 각각 6%와 4%보다 2~3배 늘었다. 남성은 30년간 10배 증가다. 즉 35세 남자는 2명 중 1명이 미혼이다.

향후전망은 더 어둡다. 2030년 남녀각각 29%, 22%로 가히 우려스럽다. 절망적인 결혼확률이다. 그럼에도 불구하고 각종통계를 종합하면 무려 90%의 청년은 결혼을 하겠다는 의지를 보인다는 점에서 현실은 안하는 게 아니라 못 하는 것으로 정리된다.

차별적인 것은 성별 경제력이다. 남자는 돈이 없어, 여자는 돈이 있어 결혼을 포기한다는 극단적인 평가도 가능하다. 청년세대의 독신생활이 성별로 뚜렷이 구분된다는 의미다. 남자의 경우 대졸초임이 평균 20만엔 정도니 비정규직이면 연애조차 사치다. 그러니 풀만 먹는다는 온순한 성격의 초식남이 싱글청년의 60~80%를 차지할 수밖에 없다.

반면 청춘여성은 되레 지갑사정이 좋아졌다. 제조업보다 서비스업이 좋아지면서 20대 성별소득은 여성이 남성을 능가했다(2010년). 애인·결혼상대로 동년배의 배고픈 청년보다는 안정적이고 포용적인 중년에 매력을 느끼는 이가 적잖다. 결혼조건은 까다롭다. 배우자감의 기대연봉은

600만엔이 압도적인 가운데 타협 최저라인도 300만엔이나 된다.

은퇴직전의 4050세대의 싱글추세도 그 관건은 경제력이다. 40대부터 싱글생활은 만족보다 불안이 지배적인 키워드로 등장한다. 직장커리어를 둘러싼 위기와 기회의 공존타이밍과 겹쳐 갈등과 번민은 한층 깊어진다.

물론 자녀 · 가정문제 등 기혼세대 특유의 고민거리는 없을지언정 평생 혼자일 수 있다는 점에서 고독 · 소외공포는 절대적으로 심화된다. 무연사회의 희생자인 '고독사' 예비군으로 구체화되는 현실압박이다.

_돈에서 갈리는 성별 싱글환경, '중년동정의 비애'

주요언론은 일찌감치 독신남의 대량 고독사를 경고했다. '孤男(한 번도 애인이 없었던 남자)'에 이어 '毒男(사회의 거추장스런 독신남)' 등 자조적인 유행어가 인기다. 중년동정도 많다. 40대 초반의 동정비율은 7.9%다(가족계획협회 · 2004년). 『중년동정(中年童貞)』이란 책은 40대의 10%가 이에 해당한다며 그 폭을 더 넓혀 잡았다.

물론 일부의 중년독신은 화려한 싱글생활을 영위한다. 자녀교육 · 부모봉양 · 노후준비의 트릴레마에서 적어도 자녀교육은 빠지니 한층 여유롭다. 조기은퇴 · 해외체제(Long stay) 등의 꿈을 그리며 외로울지언정 부담 없는 노후생활을 꿈꾸기도 한다.

이렇듯 나이가 들면 이제 은퇴기로 접어든다. 60대 이상 고령세대의 싱글생활은 상황이 각양각색이다. 싱글이유가 미혼 · 사별 · 이혼 등 다양한데다 장수할수록 홀로 살 확률이 높아지기 때문이다. 이런 점에서 여성고령자의 단독세대 구성비중이 특히 높다. 고령인구 중 단독세대는 15.6%(458만)다. 남성 10명 중 1명(10.4%), 여성 5명 중 1명(19.5%)이 싱글 거주다.

인생의 최종종착지에서 맞는 독신생활 문제는 몇 가지로 압축된다. 유유자적의 연금소득을 갖춘 일부를 빼면 노후생활비가 심히 걱정스럽다. 경제능력이 없는데 사적지원(가족용돈)까지 기대할 수 없다면 절대빈곤이 불가피하다.

또 불상사는 일상고민이다. 가족이 없어 언제 어디에서 만날지 모를 사건·사고공포다. 그만큼 주변정리를 통한 만약사태 대비수요가 높다. 외로운 배로 비유되는 '코슈족(孤舟族)'에서 벗어나려는 노력은 지역사회 네트워크 재구축과 온·오프라인 등에서의 적극적인 '친구교제(友活)'로 이어진다.

부모자식 동반몰락
'중년 캥거루족의 귀로'

호구지책(糊口之策).

먹고 살아가는 방법이다. 밥벌이의 문제다. 인간역사는 밥벌이의 변천 흐름에 발맞춰 진화해왔다. 성장과 분배로 나뉜 자본주의의 헤게모니 쟁탈전도 실은 밥벌이 문제가 핵심이다. 현대화·도시화·산업화 등 거대 조류는 그 지류다. 모두 원류인 밥벌이와 직결된다.

밥벌이는 돈이다. 그리고 돈은 많은 걸 바꾼다. 가족패턴이 대표적이다. 현대사회는 핵가족화로 시작됐다. 전통적인 대가족은 현대의 밥벌이 환경과 어긋나서다. 그 결과물이 부모·자녀의 4인 가족모델이다. 현대사회의 표준사례다.

이것도 요즘 변화에 봉착했다. 남성전업·여성가사의 표준모델로 밥벌이가 힘들어진 탓이다. 대세는 맞벌이다. 고용악화로 가족형성도 힘들어졌다. 취업·결혼난의 중첩이다. 그래서 만혼(晚婚)이 늘고 그중 일부는 생애독신의 비혼(非婚)자가 된다.

새로운 가족조합도 화제다. 독립을 포기하고 미혼으로 부모둥지에 남는 경우가 그렇다. 1인분의 현역데뷔를 미루고 부모소득에 기대 밥벌이를 갈음하는 형태다. 양육이 끝났지만 떠나지 않는 기이현상이다. '졸업→취업→결혼→독립'의 표준모델 붕괴사례다. 저출산·고령화의 승수 변수다.

_독립포기 자녀증가, '부모 돈이 필요해!'

미혼자녀의 독립포기는 복잡·다난해진 현대사회가 낳은 상징적인 가족구조다. 일본에선 '패러사이트 싱글(Parasite single)'이라 부른다. 부모에 기생하는 미혼독신이란 의미다. 1997년 기초생활(식사·주거·의복 등)의 부모의존 미혼자에 주목해 탄생했다(山田昌弘).

당시 부모그늘에서 즐기는 독신자의 우아한 생활실태는 집중조명을 받았다. 갈수록 이들이 늘어나자 지금은 청년세대의 대표문제로 부각됐다. 독립심·결혼의지 등을 낮춰 미혼·만혼을 초래한다고 봐서다. 물론 이는 일본만의 트렌드는 아니다. 영국(Kippers), 캐나다(Boomerang Kids), 이태리(Mammone) 프랑스(Tanguy), 호주(Mama hotel) 등 각국에 산재한다. 한국은 이를 '캥거루족'이라 부른다. 하나같이 부모 품을 안 떠나는 자녀를 지칭한다.

캥거루족 양산원인은 복합적이다. 우선 청년본인의 문제다. 이들은 대개 고학력으로 정상적인 학교생활을 했다. 그렇다면 졸업 후 취업·독립이 수순이다. 대부분 대학입학·사회진출 이후 독립가구를 형성하는 게 일반적이다. 학생일 때부터 부업병행으로 학비를 벌충하는 게 흔하다.

하지만 이들은 눈높이에 맞는 직장이 아니면 취업을 미룬다. 독립심이 낮다. 절박하지 않은 건 부모지갑 덕분이다. 애지중지 키운 자녀를 당분간은 더 보듬을 수 있으므로 기꺼이 끌어안는다. 캥거루족이 풍요로운 총각시절을 보내는 이유다.

외부환경도 거든다. 일본처럼 신입사원 일괄입사 전통이 세고 중도채용이 적으며 고용시장이 경직적인 경우 첫 단추를 잘못 끼우면 평생 힘들다. 때문에 정규직 말고는 카드가 없다. 부모로서도 '일 권하는 사회'의 평생약자로 자녀를 들여보낼 생각은 없으니 의기투합이다. 부모소득에 얹혀살며 시간을 벌어보자는 심산이다.

취업을 해도 마찬가지다. 독립은 없고 금전의존은 남는다. 부모의존이 불가능하면 그때는 프리터로 데뷔한다. 아르바이트·파트타임의 밥벌이 선택지다. 프리터 눈엔 캥거루족이 부러울 수밖에 없다. 니트(NEET)는 이도저도 싫은 실업자란 점에서 최후단계다. 모두의 공통뿌리는 청년그룹의 고단해진 밥벌이 환경이다.

캥거루족은 그간 비교적 즐거웠다. 적어도 금전적인 빈곤갈등에선 자유로웠다. 부모재산에 의존해 멋지게 싱글생활을 해왔다. 취업해도 계속해 부모둥지에 머물며 본인소득은 유흥·취미 등 본인을 위해 지출했다. 꼭 부모동거가 아니라도 증여·재산상속으로 과도한 금전지원을 받는 경우도 캥거루족에 포함된다.

결정적으로 중요한 건 부모지원이다. 이들에게 일은 취미와 비슷했다. 일본의 청년실업률이 높은데도 서구처럼 사회문제로 비화되지 않는 건 사실 부모지원이 안전판으로 기능한 결과다. 잠재적 캥거루족은

[그림 3-2] 미혼 동거자 비율추이

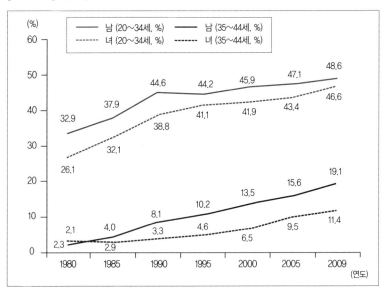

자료: 국립사회보장 · 인구문제연구소

증가세다. 현재 20~34세 청년세대의 부모동거 미혼자는 1,064만명이다. 20~34세 중 부모와의 동거비율을 동일연령대와 비교하면 1980년(남 33%, 여 26%) 대비 2009년(각각 49%, 47%) 적잖이 증가했기 때문이다.

_300만 중년 캥거루족의 탄생, '20대부터 부모의존'

심각한 건 캥거루족의 연령상향이다. '중년 캥거루족'의 대량양산이다. 35~44세 6명 중 1명(16.1%)이 미혼인 채 부모에 얹혀산다(총무성 · 2011

[그림 3-3] **부모동거 미혼자(35~44세) 규모와 비율 추이**

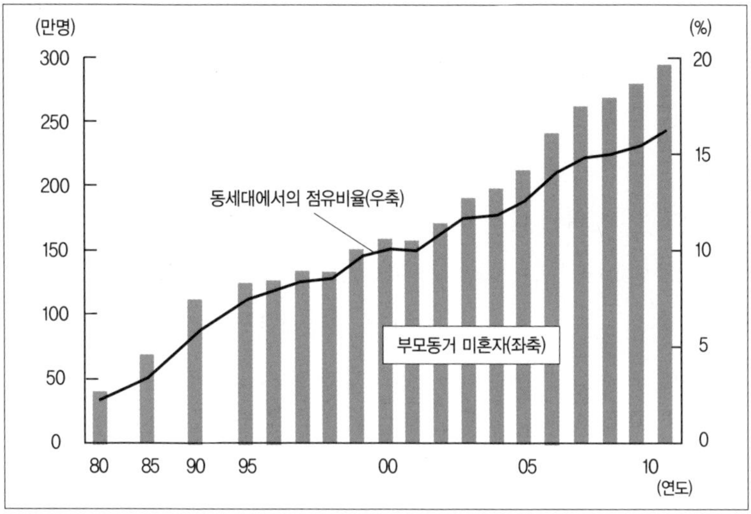

자료: 총무성 통계연수소

년). 모두 295만명이다. 문제는 증가세인데 1990년(112만명), 2000년(159
만명) 꾸준히 늘었다. 동세대에서의 비중도 각각 5.7%, 10%로 증가했다.

　이들 대부분은 원래부터 캥거루족이었다고 추정된다. 1990년대
20~30세로 기록적인 취업빙하기와 맞물려 일찌감치 부모의존적인 동거
생활을 시작해서다. '잃어버린 20년'처럼 취업악화가 장기화되면서 자연
스레 부모둥지를 벗어나지 못했을 확률이다.

　중년 캥거루족 실업률(11.5%)도 동년전체(4.8%)의 2배 이상이다. 비정
규직(계약기간 1년 이하)도 전체평균을 웃돈다. 왕년의 젊은 캥거루족 중
상당수가 나이만 먹은 채 여전히 더부살이 중이란 해석이다. 그 끝은 은
둔적 외톨이(히키코모리)다.

캥거루족 확산은 연령측면에서 중대한 분기점에 직면했다. 독신의존 자녀와 금전지원 부모의 연령이 동시에 높아져서다. 캥거루족 카드의 합리성은 약화됐다. 과거 부모와의 동거선택은 일종의 '실업보험'이자 '생존안전망'이었다.

다만 더는 아니다. 과거와 달리 중년 캥거루족의 부모처지가 변했다. 금전원조가 힘들어졌다는 얘기다. 부모의 고령은퇴와 소득감소 때문이다. 물론 와중에 본인상황은 더 악화됐다. 중년실업자·비정규직을 뽑아줄 회사는 거의 사라졌다. 청춘시절 궤도이탈이 인생전체의 회복불능으로 점화된 셈이다. 마이너스성장까지 우려되는 판에 정규직 월급쟁이는 가뜩이나 줄었다. 반면 1995년 20.9%이던 비정규직은 2010년 34.4%로 늘었다. 취업을 원해도 뾰족한 수가 없다. '풍요로운 실업'에서 '빈곤의 재생산'으로의 처지전락이다.

실제 부모동거의 35세 이상 미혼자 평균연봉은 급감했다. 1994년 204만엔에서 2004년 138만엔으로 줄었다. 지금은 더 악화됐을 공산이 크다. 싱글탈출은 더 힘들다. 2002년 20~34세 남녀 중 사회진출 1년차 때 비정규직이었던 경우의 이후 8년간 결혼비율을 보자. 남성(40.5%), 여성(59.4%) 모두 평균절반에 그친다. 정규직이었다면 각각 66.7%, 74.7%까지 올라간다. 고용형태에 따른 결혼격차가 엄연한 현실로 증명됐다.

청년 캥거루족의 취업·결혼성공은 그만큼 힘들어졌다. 부모등골도 소진됐음은 물론이다. 사회학자 야마다 마사히로(山田昌弘)는 "제멋대로 생활해왔던 캥거루족 이미지가 이젠 변하고 있으며 그 대부분은 불쌍해졌다"고 했다.

중년 캥거루족의 앞날은 어둡다. 예고된 불행사태 때문이다. 최대관문이

[그림 3-4] 사회 1년차 때 비정규직의 2002~2010년 결혼비율

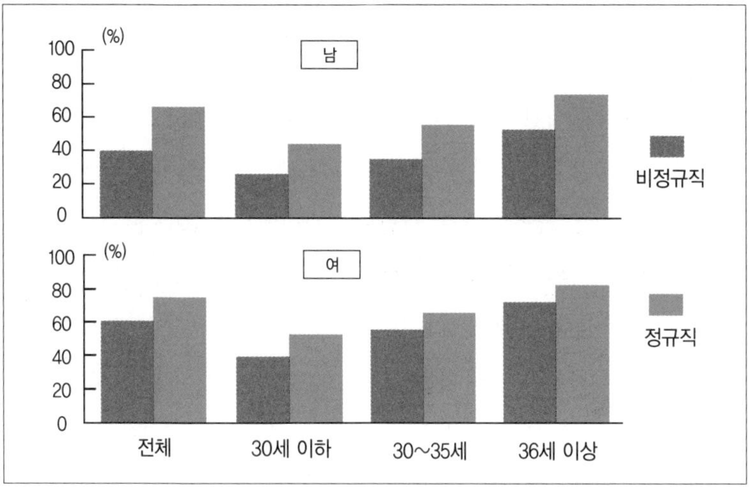

자료: 후생성

은퇴부모의 봉양이슈다. 자녀 캥거루를 품어준 부모 캥거루는 이제 늙고 병들며 빈곤해진다. 실제 100세 시대 이후 간병필요 노인인구는 급증세다.

　고비용 질병인 치매(인지증)를 보자. 노인평균 유병(有病)비율은 3.0~3.8%(240만명)로 매년 증가세다. 하루 24시간 간병가족이 필요하다. 자녀에게 형제가 없다면 부담은 고스란히 독자에게 몰린다. 부모간병을 위한 자녀퇴직도 속출한다. 2007~2011년 간병이유의 퇴직자만 56만명에 달한다(총무성). 직전 5년엔 52만명이었다.

　소득은 끊겼는데 간병비용은 천문학적이니 버틸 재간이 없다. 간병휴가를 도입한 기업이 많지만(30인 이상 기업의 86%·2008년) 실제이용은 턱없이 낮다. 간병인정(要介護認定)을 받아도 동거가족이 있으면 생활원조는 무리다.

특히 중년 캥거루 중 상당수는 애초부터 생활력이 낮다. 유력생활비는 부모의 연금소득뿐이다. 이때 부모가 넘어지면 생명선은 상실이다. 생활보호자로 전락할 수밖에 없다. 최악의 경우 반인륜적인 범죄까지 부른다. 최근 불거진 부모사망 은닉사건 및 노인소재 불명문제가 그렇다. 하나같이 부모연금 부정수급을 위해 부모사망을 은폐한 사건들이다. 주요언론이 중년 캥거루족 대량양산을 놓고 광범위한 관련대책을 요구하는 배경이다.

물론 중년 캥거루족을 폄하할 이유는 없다. 새로운 경제 · 합리성이 확인된 스크럼(Scrum)족 때문이다. 일종의 상생적인 대가족모델이다. 무리한 별거보단 합리적 동거로 가족협력과 빈곤전락을 막자는 선택지다. 분가보다 동거카드를 통해 금전비용을 줄이고 자녀양육 · 부모봉양의 일석삼조를 위해서다. 경제적 공생관계다.

_중년 캥거루족의 미래불행, '믿었던 부모가…'

그렇다면 한국은 어떨까. 한국은 청년 캥거루족이 살기에 최적의 생태조건(?)을 갖췄다. 공식통계는 없지만 한국특유의 자녀사랑과 금전원조를 감안할 경우 상당규모에 이를 전망이다. '노후자금 vs 자녀교육' 딜레마에서 줄곧 자녀교육이 우선순위에 꼽히는 게 증거다. 고졸 · 대졸이후 독립생활이 보통인 일본과 비교해도 차별적이다.

최근의 위기환경은 더더욱 부모의존성을 높인다. 연애 · 결혼 · 취업포기의 '삼포세대'가 적잖은데다 취업지체형의 '대학5학년'은 물론 스펙축적을 위한 다양한 금전비용까지 그 출처는 대부분 부모지갑이다. 그도 그럴 게 대학등록금의 부모부담은 클라이맥스다. 취업이라도 되면 다행인데 한국의 청년실업(7.6%·2011년)은 선진국 중 최고수준이다. 통계함정 등 가려진 현실을 들춰내면 청년빈곤은 곳곳에서 확인된다.

부모로선 도와줄 수밖에 다른방법이 없다. 전통관행도 그래왔다. 여력이 허락하는 한 가시고기 신세는 평생 현재진행형이다. 회사입금은 끝나도 자녀출금은 끝없다. 봉양 받아도 힘든 판에 부양까지 강요되니 수명연장이 괴로울 따름이다.

문제는 앞으로다. 갈수록 자녀부양 규모·기간이 늘어난다. 캥거루족과 가장 비슷한 건 니트다. 15~34세 청년그룹 중 니트족은 100만명을 넘겼다(KLI·2011년). 2003년(75만명)보다 33%나 늘었다. 동일연령대 인구가 줄었다는 점에서 더더욱 불어난 셈이다. 100명 중 8명이 니트족이다. 이들 중 부모동거 사례가 캥거루족이다.

결혼이후 독립·분가한다는 점에서 초혼연령을 봐도 캥거루족 실태추정이 가능하다. 초혼연령은 남(31.8세), 여(28.9세) 모두 청년 캥거루의 상한인 34세에 근접했다(2010년). 10년 전보다 2.5세 늘었다. 반면 15~29세 경제활동참가율은 43.8%(2010년)로 바닥권이다(2004년 49%).

캥거루족이 많을 것이란 다른 통계도 있다. 노인(60세 이상)인구 중 38.5%(2009년 29.5%)가 자녀와 동거하는데 그 배경 중 취업·독립에 실패한 자녀부양을 꼽은 게 1위다(28%). 자녀에 얹혀산다는 응답은 훨씬 적다(23.5%). 베이비부머의 자녀부양 고민이 깊은 이유다. 물론 전략적 스크럼(Scrum)족도 있다. 공존공생의 부모동거·기혼세대는 2011년 16만가구로 집계됐다.

[그림 3-5] 한국의 스크럼 세대 추이(부부+양친, 부부+한부모)

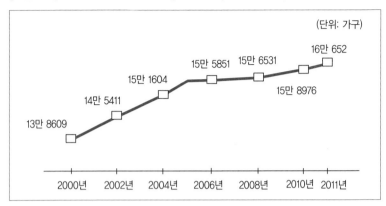

자료: 통계청

더알아보기 용어정리

▲ 프리터(Free+Arbeiter) = 15~34세 중 아르바이트 · 파트타임으로 일하는 학생이외의 자녀. 중요한 건 근로의지. 무직상태지만 근로의지 있으면 포함. 후생성 기준 1991년 62만 명에서 2003년 217만명을 찍은 후 현재(2011년) 176만명 수준. 결혼 · 동거여부와는 상관 없음.

▲ 니트(Not in Education, Employment or Training) = 교육 · 고용 · 직업훈련 중 어디에도 참가하지 않는 의무교육 수료 후의 16~18세 지칭(1999년 영국기원). 일본에선 15~34세 중 학생 · 전업주부를 뺀 청년무직자. 프리터는 비정규직이 전제지만 니트는 실질실업자. 비정규직으로도 취업을 희망하는 무직자 중 구직활동을 하지 않는 경우. 1993년 40만명 에서 2009년 63만명으로 증가.

▲ 스크럼(Scrum); 결혼이후 분가하지 않거나 분가 후 다시 부모와 합치는 경우. 주거비 등 과도부담 탓에 경제실리를 챙기기 위해 증가. 공생동거가 전제로 자녀양육 · 부모봉양 의 일석이조가 가능한 게 특징. 부모재산 많고 고학력일수록 증가세.

황혼이혼의 경제학
'그 냉엄한 현실셈법'

"참을 만큼 참았다!?"

늙어 헤어지는 황혼이혼이 핫이슈로 떠올랐다. 과연 장수사회답다. 자녀출가 · 남편은퇴를 전후해 빠르면 50대부터인 중년 · 고령아내의 이혼요청이 사회문제로 부각될 찰나다.

추세는 심상찮다. 한국의 경우, 결혼기간 20년 이상 부부의 이혼건수는 2011년 2만8,299건으로 조사됐다. 2007년(2만4,995건)보다 늘었다. 전체이혼 중 24.8%다. 4건 중 1건이 황혼이혼이란 얘기다(2012사법연감). 2000년엔 14.3%였다. 뚜렷한 증가세다. 서울은 더 심해 황혼이혼이 신혼이혼보다 많다. 1991 · 2011년을 비교하면 신혼이혼(35.6%→24.7%)에 비해 황혼이혼(7.6%→27.7%)의 증가세가 뚜렷하다.

이유는 다양하다. 폭력 · 금전문제를 비롯해 성격차이 등이 그렇다. 포인트는 더 이상 참고 살지 않겠다는 결심이다. 길어진 노후생활을 생각하면 더더욱 그렇다.

황혼이혼의 원조국은 일본이다. 2005년 '황혼이혼(熟年離婚)'이란 TV드라마를 계기로 열도전역의 공감이슈로 부각됐다. 정년퇴직 당일저녁 불현듯 아내가 내민 이혼장이 드라마의 시작이다. 이후 남편을 타깃으로 아내의 복수(가정별거)와 가족갈등이 세세하게 묘사됐다. 이 과정에서 맞은 결혼기념일과 이혼이후의 방황·후회·눈물 등이 두고두고 화제에 올랐다. 관심은 대단했다. 평균시청률 20%대로 큰 반향을 낳았다.

_남편원죄(?)가 낳은 황혼이혼, '엄청난 후폭풍'

공감항목은 한국과 비슷하다. 회사인간·가정소홀·가부장권위 등 이 시대 보통남편의 원죄(?)가 출발점이다. 때문에 황혼이혼은 현역시절 내내 참고 삭히며 살아온 아내의 요구로부터 시작된다. 노후약자인 아내를 배려하고자 연금분할이 허용된 것도 늦은 독립을 독려한다. 50~60세에 헤어져도 후회하지 않을 정도로 인생 2막이 길어졌다는 점도 한몫했다. 실제 일부일처제가 시행된 이래 부부의 장기동거는 급격히 길어졌다.

일본의 황혼이혼은 트렌드로 안착(?)됐다. 워낙 고령화가 깊이 펼쳐져 황혼이혼조차 딱히 새로울 건 없다. 뉴스거리로조차 함량미달이다. 발생빈도도 클라이맥스를 찍었다. 황혼이혼은 2011년 현재 3만7,791건이다. 최고조였던 2005년(4만395건)보다 줄어든 수치다.

[그림 3–6] **이혼 건수 및 이혼율 연차 추이**

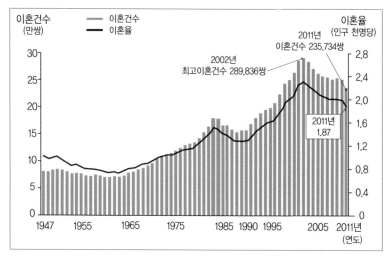

자료: 후생성

　전체이혼도 비슷하다. 2011년 이혼건수(23만5,734건)는 전년(25만1,378
건)보다 줄었다. 1990년대 복합불황 이후 꾸준히 증가했던 이혼율은
2002년(28만9,836건)을 정점으로 하락세로 꺾였다(국민생활기초조사·2011
년). 2000년대 초중반 이후 이혼자체가 줄어들고 있다는 의미다. 전체이
혼 중 황혼이혼 비율은 16%로 한국보다 적다.

　다만 동거기간별로 보면 좀 다르다. 결혼기간 20년을 전후해 이혼비율
은 엇갈린다. 20년 이상 황혼이혼은 10~15년(3만2,985건), 15~20년(2만
4,135건)보다 높다. 30세에 결혼했다면 50세 이전보다 이후 갈라설 확률
이 더 높다. 특히 동거 35년을 넘긴 이혼은 2005년(4,794건)보다 되레 증
가(5,913건)했다. 계산상 65세에 헤어지는, 말 그대로의 황혼이혼이다.

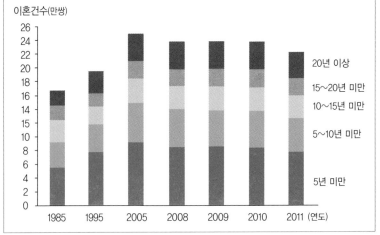

[그림 3-7] 동거기간별 이혼 건수의 연차 비교

이혼건수(만쌍)

20년 이상
15~20년 미만
10~15년 미만
5~10년 미만
5년 미만

1985 1995 2005 2008 2009 2010 2011 (연도)

자료: 후생성

그러니 안심할 수 없다. 30~40년을 훌쩍 넘긴 진짜 황혼이혼의 심상찮은 증가세 때문이다. 더 큰 문제는 앞으로다. 환갑이후 정년은퇴자가 줄줄이 늘어날 전망 때문이다. 당장 800만 베이비부머(1947~49년생)의 65세 정년은퇴가 2012년부터 시작됐다. '정년은퇴=이혼요구'의 시나리오라면 황혼이혼의 잠재적 후폭풍은 꽤 위협적이다.

더욱이 전체이혼은 감소세인데 유독 황혼이혼만은 증가세란 게 문제다. 경제활동이 종료·감소되는 시점과 맞물려서다. 이혼이후 고독·빈곤함정에 빠질 확률이다. 기초·후생(공제)연금의 2층 구조를 갖춘 남편과 달리 1층(기초)만의 허술한 연금체계의 전업주부 아내였다면 더더욱 그렇다. 연금분할을 받아도 부족할뿐더러 일해도 '늙은 돌싱녀'의 근로형태는 파트타임 · 아르바이트의 비정규직이 전부다. 황혼이혼이 안겨주는 기쁨은 짧고 고통은 길어질 가능성이다.

아내만이 아니다. 경제적 곤궁과 심리 · 육체적 고독은 남편도 마찬가지다. '홀아비는 이가 서말, 과부는 은이 서말'이 한국만의 속담은 아니다. 현재까지 상황을 종합하면 황혼이혼이 미칠 부정적인 파급효과는 대부분 남편에게 귀결된다.

_고독으로 귀결될 황혼이혼, '위기의 은퇴남편'

특히 무서운 건 고독 · 소외 · 단절의 독거생활이다. 일본고령자의 상당수가 현역시절 적잖은 금융 · 실물자산을 모아 금전문제는 우선순위가 밀린다. 선배세대보단 적지만 베이비부머의 지갑사정도 탄탄하다. 설혹 부족해도 최근의 정년연장 트렌드와 허리띠 졸라매기라면 궁핍생활은 피할 수 있다. 적어도 돈 문제가 갈등원천은 아니다.

다만 외로움은 어찌할 수 없다. 독거노인의 소외이슈다. 가족 · 친지 · 친구와의 인연 · 네트워크가 있어도 독거자체의 압박감은 상당하다. 이미 '고독사(孤獨死)'의 희생양에서 자유로울 수 없는 무연(無緣)사회 시대다.

무엇보다 황혼이혼의 독거남성이 무방비다. 가뜩이나 가족인연이 어정쩡한데 배우자마저 남남이 돼버리면 절대고립이 불가피하다. 회사인간으로만 살았으니 이웃친구(지역인연)조차 없다. 이혼직후면 밖에서 취미 · 서클활동으로 노후인연을 만들면 된다. 요즘 유행하는 은퇴세대의 친구교제 붐인 '토모카츠(友活)'다. 다만 몸이 불편해지면 무용지물이다. 이런 점에서 황혼이혼의 최종피해자는 정년은퇴의 남성노인이다.

숫자를 보면 일본노인의 독거확률은 사상최고치다. 굳이 황혼이혼이 아니라도 인생 2막의 마침표는 독거생활이다. 2010년 현재 일본노인 중 480만명이 단신독거다. 여성(340만명)이 남성(139만명)보다 압도적이다. 노인인구 중 각각 20.3%, 11.1%다.

평균수명을 감안하면 연령이 높아질수록 홀로 사는 할머니가 대세다. 실제 노인 중 유배우자비율은 남성(80.6%), 여성(48.4%)으로 할머니 2명 중 1명은 독거신세다. 즉 고령여성 절반이 외로운 고립생활이다. 미약하나마 변화는 있다. 1990년(남 83.3%, 여 40.1%)과 비교하면 고령부부·동거세대 중 남성은 줄었고 여성은 늘었다. 남편사별 고령여성이 상대적으로 감소한 결과로 추정된다.

와중에 소수비중이지만 황혼이혼 후 독거노인은 증가세다. 1990년 대비 남성(1.5%→3.6%), 여성(3.0%→4.6%)으로 집계된다. 헤어지지 않아도 혼자일 개연성이 높은데 황혼이혼이 독거추세를 한층 부추기는 셈이다.

역시 고독은 남성에 집중된다. 고령남성의 20%는 곤란할 때 의지할 이가 없다고 했으나, 여성은 8.5%에 그쳤다(내각부·2011년). 단신세대 중 고독사가 남의 일이 아니라는 응답은 64.7%에 달했다.

힘세진 모계사회
'은퇴생활은 딸이 결정'

자식은 똑같다.

열 손가락 물어 안 아픈 손가락이란 없다. 내리사랑의 근거다. 치사랑은 좀 다르다. 좀체 어렵고 힘들다. 요즘처럼 호구지책이 난관천지인 저성장·고령화시대엔 더더욱 그렇다.

한국은 예외다. 부모봉양이 아직은 상식이자 의무로 받아들여진 덕분이다. 4대 노후자금원(공적이전, 사적이전, 근로소득, 자산소득) 중 사적이전(자녀봉양)은 절반(44.7%)에 달할 만큼 든든한 버팀목이다(보사연·2008년). 허술한 공적이전과 가로막힌 근로소득, 말라버린 자산소득을 감안할 때 유일한 노후생명줄이다. 한국부모라면 자녀유무·효도정도가 노후생활의 관건인 셈이다.

다만 은퇴생활은 자녀성별로 확연히 갈린다. 결과적으로 아들보단 딸가진 은퇴부모가 웃을 확률이 높다. '딸은 비행기를, 아들은 수레를 태워

준다'는 말의 사실증명이다.

장수대국 일본사례가 이를 뒷받침한다. 딸 가진 은퇴부모의 노후생활 만족도가 상대적으로 높기 때문이다. 유념할 건 비재무적 만족도다. 금전봉양과는 무관한 일본특유의 현실반영이다. 일본노인의 은퇴생활은 요컨대 '유유자적'이다.

노노(老老)집단의 빈부격차가 심해서 그렇지 평균적으로 돈이 많다. 1,500조엔의 가계자산(금융) 중 60%를 가진데다 노후소득의 70~80%는 3층의 중층연금으로 커버된다. 고령부부·무직세대라면 연금소득(92%)이 절대적이다(국민생활기초조사·2010년). 즉 재무상황이 좋아 자녀용돈은 필요 없다. 원하는 건 비재무적인 생활원조다.

_돈 많은 일본노인 '자녀용돈은 NO인데…'

이때 딸은 아들보다 꽤 파워풀하다. 현대사회는 가족구성의 재구축을 요구했다. 집단동거의 대가족에서 개별·파편화된 핵가족으로 무게중심이 옮겨졌다. 이 과정에서 단독세대와 맞벌이가 늘었다. 지금까지의 압축성장기 생존전략이다.

성장정체로 접어든 지금의 고령사회에선 또 다르다. 맞벌이 응원차원에서 새로운 가족재구성이 한창이다. '근거(近居)'가 대표적이다. 함께 살진 않되 근처에서 대를 넘어선 가족인연을 유지하려는 시도다. 국이 식지 않는 '15분의 거리'를 지향하며 은퇴부모와의 동거효과를 누리려는 차원이다. 은퇴부모는 손주에게서 소일거리를 찾고, 현역자녀는 양육염려

없이 맞벌이하며 효도까지 실천할 수 있어 모두에게 합리적이다. 근거추
세는 지진이후 가족관계 복원욕구와도 맞물린다.

이 와중에 근거실천의 주도권은 아들보다 딸에게 있는 것으로 보인다.
시댁보단 친정이 먼저일 수 있다는 얘기다. 이런 점에서 고부관계보다 모
녀관계가 더 친숙한 건 일본도 마찬가지다. 각종통계가 이를 뒷받침한다.

요즘 대도시엔 딸과의 근거현상이 뚜렷한 트렌드로 정착됐다. 단신노
인·고령부부로 구성된 은퇴세대의 의료·간병이슈의 돌파구를 딸에게
서 찾으려는 심리발현이다. '다이이치생명경제연구소'에 따르면 대도시
고령부부의 근거자녀 중 1시간 거리는 딸(75%)이 아들(55%)보다 많다(2012
년). 30분 이내도 각각 51%, 42%로 딸의 승리다. 가까이 사는 딸이 부모
와 일상을 공유하며 긴밀한 가족관계를 유지할 확률이 높다는 얘기다.

_아들보단 딸에 의존, '2.5세대 동거모델 인기'

배우자가 없다면 딸에 대한 의존도는 더해진다. '곤란해질 때 누구에게
의지하느냐'에 딸(83%)이 아들(69%)보다 높게 나왔다. 기억력·판단력이
흐려진 것을 눈치 채는 것도 딸(86%)이 아들(76%)보다 낫다. 돈독한 모녀
관계에서 일상교류가 훨씬 잦다는 의미다. 2~3일에 한번 이상 대화한다
는 응답자는 '딸+엄마(60%)'가 압도적으로 높다. '아들+엄마(26%)'는 절
반에도 못 미친다. '딸+아빠(42%)'도 '아들+아빠(23%)'의 조합보다는 교
류빈도가 높다.

미혼인 딸을 중심으로 가족이 재구성되기도 한다. 이는 여성의 경제

적 능력향상과 관계있다. 능력 있는 미혼 딸이 부모와 공생하며 자칫 고독·위험해질 수 있는 노후생활의 안전망을 다지는 것이다. 거꾸로 일정부분 부모에 의탁하며 독신생활의 메리트를 향유하려는 딸의 바람과도 일맥상통한다.

이는 새로운 거주공간의 필요로 연결된다. '2.5세대주택'의 출현이다. 최근 건설업계에 화제를 몰고 온 신형모델로 고령사회의 진화결과로 해석된다. 2세대주택은 부모와 자녀·손자의 동거모델로 1970년대 이후 일본의 대표적인 단독주택으로 자리매김했다. 여기에 0.5세대가 붙은 게 2.5세대주택이다. 0.5란 다름 아닌 성인의 미혼자녀다. 2.5세대주택이란 '고령부모+기혼자녀+손자손녀'에 '미혼자녀'가 합쳐져 동거하는 거주형태다.

이를 개발한 주택메이커(아사히카세이)는 0.5의 평균모델로 '37세의 독신 커리어우먼'을 제시했다. 나이가 찼지만 결혼예정이 당분간 없는 딸과 살기 위해 독립공간을 강화한 형태다. 미혼으로 부모동거 중인 타깃 고객은 35~44세 6명 중 1명(300만명)꼴로 방대하다. 결혼한 형제자매의 입장에서도 만혼(晚婚)·비혼(非婚)추세를 감안할 때 언제 결혼할지 모를 미혼혈육이 독립공간에서 공생하고자 할 때 2.5세대주택은 갈등축소·관계강화의 열쇠가 된다.

특히 2.5세대주택은 일과 직장의 양립조화(WLB)와 부모봉양을 위해 핵가족에서 2세대 동거로 넘어가려는 기혼자녀에게 미혼형제라는 복병을 치워주는 역할로 제격이다. 근육(제조업)보다 섬세함(서비스업)이 부각되면서 미혼 커리어우먼의 소득수준이 향상됐다는 점도 동거에 대한 부담을 경감시켰다.

생애미혼비율이 여자(11%)보다 남자(20%)가 높음에도 불구, 굳이 업계가 미혼여성을 타깃으로 한데는 그럴만한 이유가 있다. 중년 캥거루족에 포함되는 기생독신일 수 있지만 딸이라면 적어도 아들보다 부담이 적다는 게 중론이다.

결국 장수사회는 모계사회일 개연성이 높다. 동시에 여성지위 상위시대일 수 있다. 즉 은퇴생활의 성공관건은 '여심(女心)'에 달렸다. 새로운 가족모델과 변용된 라이프스타일의 기저변수로 다각적인 영향력을 갖췄다.

그 공통분모가 '딸'이다. 장수사회로 길어진 인생살이만큼 불가피해진 부모·자녀·손자의 3세대 공존이슈의 최대파워가 '딸'이란 얘기다. 동거든 근거든, 기혼이든 미혼이든 이는 마찬가지다. 부모와의 커뮤니케이션에 능해 가려운 곳을 제때 긁어주는 딸의 존재야말로 행복한 은퇴생활의 유력한 결정변수인 셈이다.

결국 4050세대의 은퇴생활을 결정할 최대 입김은 딸에게 있다. 제사의무가 전통인 한국입장에선 좀 거북스러워도 시대의 대세가 딸의 승리에 무게를 실어준다. 고독과 빈곤우려가 상존하는 은퇴생활의 착실한 준비를 위해 딸과의 원활한 관계유지가 필요한 이유다. 물론 아들을 무시할 이유는 없지만, 적어도 며느리와의 관계돈독을 우선 고려해야 할 것이다.

위협적인 간병공포
'가족파탄의 최후효행'

'천국 vs 지옥'

　장수사회의 타이틀과 어울리는 수식어는 뭘까. 정답은 '지옥'이다. 장수하겠다는 인간의 오랜 꿈이 실현됐다는 점에서 '천국'이 어울릴 법한데 실상은 수명연명으로 비유되는 '지옥'에 가깝다. 이유가 뭘까. 안타깝게도 '돈'의 혐의가 짙다.

　늙으면 힘들다. 아프고 서럽다. 돈마저 없다면 설상가상이다. 일본에선 이를 '노후지옥'이라 칭한다. 이들에게 수명연장은 축복보다 재앙이다. 한국도 남의 얘기가 아니다. 가난 탓에 고군분투 중인 노인인구는 주변에 수두룩하다.

　노인의 슬픈 현실은 잊혀질만하면 뉴스에 등장한다. 인간다운 최저생활이 거부당한 사각지대의 사건·사고다. 고립사망·포기자살 등 삶의 마지막 비보부터 아등바등 삶을 지키려는 노동현장·폐지수거 갈등까지 현재진행형이다.

통계를 보자. 한국노인의 생활수준은 세계최악이다. 단기간의 고도성
장 덕에 '개도국→선진국' 문턱에 올라섰지만 노후생활은 여전히 후진적
이다. 최대원인은 가난이다. 한국의 노인빈곤율(47.1%)은 OECD 1위다
(2010년). 전체인구 빈곤비율(13.8%)의 3.4배다. 독거노인은 더 열악해 10
명에 7~8명(76.6%)이 빈곤범위다.

좀 낫다는 중산층 고령자조차 아슬아슬 살얼음판이다. 이들은 희생자
다. 고도성장으로 자산축적·고액연금에 성공한 일본노인에 비해 절대
적으로 열악하다. 열심히 일했건만 남은 건 노구(老軀)와 빈곤뿐이다. 성
장과실을 제대로 못 누린 채 현역에서 물러난 데다 그나마 돈은 자녀교
육·부모봉양에 집어넣은 결과다.

_'지옥'에 가까운 장수사회, '노구와 빈곤의 악순환'

'노후예비군'의 현역세대라고 다를 건 없다. 아니 더 심각하다. 저성장에
소득증가는 물 건너갔다. 일자리는 안 잘리면 다행이다. 자산시장 차익
수혜도 대부분은 윗목신세다. 통장잔고엔 냉기가 가득하다. 방법은 곳간
을 불리거나 돈벌이 장기수단을 마련하는 것뿐이다.

그래도 힘든 판에 현역세대 위기감은 아주 낮다. 절체절명의 대형위
기인데도 은퇴준비자에겐 '설마'의 영역이다. '위험하다'지만 내일이슈
니 절박함이 적다. 미진한 노후준비를 지적하는 각종통계가 이를 뒷받
침한다.

닥치면 늦다. 빈곤노인의 절망메시지에 눈을 감아선 곤란하다. 그들의 오늘이 우리의 내일인 까닭에서다. 노후준비의 실패원인은 많다. 다만 성공원인은 하나다. 조조익선(早早益善)이다. 돈이든 일자리든 관계든 건강이든 성공맥락은 하나다.

노후대책하면 떠오르는 건 '돈'이다. 왜 돈이 1순위에 오르는 것일까. 그만큼 쓸 용처가 많기 때문이다. 필수생활비는 기본생활비에 건강한 노후생활을 전제한 취미·여행비용 등의 자금을 추가해야 한다. 젊을수록 삶의 질과 관련된 여유항목 배점이 높다. 문제가 세분화되면 동기부여는 구체화된다. 노후의 자금지출을 본인 라이프스타일에 맞춰 추정하면 필요자금은 자연스레 도출된다. 공포마케팅으로 천문학적인 은퇴자금을 제시하는 금융기관의 꼼수에 속을 필요는 없지만 일정부분 본인의 필요자금을 계산해볼 이유는 충분하다.

이때 빼놓아선 안 될 게 있다. 의외로 현역세대가 자주 망각하는 항목이다. 치명적인 지출항목인데도 준비정도가 낮은 과제다. 바로 간병비용이다. 현역세대의 절대다수는 보험 1~2개와 약간의 자산축적이면 간병비용은 해결될 것으로 기대한다.

물론 엄청난 착각이다. 간병은 노년의 절대위기다. 노후준비를 잘해뒀어도 간병비용 지출 탓에 가정파탄은 비일비재하다. 무서운 건 무차별적인 연쇄부담이다. 간병압박이 노후세대는 물론 자녀세대까지 빈곤절벽으로 내몬다.

구체적인 부담공포는 40~50대부터 체감된다. 부모연령이 60~80대로 병원비가 본격적으로 증가하기 때문이다. 침대생활이 불가피하거나 치매증세라도 있다면 가족붕괴는 시간문제다. 돈이 있다면 좀 나을지언정 남은 가족의 관계악화와 갈등심화는 피하기 힘들다. 최악의 경우 부모간병을 위해 경제활동을 중단하는 중년세대까지 있다. 아직은 소수지만 장수대국 일본사례를 보고 추정컨대 조만간 중년가족의 중대한 갈등원천이 될 수 있다.

_부모간병이 중년가족 갈등원천, '노인질병 증가추세'

한국은 간병후진국이다. 노인환자의 생활 · 치료비용의 외부원조는 기대하기 힘들다. 빈약한 연금시스템 탓에 가뜩이나 빈곤노인이 늘어난 와중에 병이라도 걸리면 자산인출 · 가족부양 외엔 방법이 별로 없다. 자비(가족)부담이다.

반면 연금소득은 빈약하다. 국민연금 가입자대비 수혜자 비율은 15.0%(2010년)에 불과하다. 수급액도 최저생계비의 90%(2009년)에 머문다. 한편 고령자 의료비 비중은 1999년 17.0%에서 2009년 30.5%로 증가했다. 물론 2008년 노인장기요양보험이 개시됐다. 다만 이용자는 5.8%(2010년)로 유명무실하다. 부담은 고스란히 가족 몫이다.

간병인구의 고령화가 의미하듯 그 60%가 50대 이상이다. 2010년 한국의 고령자 취업률(30%)이 OECD 중 1위인 것도 간병비용 부담과 직결된다. 주로 배우자 간병이다. 65~74세 취업희망비율은 무려 44.5%인데 (2010년) 그만큼 간병비용 마련압력이 높다는 의미다. 간병비용의 외부조달도 기대이하다. 노인인구의 실손보험 가입률은 1% 미만이다. 60세까지 낮춰도 가입비율은 11.8%에 불과하다. 사실상 무대책이다.

간병문제의 심각성은 이웃나라 일본에서 생생히 확인된다. 간병비용이라는 대형함정에 빠져 허우적대는 가계가 수두룩하다. 최근 핫이슈인 '고독사(孤獨死)'만 해도 가난과 맞물린 질병의 합작품으로 이해된다. 인간관계가 끊기고 복지그물에서도 제외된 노인환자와 간병가족이 사망 후 장기간에 걸쳐 방치되는 사회문제다.

고령간병은 엽기사건으로도 연결된다. 2012년 4월엔 60대 부인이 병수발에 지쳐 남편을 살해했다. 10년째 병상신세인 남편에게 희망이 없자 '같이 죽을 생각'으로 사건을 저질렀다(2013년 봄 한국에서도 치매아내와 함께 자살을 선택한 사건이 발생했다).

부모간병이 멀쩡한 중산층을 망가뜨리는 건 불문가지다. 만성질환에 인지증(認知症=치매)까지 겹쳤다면 개인간병이 힘든데도 금전부담·주변시선 탓에 집에서 간병함으로써 가정파탄에 다다른 경우다. 간병 담당가족의 신체·정신적 피로가 깊어지면서 신경질적인 반응과 우울증 등 한계상황에 이른 결과다.

_노후복병 급부상, '밑도 끝도 없는 간병공포'

이를 통틀어 일각에선 '간병지옥'으로 표현한다. 노인국가 일본은 사실상 간병지옥이다. 간병이 빈곤과 좌절로 연결되는 게 일반적이다. 우연을 가장한 비극이지만 실은 필연에 가까운 현실이다. '간병예비군·후보'로 분류되는 이들도 갈수록 증가세다. 노인국가라면 언제 닥쳐도 이상하지 않은 무차별적인 불행도미노인 셈이다. '단란한 가족행복→불행한 간병지옥'이다. 연결고리는 백짓장 차이다. 누구든 피해갈 수 없는 이슈다.

얼마나 힘들고 열악하면 지옥에 비유할까. 치매간병의 삶을 들여다보면 수긍할 수밖에 없다. 예를 보자. 『빈곤대국 일본』이란 책(門倉貴史)에 소개된 사례 중 하나다.

76세의 남성 A씨는 목공소에서 목수로 30년을 일했다. 월 후생연금 14만엔을 받는데 처음엔 그럭저럭 살 수 있었다. 하지만 아내가 치매에 걸린 뒤 삶이 바뀌었다. 요양시설에 보내는데 비용만 월 13만엔이다. 있던 저축도 다 썼다. 월 2만엔 시영아파트에서 혼자 산다. 경비 아르바이트로 월 6만엔(주 3일×4시간)을 번다. 2006년 개호(간병)보험법 개정으로 간병비가 월 1만엔 늘었다. 절약은 무의미해졌다. 시설비를 못 내면 아내는 쫓겨난다. 정 안 되면 자식에게 보낼 작정이다. 아내가 기억 못하니 그나마 다행이다.

하나 더 보자. 이 사례는 〈주간동양경제〉에 소개된 실화(2010.10.23)다. 중년아들은 결국 2,000만엔의 입주비와 월 23만엔의 이용료를 내고 환자를 시설에 모셨다. 금전부담이 상당하지만 남은 가족을 지키기 위한 불가피한 고육지책이었다.

어머님이 쓰러졌다. 뇌경색이다. 목숨은 구했지만 남은 건 침대생활이다. 얼마 후 치매(認知症)진단까지 나왔다. 아내를 설득해 집에서 모셨다. 요양시설을 생각했지만 효도부담과 친척압박에 굴복했다. 이게 실수였다. 갈수록 신체·정신적인 간병피로가 쌓였다. 신경질적인 반응이 집안공기를 지배했다. 결국 아내가 가출했다. 포기선언이다. 아내를 찾은 곳은 건널목 앞이었다. 아내의 넋 나간 표정에 남편은 소름이 끼쳤다. 간발의 차이였다.

이 정도면 지옥이다. 게다가 이런 사례는 희귀하지 않다. 흔해졌다. 또 공포는 상상을 웃돈다. 그래서 지옥이란 평이 옳다. 노인환자의 간병공포란 상상을 초월하는 위협·파괴적인 후폭풍을 야기한다. 간병지옥의 메커니즘은 단순하다. '고령사회→노인급증→노환증가→간병필요→금전부담→가족해체'의 악순환이다.

문제는 이러한 간병지옥은 기한이 없다는 점이다. 힘들어도 끝날 때를 알면 버텨내지만 노환간병은 그렇지 않다. 체력·금전 등 숨이 끝에 차도 현실은 냉정하다. 장기간호의 증가다. 이는 간병주체의 건강·정신만 갉아먹는데서 끝나지 않는다. 환자불행으로도 직결된다. 삶의 마지막에 가족들에게 엄청난 폐를 끼치며 비참하게 생을 마감할 수밖에 없다.

_'단란한 가족행복→불행한 간병지옥', 줄 잇는 간병갈등

간병은 '설마'가 '역시'가 되는 일상다반사다. 주지하듯 평균수명 및 노인인구 증가추세를 감안할 때 자연스런 결과다. 그만큼 일찍 준비해두는 게 최선이다. 일본의 벤치마킹·반면교사 포인트도 여기에 있다. 일본의 간병시스템은 탄탄하다. 1963년 '노인복지법'을 만든 고령화 선두국가답게 1973년 70세 이상의 의료비부담 전액무료를 실현했다. 사회적 입원 등 과잉진료와 재정부담 때문에 훗날 개정되긴 하지만 당시로선 복지대국의 상징제도 중 하나였다.

압권은 2000년 시작된 '개호(介護=간병)보험'이다. 40세부터 가입해 보험료를 내면, 서비스를 이용할 때 비용의 10%만 내면 되도록 했다. 성과

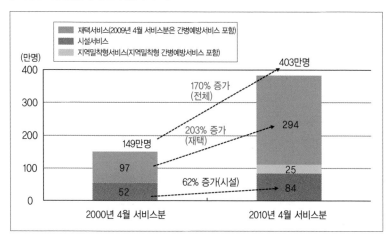

[그림 3-8] **간병서비스 수급자 추이**

재택서비스(2009년 4월 서비스분은 간병예방서비스 포함)
시설서비스
지역밀착형서비스(지역밀착형 간병예방서비스 포함)

(만명)

자료: 〈후생노동백서〉 2011년

는 눈부시다. 간병서비스 필요인원은 2000년 218만명에서 2011년 506만
명으로 늘었다. 눈치 볼 필요 없이 보험서비스를 받게 된 결과다. 이중
실제 이용자는 149만명에서 418만명으로 증가했다.

덕분에 간병시장(간병서비스사업자)은 9조엔대 규모다. 농림수산업(6.2조
엔)을 제쳤으며 자동차 등 수송기계(10.5조엔)에 육박한다. 고령화대책의
요약판인 골드플랜 발표(1989년) 때와 비교해 관련시설은 현재 방문개호
스테이션(0→5,700개), 재택간병지원사업소(0→3만2,000개), 치매노인그룹
홈(0→9,700개), 특별양호노인홈(16만→41만5,000개)으로 늘어났다(2009년).

그럼에도 불구, 간병갈등은 끊이질 않는다. 간병수급의 불일치와 비용
부담의 증가세 때문이다. 언론은 일본의 간병현실을 '아슬아슬한 살얼음
판'으로 정의한다. 즉 수요는 느는데 돈이 문제다. 정부재원이든 개인부

[그림 3-9] 노인인구와 (필)요간병 인정비율(연령별)

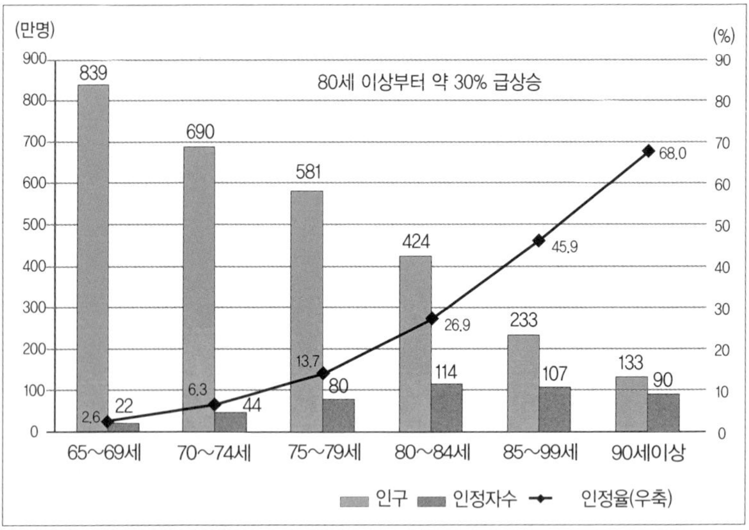

(만명) ··· (%)

900
839
80세 이상부터 약 30% 급상승
690
581
424
233
133
68.0
45.9
26.9
13.7
6.3
2.6
22
44
80
114
107
90

65~69세 70~74세 75~79세 80~84세 85~99세 90세이상

인구 ▰ 인정자수 ◆ 인정율(우축)

자료: 간병급부비 실태조사(2009년)

담이든 돈의 압박에 생채기 난 가정이 적잖다.

향후는 더 암울하다. 구조적인 재정부담 탓이다. 지금은 현역 3명이 노인 1명을 부양하지만 2050년엔 1대1까지 떨어진다. 이용자는 많은데 재원은 부족하니 당연지사다. 반대로 간병수요는 증가세다. 개호보험이 기능부전에 빠질 수밖에 없다는 결론이다. 결과는 부담증가다.

그러다보니 간병서비스를 못 받는 경우가 늘었다. 보험료를 못 내는 빈곤노인이 대표적이다. 65세 이상 개호보험 수납비율(보통징수)은 2000년 93%대에서 2008년 85%대까지 떨어졌다. 보험수혜의 사각지대가 늘면 가족부담은 더 커진다. 최고수준 간병정도(5도)의 경우 가족의 24시간 간병비율이 절반을 넘겼다. 1~5도 전체로 보면 21%가 가족의 종일간병

형태다.

금전부담으로 서비스를 포기하는 경우는 대부분 집에서 간병한다. 경제적인 부담회피 차원의 고육지책인데 간병판정을 받은 10명 중 9명(88%)이 '더 불편해도 집에 머물 것'을 택했다. 정권탈환에 성공한 자민당의 간병정책도 '시설→재가'로 방향을 틀었다. "가족이 챙기는 게 훨씬 낫다"고 항변하지만 속내는 급증하는 재정압박을 줄이려는 차원이다.

물론 사회서비스 차원의 정부지원은 증가일로다. 자금지원(개호보험) 대상인 간병 인정규모는 530만명을 넘겼다(2012년). 당연히 간병보험 세출액도 늘었다. 2000년 3조엔대 중반에서 이젠 10조엔에 육박한다. 이 현상이 유지될 경우 2025년이면 19조엔으로 늘어난다는 추계도 있다(사회보장국민회의). 간병보험의 기능부전을 염려할 만큼의 상황악화다.

[그림 3-10] **간병보험 급부비용의 증가 추정**

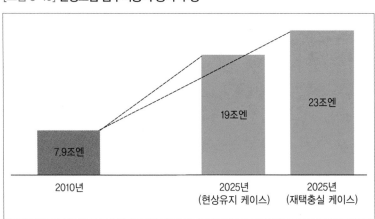

2010년   2025년
(현상유지 케이스)   2025년
(재택충실 케이스)

7.9조엔   19조엔   23조엔

자료: 사회보장국민회의

간병이유 자녀퇴사
'무차별적인 중년공포'

"결국은 가족 몫이다."

간병은 결국 가족이 떠안을 수밖에 없는 문제다. 정부가 생색을 내며 조금은 도와줄지언정 가족역할이 절대적이다. 이런 점에서 인생 한 가운데 선 중년가장의 새로운 압박변수 중 하나가 부모간병이다. 자칫하면 뒷덜미를 잡힐 수 있기 때문이다.

아쉬운 건 가족간병이 중년만의 일이 아니란 점이다. 나이가 들수록 배우자에게서 간병수요가 발생할 수도 있다. 이렇게 되면 늙어 힘든데도 불구, 또 다른 노구를 챙겨야 하는 이중압박이 된다. 최근 트렌드로 정착된 간병가족의 고령화가 그 증거다. '노노(老老)간병'이다. 주요간병자 중 절반이상이 60세를 넘긴 동거가족이다. 간병부담이 커질 수밖에 없는 이유다.

역시 간병염려는 홀로 사는 노인일수록 높다. 주로 여성고령자다. 노인시설 입주자를 포함해 고령·단신가구는 남성(130만명)·여성(370만명) 등 500만명에 달한다. 남성 12%와 여성 25%가 단신가구다. 이들이 아프면 간병은 사각지대다. 동거가족이 있다면 좀 낫지만 홀로 살 경우 간병은 사실상 기대하기 힘들기 때문이다.

더 심각한 건 간병의 파급영향이다. 가족간병을 이유로 정상적인 경제활동에서 이탈하는 경우가 늘고 있어서다. 가족간병을 위한 전직·이직·사직사례의 증가다. 2002년 9만명 수준이던 전직·이직(간병이유)은 2006년 14만명을 웃돌았다. 최근 통계는 찾기 힘들지만 추정컨대 30만명에 육박하는 것으로 보인다. 연령특성 탓에 대부분은 중년자녀의 간병퇴직이 많다.

그중 8할은 여성이다. '간병=여성'의 인식 탓이다. 가족간병에 의지할수록 가정환경은 열악해질 수밖에 없다. 수입정체·감소에 따른 금전부담과 삶의 질 저하다. 간병과 일의 양립도 아직 갈 길이 멀다. 일본정부가 가족 1인당 93일의 간병휴가를 법으로 정했지만 이용률은 5.8%뿐이다. 현실적으로 시설간병이 아니면 직장을 떠나는 수밖에 없다.

_늘어나는 중년자녀의 간병퇴직, '80%는 여성'

간병현실은 녹록찮다. 5도(58%), 4도(46%) 등 간병필요가 높아질수록 시설이용이 유일방책이다. 다만 실제상황은 엇나간다. 간병방법은 재택간병과 시설간병이 있다. 간병수준이 낮고 치매증상이 없다면 집에 모시고 입욕·야간대응 등의 간병서비스를 방문·통근형태로 받으면 된다(재택간병). 반면 중증이상이면 시설간병이 불가피하다. 침대생활·중증치매 등으로 일상간병이 필요하면 재택보호는 무리다. 이때는 시설간병이 최선책이다.

문제는 돈이다. 그래서 공적서비스인 개호보험이 설득력 있다. 10%만 자비로 부담하면 되니 환자·가족 모두의 웃음을 지킬 수 있다. 그런데 아쉽게도 공공시설과 입소희망자의 미스매칭이 심각하다. 시설부족이다. 시설간병의 대표주자인 '개호노인복지시설(특별양호개인홈)'은 입소대기만 2~3년이 보통이다. 중증이 아니면 들어가기도 힘들다. 사실상 바늘구멍 들어가기다.

실제 유력한 대안은 민간시설이다. 유료노인홈이 대표적이다. 다만 금전부담이 골칫덩이다. 간병비용은 천차만별인데 많게는 수억엔대에 달한다. 평균수명이 90세를 넘는 여성이면 최소 수천만엔은 기본으로 알려졌다. 유료노인홈은 최소 월 20만엔 이상이다. 물론 정부지원이 있지만 충분치 않다. 〈주간동양경제〉의 '2010년 유료노인홈 베스트랭킹' 결과에 따르면 일정조건을 갖춘 전국 1,878개 시설 중 1/3인 629개소가 5년 총 비용 1,000만엔 이하다. 134개소는 3,000만엔을 초과했다. 5년 경비가 1억1,793만엔(사쿠라비아세이조)인 경우도 있다.

반면 간병서비스의 품질은 '글쎄'다. 한국과 다를 게 별로 없다. 이용 불만도 끊이지 않는다. 많이 개선됐다지만 구태의연한 저질서비스로 눈살을 찌푸리게 하는 경우다. 직원퇴근에 맞춰 5시에 저녁식사를 주거나 기저귀를 정해진 시간에만 갈아주는 등 비상식적인 간병이 그렇다. 아무나 간병업계에 들어오면서 품질이 떨어졌다. '간호야 누구든 한다'는 안이한 사고도 많다.

고용대책으로 간병취업 알선이 늘어난 것도 원인이다. 간병을 하는 게 아니라 본인이 간병을 받으려는 취업자까지 있다는 우스갯소리도 있다. 불만 중엔 요금갈등이 가장 많다. 소비자보호기관(국민생활센터)에 접수된 유료시설의 제반문제 중 70% 이상이 요금이슈다. 위험수위에 달한 일부업체의 도산압박도 문제로 거론된다.

_급증하는 치매인구, '간병난민 대량생산'

문제는 앞으로의 전망이다. 간병지옥이 일상적으로 펼쳐질 우려가 상당히 높다. 이를 치매 관점에서 살펴보자. 가족해체로 이어질 개연성이 많은 치매인구가 갈수록 늘어난다는 점에서 이는 한국에도 직결되는 이슈다.

[그림 3-11] **예상을 깬 노인 치매환자 추이**

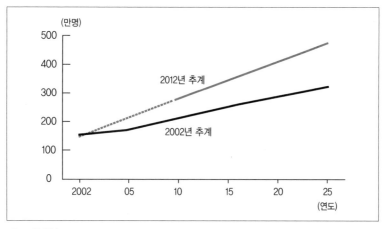

자료: 후생성

일본에선 치매(認知症)가 일상질병이 됐다. 워낙 노인인구가 많기에 그만큼 발병환자가 많다. 노인인구(65세 이상, 3,074만명) 중 10%에 달하는 305만명이 환자로 추계됐다(2012년). 조사가 개시된 2002년(149만명)보다 2배 이상 늘었다. 놀라운 건 급속도의 증가세다. 애초 300만명 돌파는 2020년으로 추산됐지만 올해 조사에서 그 예상을 깼다. 75세를 넘기면 유병확률이 급증한다는 점에서 은퇴대국의 긴장감이 높은 이유다.

70세 이상만 총인구의 18%(2,256만명)란 점에서 특히 그렇다. 치매노인은 이미 사회문제로 인식된 지 오래다. 연락처를 잊어버린 채 외출 후 행방불명이 된 사례도 많다. 노인사기의 피해사례 중 상당수도 치매노인에 집중된다. 현금을 숨겨뒀다 찾지 못하거나 주택개조 때 마룻바닥·마당 등에서 거액이 발견되기도 한다.

간병지출은 장례비와 함께 삶의 최종단계에서 지불되는 최후소비처다. 자녀에겐 부모를 위한 최후효행이다. 동시에 거액쇼핑으로도 비유된다. 그만큼 일찍부터 잘 준비해야 후회가 없다. 일본사례에서 배워야할 교훈은 명쾌하다. 간병공포로부터 한 발짝 비켜서기 위한 핵심전략은 촘촘한 간병안전망의 확보. 인생 2막 전체를 커버하는 질병보험은 물론 간병수요 발생 때 버팀목이 됨직한 자산소득의 추가확보가 절실하다.

무연간병이 되지 않도록 네트워크 확보방안도 강구하는 게 좋다. 건강할 때 간병비용과 재산관리 등의 후견인제도를 활용해두는 것도 방법이다. 정부는 간병선진국 일본조차 수급조정·재정확보에 실패했다는 점에서 이를 인정하고 서둘러 대책마련에 나설 필요가 있다. 막상 간병난민이 발생하면 때는 늦기 때문이다.

그렇다면 과연 행복노후의 완성조건은 뭘까. 개인의 특수성까지 덧대면 각양각색일 터다. 행복함수를 푸는 영향변수란 그만큼 복잡·다난하다. 다만 일반적으론 5가지가 많이 꼽힌다. 인생을 5개 공을 돌리는 저글링에 비유한 걸 보면 본인, 가족, 친구, 일, 건강이다. 이때 일만 고무공이고 나머진 유리공이라 떨어뜨리면 끝이란 입장이다.

비슷한 논리로 괴테는 노후를 5가지 상실과정으로 봤다. 건강, 돈, 일, 친구, 꿈이다. 구구절절 옳은 지적이다. 최근엔 재무와 비재무조건으로도 나눈다. 각각 자산·근로소득, 건강·가족·취미가 대표적이다.

이쯤에서 행복노후의 공통분모를 꼽아보자. 돈(일)과 사람(가족), 그리고 건강이 대충 겹친다. 이중 제일 중요한 건 뭘까. 당장은 노후자금이 먼저다. 한국처럼 사회안전망이 빈약하고 노후의 본인책임이 강조되는 환경에선 어쩌면 당연하다. '노후준비=자산마련'의 등식화다. 그래서 왕왕 흘려보내선 안 될 중대변수를 잊곤 한다. 사람과 건강이다. 이중 굳이 우선하라면 건강이다. 건강을 잃으면 정작 할 수 있는 건 전혀 없어서다.

늙으면 아프다. 자연스럽고 당연하다. 그래서 돈도 더 필요하다. 후기

[표 3-1] **일본의 개호보험 재원**

재원주체	비율
중앙정부	25%
현(縣)	12.5%
시(市)	12.5%
65세 이상 보험료	19%
40~64세 보험료	31%

자료: 후생성

고령자(75세 이상)로 넘어갈수록 의료 · 간병비용은 눈덩이처럼 불어난다. 그나마 정신이라도 건강하면 좀 낫다. 아무 것도 홀로 못하는 치매라도 걸리면 본인 · 가족의 삶은 낭떠러지 신세다. 비용부담과 생활피폐는 치매질병의 불가항력적인 결과물이다.

간병지옥은 앞서 길을 걷고 있는 일본이 한국에 알려주는 중요한 장수사회의 교훈이다. 교훈은 알고 실천할 때 그 의미가 있는 법이다. 이쯤에서 드는 의문이다. 그렇다면 한국은 과연 간병지옥에서 벗어날 수 있을까.

늘어나는 탐정의뢰
'위기일발 중년불륜'

광고는 일상생활을 반영하는 바로미터다. 소비수요에 발맞춰 광고내용·물량이 비례하는 이유다. 결국 광고만 잘 봐도 생활상을 짐작하는데 무리가 없단 얘기다.

일본은 광고대국이다. TV 프로그램에선 아예 대놓고 상품소개를 한다. 말썽 많은 한국의 간접광고와 달리 가격·장점·구매처 등을 공개·구체적으로 알려준다. 낯 뜨거운 권유도 많다. 그만큼 광고비를 받아 프로그램의 품질향상을 도모하는 식이다.

오프라인에서도 광고는 범람한다. 지하철·골목을 비롯해 빈틈만 있으면 광고가 걸린다. 종류는 셀 수 없이 많다. 2011년 광고시장 전체규모(총광고비)가 6조엔에 육박할 정도다(덴츠). 그나마 4년 연속 감소한 규모다. 가히 광고천국인 셈이다.

개중엔 낯설고 재미난 광고도 많다. 탐정광고가 그렇다. 외국인, 특히 우리 눈에 탐정광고는 적잖이 이질적이다. 탐정이란 직업 자체가 한국엔 공식적으로 없기 때문이다. 반면 일본인에게 탐정은 일상직업 중 하나다. 야후저팬에 검색어 '탐정'을 넣으면 무려 1,300만건이나 검색될 정도다. TV 프로그램 중에도 탐정이란 단어가 들어간 게 많다.

길거리 광고판에서도 심심찮게 볼 수 있다. 『명탐정 코난』·『소년탐정 김전일』 등 한국에 소개된 탐정만화도 많다. 탐정이란 직업이 실제로 익숙하단 얘기다. 과거 관서지역에선 형사를 탐정으로 일컫는 경우까지 있었다고 한다. 이는 일본사회에 탐정수요가 그만큼 많다는 걸 의미한다. 도대체 치안대국 일본에 탐정이 성행하는 이유는 뭘까.

_탐정선진국 일본 왜? '불륜조사 · 이별작업' 활황

먼저 탐정의 개념부터 보자. 2007년 시행된 관련법률(탐정업법)에 따르면 '타인의뢰를 받아 특정인의 소재 · 행동에 대해 실제조사를 행한 후 그 결과를 의뢰자에게 보고하는 업무'로 규정된다. 고객의 조사요구에 따라 조사 후 결과를 통보해주는 일이란 얘기다. 때문에 사적(私的)조사기관 혹은 종합조사그룹 등으로 불리기도 한다. 조사방법은 탐문 · 미행 · 잠복 등 다양하다.

최근 탐정시장은 규제강화 · 경쟁격화에도 불구 유망사업 중 하나로 떠올랐다. 게다가 탐정은 누구든 할 수 있는 일종의 자유업이다. 별도의 자격 · 면허는 불필요하다. 과거 5년까지 폭력단이었거나 금고이상 형을 받지 않았다면 개업할 수 있다. 크게 법인과 개인으로 구분된다.

탐정수요가 높은 건 거꾸로 경찰 등 공공대처에 대한 불만·부담이 크기 때문으로 알려졌다. 일부의 경우 행방불명·스토커·업무방해 등의 문제해결이 경찰보다 더 신속·편리하단 공감대도 넓다. 인구변화를 비롯한 시대상황의 요청도 있다. 고령화로 삶이 확장된 것에 비해 불확실성과 불안감은 높아진 결과다. 탐정수요는 다양하다. TV드라마 등에선 살인·흉악사건을 해결하는 탐정주인공이 많지만 실제론 그렇지 않다. 요컨대 뒷조사를 필요로 하는 사람이 고객이다. 품행·불륜조사를 비롯해 사람을 찾거나 법인·개인의 신용조사 등의 업무가 주류를 이룬다.

특히 실제의뢰는 불륜조사가 압도적이다. 배우자 부정에 따른 이혼이 급증하면서 뒷조사를 의뢰하는 수요다. 이혼 때 위자금과 관련해 유리한 정보를 쥐기 위해서다. 결국 주요고객은 기혼자로 40대부터의 중년그룹이 압도적이다. 남편은퇴에 임박해 황혼이혼을 준비하는 50~60대 가정주부의 의뢰가 많다는 얘기다.

이밖에 옛 친구나 스승, 가출인 등의 수배의뢰도 적잖다. 최근엔 결혼 상대방의 이력 등 사실관계 확인을 위해 탐정을 찾는 경우도 증가세다. 퇴직경찰관이 탐정일과 함께 필적·지문·DNA감정 등을 해주는 경우도 있다. 일부의 경우 특정인과 헤어지도록 각종의 꼼수를 쓰는 이른바 '특수공작'을 해주는 회사도 있다.

업무와 관련해 흥신소와는 다소 구분된다. 탐정회사가 주로 사람문제(불륜·범죄여부 등) 전문인데 반해 흥신소는 금전문제(신용·시장조사 등)에 밝은 게 차이다. 최근엔 흥신소가 탐정회사로 이름을 바꾸는 추세다. 조사방법은 좀 다르다. 탐정회사는 대부분 경찰의 조사방법처럼 외부에서 증거를 확보하고, 흥신소는 직접적인 대면취재로 정보를 얻는다.

탐정시장은 꾸준한 성장세다. 업계추정에 따르면 연간 4,000~5,000억 엔의 시장규모로 활동 중인 탐정만 약 6만명으로 알려졌다. 의뢰건수는 연간 250만건 이상이다. 등록업자(공안위원회)만 모두 4,439건으로 집계 됐다(2008년). 이중 법인은 1,310건이고 개인이 3,129건으로 압도적이다.

최근엔 법인·네트워크화도 추세 중 하나다. 1인 회사의 경우 여러모 로 한계가 많아서다. 군소 이해집단이 많지만 업계중심은 일본조사업협 회다. 약 500개사가 가맹회원으로 등록돼있다. 주무관청(경시청)도 효율 적 관리를 위해 대형화를 유도하는 중이다.

_황혼이혼 준비차원, 중년부인의 의뢰증가

프랜차이즈의 경우 국내도시는 물론 해외에까지 네트워크를 형성해 업 무효율을 높이고 있다. 가령 '가루에이전시'는 전국에 180개 사무소를 가 진 대형사다. 탐정학교만 14개를 운영해 7,000명 이상의 졸업생을 배출 한 것으로 알려졌다. 최대 2개월에 걸쳐 탐정업무에 필요한 제반교육을 유료로 시킨다.

수요증가로 탐정이 되려는 이들은 증가세다. 탐정이 되는 법을 소개한 출판물도 수두룩하다. 탐정개업·영업전략 등을 조언하는 업체까지 생 겨났다. 본업과 별도로 퇴근이후·주말을 이용해 아르바이트를 하려는 이도 많다. 다만 주력은 전문경력자다. 전직경찰부터 검찰·변호사 등이 주로 간부로 활동 중이다.

시장이 커지면 문제도 많아지는 법이다. 대표적인 게 사생활침해다.

무분별한 민간조사로 사생활침해가 도를 넘었기 때문이다. 트러블이 가장 많은 불륜조사를 예로 보자.

불륜조사는 혼전조사(결혼상대방 조사)와 함께 워낙 의뢰건수가 압도적인 탓에 주먹구구로 덤비는 중소탐정회사가 그만큼 많다. 이때 조사대상자의 인권문제를 침해하는 경우가 비일비재하다. 의뢰자 비밀은 지켜도 조사대상자 비밀은 까발려진다. 최근엔 법규강화로 개인정보 확보가 적잖이 힘들어진 것도 부작용 증가배경이다. 심지어 대상자가 탐정을 역으로 고용해 협박채널로 삼는 경우도 있다. 이런 이유로 탐정회사의 TV광고도 허용되지 않는다.

비교적 고가업무인 이별공작도 마찬가지다. 헤어지도록 만들기 위해 불법·범법행위를 일삼는 무허가영업 탐정이 많아서다. 탐정협회가 이별공작을 자주규제 대상으로 삼고 취급업무에서 빼기도 했다. 일부 피해자·민원인은 불법심부름센터·컨설팅업체 등에 의뢰해 해결사를 고용, 자력구제에 나섰다 되레 가해자가 되기도 한다. 탐정업법이 제정된 배경도 여기에 있다. 탐정고용과 관련한 갈등·불만이 사회문제로 불거지면서 영업조건을 강화할 필요가 생겨났다. 결국 탐정업법은 탐정업무를 제한하는데 포커스를 뒀다.

지불비용과 관련한 갈등은 단골소재다. 과다청구가 대표적이다. 실제 탐정의뢰 조사요금은 천차만별이다. 개별 조사안건이 워낙 다른데다 목적·조건 등도 다르다. 단일요금체계의 경우 독점금지법 위반사항이라 모여 조정하기도 어렵다. 다만 대개의 경우 탐정 1인당 할애시간에 따른 요금체계가 적용된다. 탐정 1인·1시간당 5,000~1만5,000엔 정도가 일반적이다. 물론 탐정개인의 기량·경험·평판 등에 따라 크게 좌우된다.

의뢰사건별로 보면 불륜조사(10만~350만엔), 가출조사(10만~500만엔) 등이 일반적이다. 대개 탐정 2명이 붙는 하루 4~5시간의 패키지 의뢰가 많다. 이때 평균요금은 10만엔 가량이다. 문제는 부실한 조사결과에도 불구, 과도한 비용청구가 끊이지 않는다는 데 있다. 피해사례 중 일부는 탐정이 역으로 고객약점을 악용해 돈을 강탈하는 경우다.

_관련트러블 증가, 폐색시대답게 전망은 'GOOD'

그럼에도 불구하고 탐정업계 전망은 긴 역사만큼 밝은 편이란 게 중론이다. 대화부족 · 관계단절 등 일본사회가 나날이 건조해지면서 관련수요가 그만큼 늘어날 확률이 높다. 경제적 피해를 호소하는 복잡 · 다난한 범죄행위도 지속적이다. 범죄 · 피해로부터 사전에 보호하려는 수요도 많다. 예방수요다. 즉 유괴 · 이지매 · 스토커 · 사기 등 잠재피해의 발생 억제를 위한 수요다. 실제 탐정업무는 예방성격이 강하다. 경찰이 발생 사건을 해결하는데 비해 탐정은 예방대책과 관련된다.

한편에선 기업 관련수요도 적잖다. 이는 일본의 탐정역사와 관계있다. 19세기 말 산업발달로 증권거래가 활발해지면서 일본에선 신용조사 필요성이 높아졌는데 이를 대행해주던 상업흥신소가 탐정의 유래다. 기업의 위기관리 등 법인영업 수요부터 임직원 채용 · 승진에 관한 인사조사도 존재하는 것으로 알려졌다. 이에 힘입어 업계는 자발적인 윤리성 강조와 별개로 탐정시장 규제완화를 요구한다. 탐정역할이 커지면 오히려 공적 도움이 필요한 서민들의 경찰접근성이 개선된다는 이유다.

중년의 가족배려
'죽음준비의 경제학'

'눈물바다'였다고 한다.

일본영화 『엔딩노트』를 본 사람들의 이구동성이다. 최근 한국에도 개봉돼 상당한 반향을 불러일으켰다. 다큐멘터리 스타일로 시한부 선고를 받은 아버지의 마지막을 담담히 그려냈다. 죽음을 따뜻하고 유쾌한 분위기로 엮어 화제를 낳았다.

이 영화를 찍은 여성 감독의 아버지가 주인공이다. 이 영화는 막내딸이 아버지 영전에 바치는 작별인사이자 사부(思父)곡이다. "죽는 건 안 무서운데 혼자 남을 아내가 걱정"이라던 주인공이 위암말기 선고 후 했던 첫 번째 일이 엔딩노트 작성이다.

죽기 전 하고 싶은 10가지 희망사항, 즉 버킷리스트다. 그는 이 10가지를 모두 이뤄낸다. 남겨진 가족도 떠나는 아버지의 뜻대로 웃으며 그를 배웅한다.

죽음은 터부대상이다. 정도차이만 있을 뿐 대부분 그렇다. '다사사회(多死社会)' 일본도 마찬가지다. 다만 죽음도 상황변화 앞에선 경계를 늦춘다. 죽음이 늘어난 장수사회의 단면이다. 이로써 일본의 죽음화두는 생활이슈로 눈높이가 떨어졌다.

증거는 많다. 당장 일본매스컴의 단골 기삿거리다. 죽음과 장례를 다룬 특집기사·출판은 끝없다. 일부는 베스트셀러에 오른다. '인생 마지막 집'인 무덤(납골당) 마케팅은 일상적이다. 주택광고처럼 역세권·친환경이 강조된다.

_엔딩노트와 슈카츠, 죽음을 준비하는 장수사회

최근엔 적극·긍정적인 죽음준비를 뜻하는 '슈카츠(終活)'가 인기다. 죽음을 제대로 준비하는 마지막 활동을 일컫는다. 2012년 일본의 유행어 톱10에까지 진입했다. 인생최후를 스스로 만들자는 개념이다. 갈수록 슈카츠에 몰입하는 중·고령자가 늘며 공감을 얻었다.

2012년 10월, 41세로 사망한 어느 유명 유통전문가가 생전에 준비해둔 슈카츠가 공개되며 일약 관심단어로 부각됐다. 왕성한 활동시기에 느닷없이 떠났지만 사전에 장례·묘소 등을 꼼꼼히 준비한 것이 알려져서다.

죽음준비의 압권은 '유언장'이다. 몇 년 전부터 일본에선 유언장 작성이 화제다. 2000년대 이후 적자생존·승자독식의 사고논리가 확산된 결과다. 경쟁격화로 삶의 피로·한계가 심화되면서 진지한 인생고찰이 제기된 흐름과 일맥상통한다. 대형지진도 삶의 가치에 의문부호를 던졌다.

인연 · 사람중시의 재검토다.

장수사회답게 유언장 붐은 포괄적이다. 특이한 건 40대 중년그룹이다. 인생분기점답게 전반과 후반 사이에서 과거평가 · 미래계획을 고민하는 자연스런 나이인 까닭이다. 유언장을 통해 가족관계와 가치관 · 지향점 등을 재검토하자는 취지다. 바쁜 일상한계를 벗어나 차분하고 신중한 사고 기회로 제격이란 평가다.

인터넷 공간에선 "유언장을 쓴 뒤 인생가치가 달라졌다"는 후기도 많다. 〈닛케이비즈니스〉는 특집기사에서 '최근의 유언트렌드는 재산정리 등 단순한 죽음준비가 아닌 충실한 생전시간을 위한 과정'이라고 평가했다.

유언장 작성은 증가세다. 공증사무소를 거친 것만 7만8,000건(2009년)이다. 가정재판소 검인유언서(1만3,000건)까지 합하면 10만건에 육박한다. 작성이유는 가족의 불필요한 부담과 깔끔한 인생정리를 위해서다. 본인사후를 위한 최후의 커뮤니케이션인 셈이다.

_40대 중심의 유언장 붐 확산, '일상이 된 죽음'

원래 일본에선 죽음처럼 유언이슈도 소수관심사였다. 일본사회가 유언장에 익숙지 않은 이유는 3가지다. △상속재산의 과세라인(상속세 신고불필요가 전체인구의 95%) △법정상속인은 가족이라는 인식(자동승계) △죽음의 터부문화 등이다.

다만 이젠 상황이 변했다. 중년의 위기고조를 부추기는 환경변화 탓이다. 당장 비혼(非婚) 독신자와 사실혼 부부가 증가세다. 이들은 사후수속이 거대공포 중 하나다. 자칫 죽어도 죽지 못하는 무연·고독사를 염려한다. 법적보호가 힘들어서다. 옅어진 가족관계로 자녀불화가 생기지 않을까 하는 염려도 유언장 작성배경이다. 상속갈등이 대표적이다. 실제 상속갈등은 급증세다. 무연사회와 상속분쟁은 비례관계다. 거대한 상속재산을 둘러싼 갈등고조다.

_증가하는 유언신탁, 유산정리 서비스

유언장 작성은 이제 일부의 전유물이 아니다. 40대로 주도권이 내려왔다는 건 그만큼 작성의지가 확대됐다는 의미다. 이러한 붐의 일등공신은 책자형태로 만들어진 '유언장 키트'다. 문구회사 고쿠요의 제품으로 애초연 2만개 판매목표를 세웠는데 4개월 만에 초과달성했다. 전문가에 맡기기보다 스스로 써보려는 수요가 많다는 데 착안했는데 대히트를 쳤다.

생존가족의 불안감을 희석시키려는 동기도 덧붙여졌다. 키트엔 봉투·용지 등 유언에 필요한 걸 전부 넣었다. 작성 안내책자도 포함됐다. 즉시실행이 가능하다는 게 주효했다. 위변조를 막고자 복사가 불가능한 안전장치까지 덧붙였다. 봉투는 한 번 열면 다시 못 붙인다. 유언장에 들어가는 권유내용은 △본인역사와 미래연표 △소중한 우선순위(사람·물건·가치 등) △자산항목 △상속내용 △기부대상(원할 때) 등이다.

여세를 몰아 최근엔 시리즈 2탄인 '엔딩노트(エンディングノート)'를 내놓았다. 엔딩노트 붐은 유언장을 넘어서는 인기추세다. 1탄인 유언장의 확대시도로 '만약의 때'를 대비한 비망록이다. 부담스런 유언보단 본인의

주요정보를 1권의 책에 가볍게 집약해보자는 시도다.

대상고객은 연령불문이지만 일단은 젊은이 눈높이에 맞췄다. 때문에 지금까지 살아온 삶을 반추하는 데 의미를 둔다. 동시에 버킷리스트처럼 후회하지 않기 위한 마음잡기 차원에서 청년그룹의 지지를 얻었다. 회사는 "지금까지의 본인정보를 정리하거나 혹은 청년세대의 인생 재고를 위해 기획됐다"고 한다.

유언수요가 늘면서 관련된 각종서비스도 증가세다. '유언투어'가 일단 재미있다. 유언투어는 온천여행을 주선해 한적한 장소에서 유언장을 쓸수 있는 환경제공 서비스다. 일상생활에서 벗어나 본인인생을 뒤돌아보는 시간제공은 물론 구체적인 작성방법까지 알려준다. 주로 법률사무소와 여행사가 제휴ㆍ기획한다. 참가비(2박3일)가 10만엔을 웃도는 고액이지만 만족도가 높다.

비슷한 처지의 사람들이 모여 유언정보와 인생정리를 교감하는 사이트도 지진이후 크게 늘었다. 일종의 카페형태로 구성되는데 오프라인에서의 정기회합도 잦다.

유언장을 포함해 죽음준비와 관련된 시장규모는 나날이 커지고 있다. 일종의 블루오션으로 이해되는 분위기다. 내수침체로 고전 중인 업계가 눈독을 들이는 이유다. 죽음준비 관련시장의 출사표는 다양한 업종에서 시도된다. 금융권의 상속재산 운영대행이 대표적이다. 상속세 경감대책과 신고대행 등을 포함해 유언장 작성ㆍ보관 대행서비스가 성황이다. 즉 유언신탁ㆍ유산정리다.

효과적인 부동산 상속처리를 위해 세무사ㆍ변호사ㆍ부동산회사 등 전문가가 총동원된다. 단순한 수수료 수입은 물론 유산상담을 계기로 자녀세대까지 고객흡수가 가능해 경쟁이 치열하다. 상속재산을 대상으로 한 금융상품과 자산운용 등의 라인업은 확대추세다. 생전증여도 한 흐름이다.

건강수명과 평균수명의 갭에서 발생하는 필연적인 갈등비용을 조정하려는 움직임도 구체적이다. 간병공포의 경감수요다. 건강할 때 간호비용과 재산관리자 등을 선정·대비하자는 취지다. 이때 주로 활용되는 게 후견인제도다. 최근 관심이 급증세다. 판단력이 떨어지거나 간병필요 때를 대비해 신뢰하는 사람에게 재산관리와 간병수속 등을 맡겨두는 제도다.

성년후견제도는 2000년 시작됐다. 과거엔 불명확하게 대리권 없이 뒤를 봐주는 경우가 많았는데 이젠 합법적으로 다른 친족의 문제제기 없이 대리행위가 가능해졌다. 편의성이 알려지면서 이용자는 증가세다. 수속은 쉽다. 배우자 등 4촌 이내 친족이 가정재판소에 신청하면 10만엔 정도에 가능하다. 후견인 중 2/3는 친족이다. 나머지는 변호사·사법서사·사회복지사·법인 등이다. 매월 수만엔 보수가 지급된다. 상속분쟁·재산탕진이 우려되면 제3자에게 맡겨도 된다.

죽음은 행복한 삶을 위한 역설적인 화두이자 담담한 떠남을 위한 긍정적인 화두다. 죽음준비의 관건은 그래서 삶의 정리다. '삶=죽음'을 완성하는 게 인생정리다. '엔딩노트(Ending Note)'의 힘이다. 이는 삶의 마지막 메시지답게 유서, 유언, 비망록을 포괄한다. 즉 유언장은 엔딩노트의 일부다.

남은 이에게도 똑같다. 죽음이 배려하는 가장 소중한 마지막 선물이다. 엔딩노트는 자신만의 은밀한 대화이자 동시에 남은 이를 위한 솔직한 메시지다. 본인사후에 본인을 지키고 떠올려지도록 하는 중요한 추억

박스다.

자녀를 비롯해 가족 · 친지에게 생의 값진 의미와 지혜를 가르치고 유지하도록 하는 저장장치로도 기능한다. 떠나야 할 때 쓰는 엔딩노트는 소극 · 부분적이다. 평소준비가 관건이다. 미리 써보는 엔딩노트의 힘이 고령대국 열도를 강타하는 이유다.

[표 3-2] **엔딩노트(유언장) 작성 체크포인트**

1	금액여부 상관없이 예금 · 유가증권 · 부동산 보유(○ ×)
2	부동산 매각 · 증여에 관해 질문사항 존재(○ ×)
3	법률혼이 아닌 인생동반자가 있음(○ ×)
4	인생후반의 명확한 우선순위로 유의미한 삶 갈망(○ ×)
5	본인장례에 대해 희망사항 존재(○ ×)
6	인생파트너는 혈연관계 없는 사람(○ ×)
7	본인사후 잔여재산의 공공활용에 관심(○ ×)
8	법정상속인 중에 재산양도 기피인물 존재(○ ×)
9	자녀가 없음(○ ×)
10	현재 동거 중인 파트너가 없음(○ ×)

○가 1개 이하(작성 불필요), 2~4개(작성 권유), 5개 이상(작성 필수)
자료: 〈닛케이비즈니스〉

4장

은퇴자금
오리무중 속 고군분투
자금미로

절망과 희망의 공존
'100세 시대 생존법'

바야흐로 100세 시대다.

최근 한국도 60세로의 정년연장이 결정됐지만 그렇다 해도 40년이란 엄청난 시간이 2막 인생으로 주어진다는 얘기다. 돈 벌기(근로소득)는 끝나는데 40년을 살아내자면 웬만한 부유층 말고는 갑갑할 수밖에 없다. 그러니 모두들 '노후준비=자산축적'에 동의한다.

또 하나 등식이 있다. '노후준비=고군분투'다. 자산축적이 만만찮다는 의미다. 고령화 · 저성장이란 트렌드 이면에 저금리가 숨어 있기 때문이다. 절대저금리란 말조차 생소하지 않은 판에 근로소득이 끊어지면 사실상 믿을 건 하나도 없다. 자산운용의 기대수익이 거의 없어서다.

반면 쓸 곳은 많다. 늙으면 아프다. 아프면 돈이 든다. 그나마 기한조차 알 수 없다. "병들고 아프면 죽어야지" 한다지만 그건 하늘의 몫일뿐이다. 한국적 상황에선 그 부담이 고스란히 자녀에게 돌아간다(사적이전

45%, 2008년 보사연 보고서). 공적연금은 용돈수준이고 사회안전망은 부실한 상태다. 가뜩이나 살아내기 힘든 자녀의 미래를 담보로 늙어가는 은퇴세대가 수두룩하다.

_'노후준비=자산축적=고군분투'의 확고부동한 등식

은퇴자금과 관련한 갈등풍경은 일본에서 고스란히 확인된다. 일부갈등은 한국이 일본보다 더 심하다지만 평균적으로는 이제 막 불협화음의 간주파트에 진입했다는 게 정설이다. 요컨대 일본에선 은퇴자금을 둘러싼 갈등한계와 그 해법모색이 정점을 향해 치닫고 있다. 구체적이고 현실적인 풍경이 한국으로선 이질적이지만 '강 건너 불구경'은 절대 아니다. 결코 발생하지 않을 것 같던 갈등양상이 한국에서도 이제 본격적으로 확인되고 있어서다.

일본의 평균수명은 83.02세다(2010년). 세계 1위다. 여성(86.39세)이 남성(79.64세)보다 7년 더 길다. 조기사망 등을 뺀 기대수명이면 사실상 100세 진입이다. 100세 노인도 적잖다. 2010년 현재 4만4,449명이다(후생성). 12년 만에 4배 이상 증가했고, 증가세는 뚜렷한 우상향 흐름이다. 2050년 100세 인구 100만명 돌파전망까지 있다. 10명 중 1명이 100세 노인이란 얘기다. 확실한 장수대국이다.

100세 시대도래에는 명암이 교차한다. 노후생활 준비정도에 따른 축복과 재앙 갈림길이 대표적이다. 평가기준은 아쉽게도 돈이다. 은퇴생활 이후를 책임질 노후자금 확보수준이 명암을 가를 최대변수다. 수명연장을 둘러싼 경제적 이율배반성이다.

인구구조 변화는 내수시장과 직결된다. 고령소비자가 늘면 노인눈높이에 맞춘 관련시장은 전망이 밝다. 적어도 지금의 침체번민에선 벗어날 수 있다. 반면 준비부족의 개별주체에겐 그림의 떡이다. 장수리스크에 따른 거액의 자금압박이 삶의 수준을 전락시켜서다.

방법은 100세 시대에 어울리는 노후준비뿐이다. 분명 힘들지만 꼭 넘어야 할 산이란 건 상식에 가깝다. 그밖에 대안은 없다. 있다면 포기뿐이다. 다만 그러기엔 아직은 시기상조다. 100세 시대 일본의 청장년세대에게 절망과 희망이 공존하는 이유다.

_천문학적인 자금마련, '당위론 vs 포기론'

그렇다면 노후자금은 얼마나 필요할까. 은퇴설계를 위한 중대한 기초자료인 까닭에 일본에서도 관심이 높은 이슈다. 필요자금은 다양하다. 여유로운 노후생활을 위한다면 월 70만엔부터 퇴직당시 5,000만엔의 자산축적은 필수라는 분석도 있듯 상한선에 대한 생각은 사실상 십인십색이다.

중요한 건 하한이다. 현실적인 기준으로 필요생활비 월 27만엔이라는 총무성(2005년) 자료가 있다. 의식주를 포함한 필수경비에 약간의 여유생활비를 더한 자료다. 2인 가족 월평균 필수생활비가 약 17만엔대니 수긍이 간다.

반면 생명보험문화센터(2004년) 자료엔 필수생활비를 빼고 월 10만

~15만엔의 여유자금이 더 필요하다. 합하면 얼추 월 25만~30만엔이다. 이 정도라면 행복한 케이스다. 연금을 포함해 고령부부의 평균 가처분소득이 30만엔대인 경우는 드물어서다.

여기엔 고령인구를 좌절케 하는 특유의 지출항목도 제외됐다. 질병·사고 등 라이프스타일에 따른 천문학적인 간병(개호)·장례비용 등이 대표적이다. 이것까지 넣으면 필요자금은 더 늘어난다.

반면 준비상황은 부정적이다. 40년 근속남편과 가정주부를 모델로 한 평균연금은 월 23만엔에 불과하다. 게다가 저연금·무연금자가 태반이란 점에서 모델연금 수령자는 일부에 한정된다. 샐러리맨 중에서도 고액의 정규직 간부가 아니면 힘들다.

설상가상 재정압박으로 연금수급 개시연령까지 60세에서 65세로 늘렸으니 그 5년은 수입 없는 '마의 구간'에 비유된다. 정년연장의 수혜를 입지 못한다면 더더욱 그렇다. 실태조사를 보면 노후준비는 턱없이 미진하다. 필요한 노후자금(연금제외)을 물었더니 평균 2,989만엔으로 나왔는데 정작 준비된 건 516만엔에 그쳤다(피델리티투신·2010년). 필요자금의 1/6이다.

상황이 이러하니 현역세대는 중대한 갈림길에 섰다. 특히 청년세대는 몸집 줄이기에 나섰다. 독신으로 살겠다는 비중증가다. 비혼(非婚)·만혼(晩婚)화다. 홀몸 앞가리기도 힘든데 굳이 결혼·출산·육아부담을 지지 않겠다는 소극적 대응이다. 노후준비의 포기에 가깝다. 물론 아직은 희망적이다. 100세 시대의 유유자적 은퇴생활을 꿈꾸며 허리띠를 졸라매거나 수입원을 다양화하려는 현역그룹이 대세이기 때문이다.

일본가계의 노후자금 버팀목은 연금소득이다. 노후자금원과 관련된 설문조사(내각부 · 2010년)를 보면 응답자의 80.6%가 공적연금을 1위로 꼽았다. 다만 연금의존성은 현재의 노인그룹에 한정된다. 고부담 · 저급여의 고착화와 고용 없는 성장 등으로 청장년세대의 연금수혜는 갈수록 줄어드는 추세다. 청년그룹의 피해의식은 그만큼 깊다.

_꾸준한 소득확보, '돈줄을 움켜쥐어라!'

와중에 부의 세대이전과 관련된 상속 · 증여문제는 '뜨거운 감자'다. 50조엔의 거대시장답게 상속 · 증여로 은퇴이후가 갈린다는 우스갯소리까지 있다. 통계에 잡히지 않는 상속재산까지 포함하면 규모는 더 크다. 2020년엔 140조엔에 육박한다는 추정이 있다.

상속의지도 64%로 높다. 부동산 등의 유동화와 절세차원의 증여전략 등에 관심이 높아지는 배경이다. 유산상속에서의 진흙탕 싸움도 많다. 금융기관은 부드러운 상속전략을 수익모델로 내걸었다. 유언장 대행서비스도 각광이다. 다만 허탈한 부의 이전을 바라보는 서민층은 의욕상실이다.

결국 노후자금 마련과제는 전적으로 자기책임으로 전가된다. 이 결과 한 푼이라도 더 쟁여두려는 준비전략은 치열하기 그지없다.

상속기대도 없고 저축여력도 없다면 방법은 하나뿐이다. 근로소득을 통해 월급루트를 장기간 확보하는 것이다. 100세 시대에 걸맞는 고령근로 가능성의 타진이다. 길어진 후반기와 줄어든 정부곳간을 생각하면 장수사회 딜레마는 평생현역을 통한 근로소득 확보가 유력하다. 실제 은퇴이후 빈부격차 관건이 근로소득 보유여부에 달렸을 정도로 고령근로 의미는 각별하다. 쌓아둔 금융자산보단 들어올 근로소득이 훨씬 파워풀해서다.

중산층 이하라면 특히 그렇다. 정부도 이를 거든다. 연령차별 없는 평생현역을 위한 2006년 법 개정이 그렇다. 갈 길은 멀다. '제도는 좋은데 현실이 못 따를 것'이란 게 정년연장의 현주소다. 기업의 인식전환과 비용부담 및 청년실업 등의 역차별요소가 부담거리다. 한편에선 괜찮은 성공모델도 속속 소개돼 고무적이다.

_100세 시대 은퇴설계, '총성은 울렸다!'

그래도 희망을 놓을 수는 없다. 100세 시대를 위한 은퇴설계 해법을 찾고자 많은 이들이 다양한 생존전략을 모색 중이다. 당장 연금선진국답게 연금구조를 재조정해 보다 탄탄한 소득원 포트폴리오를 구성하려는 노력이 주목된다. 젊은 층을 중심으로 한 개인연금의 확대적용이 그렇다.

일본의 경우 3층 연금구조를 자랑한다. 그런데 실상은 허점이 많다. 그래서 '국민연금·후생연금·기업연금'의 단계별 3층 연금구조에 개인연금까지 더해 연금소득만으로 노후자금을 100% 맞추려는 시도가 새롭게 부각 중이다. 4층 연금구조의 완성이다.

추가적인 플러스알파를 추구하는 고위험·고수익 및 중위험·중수익의 탈(脫)안전자산 편입수요도 목격된다. 주식·펀드 등의 활용이 그렇다. 어차피 초저금리·제로금리 시대안착으로 은행 예·적금은 사실상

자산운용 범주를 벗어났다. 위험자산에 대한 포트폴리오의 전략적 배치다. 일부의 경우 난국타개를 위한 위험수용 차원에서 해외주식·채권을 비롯한 외환거래 등도 공략대상이다. 아베노믹스는 이 시점에서 중대한 기회를 제공했다.

운용목표를 장기로 두는 전략은 이제 일반적이다. 100세까지 산다면 퇴직이후 인생만 30~40년이다. 때문에 최소 75세까지를 운용기간으로 설정해 안정감을 최대화하자는 의도다. 운용과 인출의 균형감각 유지전략도 인기다. 과다인출은 자산붕괴를 뜻한다. 특히 주가·환율변동으로 보유자산이 마이너스일 때조차 일률적으로 인출하면 원본붕괴가 가속화된다.

이때 활용되는 게 정률인출이다. 자산의 일정비율만 인출하는 방법으로, 수익이 나면 더 인출하고 나쁘면 덜 찾는 식이다. 매월 부족생활비를 메울 수 있는 틈새자산도 좋다. 매월분배형 펀드처럼 분배금을 사용하면 효율적인 지출·운용을 꾀할 수 있어서다. 시간위험 분산을 위해 소액이라도 조기에 운용하려는 움직임도 구체적이다. 일시의 거액투자보단 분할·정률투자가 자주 권유된다.

요약하면 일본중년에게 권유되는 100세 시대 노후자금 마련방법은 5가지 정도다. ▷가능한 연령까지 근로소득 유지(정년연장) ▷퇴직 후가 아닌 75세를 타깃으로 운용(장기운용) ▷소액이라도 일찍 준비하기(라이프사이클 이론적용) ▷퇴직 후부터 매월수령의 자산운용(가령 배분펀드) ▷운용과 예금인출의 균형유지(원본확보) 등이다.

팍팍해진 자산운용
'절대절약 혹은 틈새수익'

'미워하며 닮는다.'

일본을 좇는 한국사정이 딱 그렇다. 압권은 경제파트다. 일본은 초저
금리를 넘은 제로금리 사회다. 맡겨도 이자는 기대불가다. 아베정권 출
범이후 타깃인플레 2% 달성을 위해 양적완화 · 재정출동 · 성장전략
의 3가지 화살을 동시에 쏘겠다는 강력한 경기부양 의지로 '디플레(저금
리)→인플레(고금리)'로의 기대심리에 불을 지폈지만 속도조절에서 확인
되듯 아직은 확신하기 힘든 상태다.

결국 일반가계로선 적잖은 기간동안 금리관망이 불가피해졌다. 게다
가 '아베노믹스'의 한계시효는 의외로 짧다. 길어야 1~2년으로 일본경제
의 저금리 추세를 꺾기란 힘들다. '고도성장→감축성장'의 추세적인 폐색
궤도 때문이다.

일본은 저성장국가다. 비슷한 처지의 서구선진국보다 더 낮다. 2012년

예상성장률은 선진국평균(2.6%)에 못 미치는 2.1%로 추정된다(IMF). 유일하게 평균을 넘었던 2010년(실질 3.1%)은 예외사례다. 절대적인 내수시장 덕에 위기극복이 빨랐던 결과다.

게다가 유일하게 '명목성장률 〈 실질성장률' 국가다. 마이너스 물가(디플레)만큼 실질소득이 늘어나서다. 덕분에 지진여파가 컸던 2011년에도 실질성장률은 0%를 유지했다(명목 −2.0%).

'경제동물(Economic Animal)'은 확실히 늙었다. 세계경제를 호령하던 모습은 찾기 힘들다. 20년 전 미국·유럽·기타국가와 함께 세계경제의 1/4를 맡았던 GDP는 작년 8.7%로 무너졌다. 중국(9.3%)에까지 역전을 당했다. 이미 고성장은 불가능한 미션이 됐다. 대신 나온 게 '지속가능한 경제성장'이다. 일종의 타협점이다. 〈경제백서(2011년)〉만 봐도 제1장에 '지속가능한 경제성장'이 길게 소개된다.

_피 말리는 장수불안, '돈줄확보는 각자도생'

저성장은 장수사회의 새로운 대세다. 문제는 무차별적인 고통동반이다. 은퇴에 임박해 마지막 준비에 나서야 할 40~50세 중년가계로선 저성장의 발걸음이 극도로 무섭다. 은퇴연장이 전제된 장기·지속적인 근로·자산소득 확보전략이 뒷덜미를 잡혔기 때문이다.

당장 저성장은 비용절감적인 기업경영을 한층 유도한다. 또 '+α'의 가계자산 운용전략은 저금리와 충돌한다. 공적연금의 노후소득 의존비중이 80%에 달하는 훌륭한 사회안전망을 자랑하지만 이것도 수명연장의 불확실성 앞에선 무용지물이다. 쓰라는 연금을 오히려 저축하는 딜레마마저 일상적이다. 가족붕괴를 감안할 때 사적이전은 불문가지다. 결국 공적이전 · 사적이전 · 근로소득 · 자산소득 등 4대 노후자금원은 하나같이 저성장 앞에 무릎을 꿇을 처지다. 뾰족한 대안 없이 일본가계의 노후준비가 방황하는 기본이유다.

주지하듯 '저성장+고령화'는 저금리를 낳는다. 자연적인 수순이다. 일본처럼 유동성 함정까지 더해진 경우 더더욱 그렇다. 회피불능의 저금리는 갈 길 바쁜 일본가계에 충격적인 대형악재다. 무대책의 장수위기에 노출된 현역세대의 노후빈곤은 그래서 확정적이다.

생존루트는 곳간확충뿐이다. 다만 방법이 없다. 저금리 탓이다. 잔존

[그림 4-1] **일본의 장기 실질경제성장률 추이**

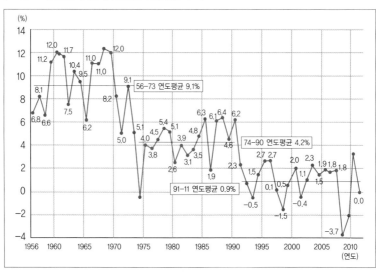

자료: 내각부

여명이 길어지고(고령화) 불황바닥이 깊어갈수록(저성장) 한숨소리만 깊어진다. 현역세대는 특히 불운하다. 종잣돈이 없는데다 투자환경은 한층 열악해졌다.

반면 당위론만큼은 건재하다. 돈 없는 인생살이의 고단함을 절실히 체감 중인 결과다. 결국 무연(無緣)사회의 고독사(孤獨死) 예비군으로 전락할 처지의 열도현역에게 자산관리는 필수불가결한 과제란 의미다. 이들의 냉엄한 현실은 '높아진 필요와 줄어든 희망'으로 정리된다.

_사라진 재테크, '높아진 필요 vs 줄어든 희망'

원래부터 그렇진 않았다. 왕년은 좋았다. 한때는 지나가는 개조차 지폐를 물고 다닌다고 할 정도로 대형버블의 진원지가 일본이었다. 1985년 플라자합의로 급격한 엔고(1달러=360엔→80엔) 한계를 막고자 금리인상을 단행한 게 버블씨앗이 됐다. '5%→2%'로의 통화팽창 유도정책이었다(1986년). 풀린 돈은 투자자산으로 몰렸고 이후 지가·주가는 5배·3배나 폭등했다. 놀란 정부는 금리인상(2%→6%)을 결정했고 이후 버블은 무참하게 붕괴됐다(1991년).

상환압박은 거세졌고 불량채권은 쏟아졌다. 이때부터 금융은 스톱됐고 일본경제는 디플레로 진입했다. 어떤 정책카드도 20년간 별무효과였다. 예외는 있었지만 길지 않았고 투자무대의 불확실성은 한층 짙어졌다. '저축에서 투자로'의 범정부적인 슬로건마저 일본가계의 마음을 얻진 못했다. 이로써 '재테크(財+Technique)'는 충격적인 교훈을 남긴 채 자취를 감췄다.

사실상 20년의 제로금리 환경에서 일본가계는 자산증식의 공격성을 거의 상실했다. 불리기보단 지키기에 열중해왔다. 안전지향성이다. 2012 년 12월 현재 일본가계의 금융자산은 1,547조엔이다. 금융위기 직후(2009 년 3월) 1,408조엔까지 줄었지만 최근 급격히 회복됐다.

이중 55.2%가 현·예금(854조엔)에 집중됐다. 이 비중은 중장기적으로 변화가 거의 없다. 불확실성의 위기대응 차원이다. 보험·연금(429조엔) 까지 합하면 전체자산의 82.9%가 안전자산이다.

[표 4-1] 일본가계의 금융자산 보유비중 변화 추이

		08년 3월	09년 3월	10년 3월	12년 3월	12년 12월
금융자산 총액		1,464.9	1,408.9	1,452.8	1,513.4	1,546.7
현금 · 예금	현금	43.1	43.7	44.8	54.0	56.1
	유동성예금	283.6	281.3	283.8	310.6	324.8
	정기성예금	443.8	456.2	464.8	464.7	467.0
	기타	4.8	5.2	5.3	5.9	5.8
	합계	775.4	786.4	798.2	835.0	853.9
주식 이외 증권	국채 · 재융채	36.3	36.0	34.4	27.7	24.4
	투자신탁	63.0	47.2	54.6	60.8	61.4
	기타	8.2	7.1	7.8	7.3	7.8
	합계	107.6	90.4	96.8	95.8	93.6
주식 · 출자금	주식	76.8	54.1	67.2	62.1	62.3
	출자금	42.4	28.8	35.3	35.6	43.2
	합계	119.2	82.8	102.5	97.7	105.5
보험 · 연금준비금	보험준비금	225.2	219.9	214.8	220.7	228.1
	연금준비금	177.4	173.6	177.9	201.0	200.7
	합계	402.6	393.5	392.7	421.7	428.8

자료: 일본은행(자금순환동향, 2012년 12월, 단위: 억엔)

[표 4-2] 버블붕괴 이후 20년의 금융자산 분포 변화

	금융자산	현금	예·적금	주식이외 증권	주식·출자금	보험·연금준비금
1992년	1,076.4 (100.0%)	18.9 (1.8%)	521.6 (48.5%)	105.4 (9.8%)	118.8 (11.0%)	251.4 (23.4%)
2012년	1,546.7 (100.0%)	56.1 (3.6%)	791.8 (51.2%)	93.6 (6.0%)	105.5 (6.8%)	428.8 (27.7%)

자료: 일본은행(자금순환통계)

　금융상품의 선택기준도 1순위는 안전성(44.9%)이다(금융광보중앙
위·2009년). 국제비교에선 보수성향이 더 도드라진다. 일본가계의 현·
예금 보유비중은 56%인 반면 미국(15%)과 유로지역(35%)은 일부에 불과
하다(2011년). 주식·채권·펀드 등 이른바 위험자산은 일본(10%)이 미국
(53%), 유로지역(31%)보다 낮다. 극단적인 안정지향성이 자원배분의 비
효율성을 낳는다는 우려의 제기배경이다.

　절망적인 투자환경은 일본가계를 안전지향성으로 내몰았다. 투자활동
의 잣대인 시중금리가 제로상태니 '+α'는 기대하기 힘들다. 기준금리는
0~0.1%까지 떨어졌다. 결국 예·적금은 운용범주에서 벗어났다. 불리
려면 고위험·고수익의 위험자산 편입확대뿐이다. 주식·펀드 등의 활
용필요다. 문제는 강조했듯 투자성향이다.

　일본가계의 선호자산은 안전성이 최우선이다. 증권·운용사가 저금리
에도 불구, 은행·우체국 아성을 무너뜨릴 수 없는 근본이유다. 그만큼
기대수익이 낮다. 기대수익 3~4%대를 위한 포트폴리오를 소개한 잡지
기사가 일상적일 정도다. 해외주식·채권을 비롯한 외환거래 등 위험자
산에의 관심이 없진 않지만 일반적이진 않다.

[그림 4-2] 세대주 연령별 무저축 세대 비율 추이

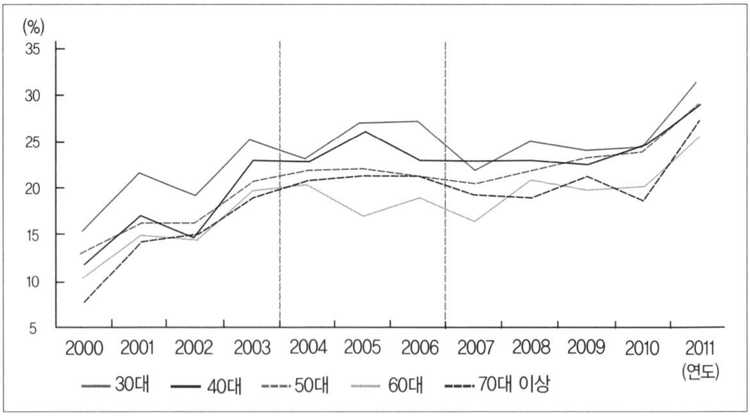

자료: 노무라자본시장연구소

수익증대의 포기대신 선택한 활로가 지출감소다. 웬만해선 '+α'가 힘
든데다(자산소득) 일자리조차 악화됐다(근로소득)는 점에서 '허리띠 졸라
매기'에 나선 셈이다. 유니클로의 저가공세나 500엔 동전 한 닢으로 민생
고를 해결하는 원코인(One Coin) 마케팅의 활황배경이다. 킨켄(金券) 등
할인티켓·적립카드·우대권 등으로 생활비를 아끼려는 가계도 많다.
적게는 2~3%에서 많게는 최대 10%의 '+α'가 기대되니 인기가 높다. 지
금부터 제로금리를 살아온 일본가계의 생존전략에 대해 살펴보자.

◆ 절약심화; 덜 써야 더 모으는 생활습관의 정착

저성장·저금리라고 손 놓고 있기엔 적잖이 답답하다. 길거리를 압도한
저성장 공포가 상상을 초월한다. 세계최고의 장수국가답게 고령사회의
불협화음은 놀라울 따름이다. 인간성을 포기한 채 최소한의 생을 상실·

거부당한 장수사회 탈락인생이 수두룩하다. 이는 반대로 서둘러 대안을 찾자는 자발적 학습효과를 심화시킨다.

눈에 띄는 첫 번째 결과는 '허리띠 졸라매기'다. 절약이다. 한푼이라도 아껴 불확실한 노후를 위해 쟁여두자는 차원이다. 이 결과 저가(低價)는 소비시장의 만능키다. 폭탄세일에 비유되는 '게키야스(激安)'는 상식이다. 어정쩡한 가격으론 지갑공략이 불가능하다. 최근엔 500엔 동전 한 닢으로 일상생활의 민생고를 해결한다는 '원코인(ONE COIN) 마케팅'까지 등장했다. 식당, 술집은 물론 레슨·마사지·법률상담 등도 500엔 한 닢이면 거뜬히 해결되는 추세다. 절약피로 탓에 '작은 사치'로 돌아선 수요도 있지만 대세는 마른 수건 쥐어짜기다.

◆ 생활틈새; 또 다른 재테크로서의 할인티켓

절약은 또 다른 재테크(?)다. 적극적인 자산증식까진 아닐지언정 결과적으로 적잖은 '+α'를 얻는 소비생활이다. 이왕 쓸 소비항목이면 저비용·고효율로 지출하자는 차원이다. 대표적인 게 '킨켄(金券)'이다. 할인티켓·상품권 정도로 해석되는데 화폐에 준해 유통되는 유가증권이다. 액면가보다 저렴하게 사 액면대로 쓰는 형태다. '싸게 사는 법'의 최고경지답게 주부·샐러리맨 등에게 필수품으로 정착됐다.

종류는 많다. 백화점·슈퍼마켓상품권과 여행·음료·도서·문구·휴대폰·엽서·증지 등을 비롯해 영화·교통(회수권)·공연티켓 등 일일이 셀 수조차 없다. 잘만 쓰면 10% 이상 남는 장사다. '토모노카이(友の숲)'도 인기다. 백화점 등 유통업체가 적립해주는 '+α'의 부가서비스다. 현금·계좌이체로 '토모노카이'에 가입하면 특정기간 만료이후 원금에

보너스를 더한 상품권을 제공한다. 가령 연 12만엔을 쌓으면 1만엔을 덤으로 얹어주는 식이다. 연이율 8.3%에 해당하는 고금리다. 금융상품은 아니지만 결과는 짜릿한 '+α'다.

◆ 현지예금; 한푼조차 절실한 '+α' 찾기

예ㆍ적금은 신중하다. 한 푼이라도 건지려는 '+알파'에 사활을 건다. 전통적인 증식기능이 사라져서다. 최대은행인 미쓰미시도쿄UFJ은행의 이자수준(2013년 5월27일)은 보통예금(0.02%)은 물론 슈퍼정기예금(0.025%ㆍ1년)조차 무이자나 마찬가지다. 300만엔 이상 10년을 맡겨야 0.12%다. 2만여 지점망의 우체국(유초)도 통상저금(0.03%)ㆍ정액저금(0.035%) 모두 민간은행보단 좀 높아도 거의 같다. 제로금리를 이겨낼 묘안이 모색되는 이유다.

관심권은 지방은행 정기예금이다. '현지예금(當地定期)'으로 불리는데 고금리를 내세워 인기가 높다. 현지예금은 금리자체가 다르다. 대략 0.5%대로 대형은행의 20배다. 0.5%라면 한국에선 새 발의 피지만 제로금리에선 상당한 고금리다. 현지예금은 대부분 지방은행ㆍ신용금고의 인터넷지점에서 제공되는데 비용절감분을 되돌려주는 구조다. 일부는 복권증정ㆍ기프트카드ㆍ마일리지누적 등 부가혜택에 지역특산물을 선물해 눈길을 모은다. 입출금 제한과 수수료 부과, 복잡한 계좌개설 등 장벽이 있음에도 불구, 입소문은 연일 확대되고 있다.

◆ 무인전용; 인터넷 전업은행의 심상찮은 행보

와중에도 인기자산의 쏠림현상은 뚜렷하다. 안전지향성 탓에 은행상품의 인기가 독야청청함에도 불구, 물밑에선 '+α'를 노리려는 손바꿈이 비교적 활발하다. 열악해진 투자환경만큼 운용필요·욕구가 높기 때문이다. 상황 탓에 한 푼이라도 더 얹어주는 상품에 눈길이 가는 건 당연지사다. 틈새상품의 주도권은 인터넷뱅킹이 쥔 형국이다. 최근 인터넷뱅킹 수요는 증가세다. 인터넷 전업은행(7개사)의 합계계좌가 1,000만개를 돌파하는 등 상대적 고금리와 다양한 기간설정 등으로 가계자금을 흡수 중이다.

이자수준은 비교적 높다. 정기예금(0.2~0.34%·1년)은 물론 보통예금 (0.02~0.05%)까지 금리가 높다. 소니은행의 경우 최대 0.32%의 고금리 (?)를 제시했다. 예금상품은 아니지만 기본구조가 비슷한 만기 1년 SBI채권(SBI증권)은 1.6%로 시선집중에 성공했다(2012년 9월). 일부 수수료가 무료라 인기가 높다. 역시 비용절감분을 돌려주거나 부가혜택을 얹은 경우다.

◆ 외환거래; 위험 지고 더 벌려는 와타나베 부인들

'불리기'보단 '줄이기'나 틈새상품의 '+α' 찾기는 결정적으로 손에 쥐는 덤과 비교할 때 기대효과가 낮다는 게 한계다. 그래서 아예 고위험·고수익의 위험자산에 배팅하는 가계도 생겨났다. 즉 공격성향자는 극도의 위험자산을 품에 안았다. 외환거래(FX)가 대표적이다. 안전자산 짝사랑의 국민성향과 배치되는 현상이다. 외환거래는 위험자산의 선두주자다. 전형적인 고위험·고수익 추구모델이다.

안전지향적인 일본가계가 위험자산에 관심을 갖는 건 그만큼 수익갈망이 크다는 얘기다. 저금리 엔화를 빌려 매도한 뒤 고금리통화를 사는 방식이 일반적이다. 일본 FX거래의 30% 안팎이 개인투자자 비중인데 이중 대부분은 3040세대의 여성투자자로 알려졌다. '와타나베 부인'이다. 언론에선 성공사례를 끊임없이 소개한다. 여름·겨울 상여시즌이면 FX가 필수자산으로 추천된다. 다만 손실사례가 늘면서 경계론도 증가세다. 한탕을 노리는 부작용은 고질적이다. 금융당국이 증거금 규모제한 등 규제강화에 나섰지만 효과는 미지수다.

◆ 주식, 펀드; 아베노믹스 이후 급격한 관심증대

역시 위험자산인 주식·펀드는 장기침체를 겪고 있다. 2013년 이후 급등하며 1만5,000엔(닛케이지수) 안팎까지 치솟았지만 여전히 고점(3만8,916엔)대비로는 반 토막 이상이다. 다만 최근의 주식매입 및 펀드가입 열기를 감안할 때 꽤 짭짤한 투자자산으로 명예회복을 시도할 수도 있을 전망이다. 물론 장기추세로는 이탈우려가 여전하다. 틈새를 공략 중인 건 펀드다. 위험하지만 분산효과도 한몫했다. 실제 위험자산 중 꾸준한 자금유입이 목격된다. 4년 전 47조엔이던 보유비중이 최근(2012년말) 61조엔으로 늘었다.

특히 매월분배금 지급펀드가 주식형펀드의 70~80%를 차지하며 인기가 높다. 매월 용돈처럼 안정적인 분배금을 원하는 고령세대가 핵심고객이다. 인기확산에 힘입어 지금은 청장년층에서도 가입수요가 증가세다. 인기펀드는 몇 가지로 압축해서 통화선택형펀드와 리츠(REITs), 엔화채권펀드 등이 있다. 통화선택형은 외국채권 등에 투자돼 통화간의 금리차이와 환차익까지 기대할 수 있다. 브라질(레알) 등 자원부국 통화가 관심대상이다. 리츠(부동산투자신탁)에 대한 관심도 높다. 평균배당금(5.21%)이 10년 국채(0.95%)는 물론 도쿄1부 평균배당(2.11%)보다 월등히 높다.

◆ 채권; 접근성 높여 개인판매 관심증가

그렇다면 안전지향성의 대표선수인 채권은 어떨까. 정부채권의 절대다수를 가계예금 수탁기관이 사들이니 채권인기는 불문가지다. 다만 직접적인 채권투자는 일부에 그친다. 특히 가계의 국채 · 재융채 보유비중은 36조엔(2008년)에서 32조엔(2012년말)까지 줄었다. 물론 개별단위의 해외채권 직접투자는 조금씩 증가세다. 관심을 끄는 채권자산은 개인대상의 판매국채다. 일본정부가 재정확보 차원에서 라인업을 강화하는 등 투자환경을 우호적으로 바꾼 게 주효했다.

원래 개인대상 국채는 최소 5년에 제공금리도 시중금리보다 크게 높지 않아 인기가 없었다. 하지만 2010년부터 인터넷 정기상품보다 약간 낮은 금리(0.12% · 1년)의 3년짜리를 매월 발행해 유동자금 피난처로 매력도를 높였다. 만기 3 · 5 · 10년의 3종류에 1만엔부터 투자할 수 있다. 덕분에 국채상환액을 포함한 상당자금은 국채에 재투자돼 일본부도설을 무색케 한다. 다만 최근 국채금리의 변동성 심화가 초미의 관심사로 떠올랐다.

◆ 부동산; 침체대세 속 일부물건은 매진행진

주지하듯 부동산은 운용자산으로서의 매력을 거의 상실했다. 대신 거주공간으로서 기능성이 강조된다. 젊은 세대일수록 자가(自家) 보유욕구가 낮다. 집을 사는 이유는 시세차익보단 저금리 · 저가메리트 · 세제혜택 등이 먼저다. 은퇴세대의 고령자에게도 집은 골칫덩이다. 단독주택이 태반으로 노후화되면서 지가만 반영되는 경우가 많다. 매매도 없지만 가격 자체가 헐값이다. 상속해줘도 안 받겠다는 경우까지 있다. 유동화를 위한 역모기지 등이 시도될 뿐이다.

물론 여기에도 틈새는 있다. 도심역세권에 위치한 맨션(아파트) 등의 매수수요는 증가세다. 내진설계 · 관리편리 · 역세권 여부 등이 중시되면서 직주(職住)환경에 대한 갈망이 늘어난 결과다. 최근의 일부물건은 내놓자마자 매진되기도 한다. 세제보조와 인구유입 · 물량감소 등이 엇물린 덕분이다. 복수물건을 매입해 월세수입을 거두려는 투자사례도 자주 소개된다.

베이비부머의 자산선택
'은퇴시장의 핵'

한국의 기준금리가 '2.5%'로 떨어졌다(2013년 4월 금통위). 이는 금융위기 이후 사상최저치(2.0%)로 떨어진 후 역사상 최저수준에 근접한 수치다. 그때보다 채권수익률 등 시장금리는 더 떨어졌다. 사실상 저금리로의 진입이다. 경기로선 웃을 일이다. 추경편성에 금리인하까지 경기부양 협주곡이 완성됐다. 원고(원화강세)저지로 수출전선에도 고무적이다. '금리인하·환율상승'의 기대함수다.

다만 가계로선 차별적이다. 채무자라면 금리인하가 숨통을 틔어주지만 이자생활자에겐 치명적이다. 특히 추가소득이 없는 은퇴세대는 금리인하로 이자축소의 보릿고개가 불가피하다. 이자생활 자체가 불가능해서다. 이미 신규취급 예금금리는 2.85%까지 추락(3월)한 상태다. 은퇴에 임박한 중년세대라면 충격적인 저금리 쇼크인 셈이다.

갑갑한 노릇이다. 그렇다면 방법은 없을까. 이쯤에서 저성장(저금리)·

고령화의 가시밭길을 걷는 일본을 살펴보면 일정부분 탈출힌트를 찾을 수 있다. 일본은 디플레 사회다. 아베정권의 등장으로 타깃인플레(2%)를 내세워 금융완화·재정지출의 동시다발적인 부양정책을 펼 정도로 20년 간 금리사냥이 불가능한 나라였다. 기준금리(0.1%)가 플러스지만 실제론 마이너스로 '유동성 함정'이 심했었다. 재테크란 말조차 '가물가물'이다. 관심도 돈도 없는 이중딜레마에 사로잡혔다.

그러나 무기력이 밥을 주진 않는 법이다. 해법모색이 절실했다. 수명까지 길어졌으니 노후자금 압박은 더 컸다. 위험회피적인 일본인이 고위험의 외환거래(FX)에 데뷔한 건 이런 이유다. 물론 일반화엔 실패했다. 거래방법·위험정도·전문지식 등이 한계였다.

_옥죄어드는 노후불안, '방향모색 중인 단카이머니'

일본의 베이비부머로 불리는 단카이(團塊)세대의 요즘은 한마디로 '전전긍긍'이다. 가뜩이나 갈 길 바쁜 비포장도로에서 악전고투 중인데 틈만 나면 악재가 (예비)은퇴자 앞을 가로막는다. '우는 아이 뺨 때리는 격'이 따로 없다.

최후보루이던 부동산은 지진여파로 값이 떨어졌고 은행이자는 이제 붙박이 제로금리다. 아베노믹스에 따라 일부물건에 한정해 값이 뛰거나 금리상승 조짐이 없진 않지만 장기대세만큼은 여전히 부정적이다. 게다가 지진으로 복구비용만큼 국가부채가 늘어나니 연금소득엔 빨간불이 켜졌다. 증세까지 예고돼 첩첩산중이다.

와중에 간병·장례비용 등 노인물가는 요지부동이다. 노인일자리는 노소갈등에 눈치싸움만 한창이다. 요컨대 나갈 돈은 많아졌는데 들어올 돈은 줄었다. 주적(主敵)은 경기침체다. 65세를 넘긴 23%(3,000만)의 한숨소리가 높아진 최대이유는 구체화된 '은퇴생활=적자인생' 우려다. 높아진 위기의식만큼 노후준비 필요성은 한층 커졌다.

이 결과 노후딜레마에 봉착한 은퇴가구는 신중한 자산재배분에 나섰다. 안정성 토대의 조심스런 수익성 추구다. 자산운용은 원금보전 심리가 지배적이다. 유동성 선호가 뚜렷한 가운데 만약사태를 대비한 보험수요와 노후자금 마련수단인 개인연금이 선호된다. 물론 2013년 이후 위험자산의 상징인 주식과 펀드 등에 자금유입이 뚜렷해졌다. 미약하나마 수익성이 추구된 결과다. 그럼에도 불구, 지배적인 불투명성은 고질적인한계로 작용한다.

정리하면 가계자산의 80%를 쥔 50대 이상의 은퇴(예비)가구는 '암중모색'에 열심이다. 포트폴리오 변화양상에서 추론컨대 절대다수를 안전자산에 묶어두면서 일부자금을 위험자산에 배치, 플러스수익을 모색하는 경향이 짙다.

투자자산으로 보면 해외자산 관심이 부쩍 늘었다. 또 부동산은 역세권소형매물에 한정해 인기를 끌었다. 특히 지진이후 해안에서 내륙으로, 고층에서 저층으로 명품물건의 인식변화가 목격된다. REITs형펀드가 선호되는 건 증권화 등 부동산 활용성과 관련된 인식변화와 맞물린다.

자산시장이 힘드니 기대이율이 낮아지는 건 당연지사다. 그래서 더 벌기보단 덜 쓰는 소비행태가 노후살림의 주력전략으로 채택된 분위기다. 절약지향성의 강화다. 원전사태로 불거진 현대사회의 대량소비를 둘러싼 반성기조도 한몫했다. 물질·욕망추구의 반동으로 복고소비·윤리소비와 맞물린 검약소비가 부상했다.

5%에서 10%로의 소비세 증세논란도 고령가구의 부담거리다. GDP대비 200%를 넘어선 국가부채는 공적연금 수급연령 상향이슈로 번졌다. 60세에서 65로 늘어난 게 엊그제 같은데 다시 67~70세로 연금수급 개시연령을 늦출 수 있다는 불안감이 확산됐다. 추가적인 정년연장 이슈가 유력협의를 받는다.

_치열한 퇴직자 모시기 경쟁, '유일한 수입원?'

한편 사적봉양의 중요성·필요성은 지진이후 강화됐다. 가족연대를 위한 혈연부활 추세다. 자녀와의 관계돈독이 2011년 대표적인 트렌드 중 하나다. 또 은퇴생활 소일거리에 대한 고민은 보다 깊어졌다. 노년의 친구교제(토모카츠, 友活)가 늘어난 가운데 레저·봉사활동이 한층 심화됐다.

은퇴시장의 주요공급자인 금융기관은 방황하는 중년을 포함한 노인자금 흡수에 사활을 걸었다. 새삼스럽진 않지만 노인인구로의 자금집중이 심화되면서 더 열심이다.

첫 단추는 '퇴직자 모시기'다. 금융기관 주체의 퇴직세미나는 일상적이며 경쟁적이다. 언론광고엔 관련안내가 단골주제다. 즉 일본의 은퇴시장은 상속·증여이슈가 한층 강조되는 추세다. 상속액만 매년 10조엔에 달한다. 'On Demand'나 'Order Made'형 PB상품·서비스가 추세다.

대부분 거액자산가를 위한 패키지형태지만 눈높이는 점차 낮아진다. 500만~1,000만엔만 맡겨도 회원가입이 가능할 정도다. 회원전용 데스크제공은 물론 금리우대·수수료인하는 기본이다. 유언·부동산중개 등 자산관리지원과 건강·간병·레저 및 관혼상제까지 커버한다. 전문회사와의 제휴로 특별고객이면 명의(名醫)소개까지 해준다.

대형병원과 제휴해 부설맨션과 부유층 노인주택을 사업모델에 넣은 금융기관까지 생겨났다. 마땅한 상품틈새가 보이지 않는 증권·운용사는 유산상속에 매진하는 가운데 엔고활용의 해외상품 개발에 열심이다. 적자벌충용 수익추구의 노인고객을 잡기 위해서다. 은퇴시장의 전통강자인 보험시장은 이밖에 연금(종신연금형)·의료(종신형)·암보험 등의 유치경쟁에 적극적이다.

위기탈출이 가시적인 가운데 은퇴가계의 눈치장세는 한층 심화될 전망이다. 때를 같이해 위험자산 편입의지의 강화도 기대된다. 사실상 제로금리 상황에서 노후자금 적자벌충을 위해선 위험을 질 수밖에 없어서다. 물론 손실은 용납불허란 점에서 2~3%대의 기대수익이 대세일 걸로 추정된다. 만약사태에 대비해 환금여부를 열어두지만 고령국가답게 기본운용은 10년 이상 장기투자다.

부동산의 증권화 트렌드는 새로운 투자기회를 열어줄 수 있다. 아직은 기관·법인시장이 대세지만 공모펀드로의 진입기회는 늘어날 수 있다. 절약지향성은 더 심화될 수 있다. 증세여부와 맞물려 소비시장에 드리워진 대형악재다. 상속시장은 한층 커질 수 있으며 관련상품·서비스는 더욱 세분·다양화될 전망이다.

2012년 은퇴시장의 최대이슈로 부각된 '2012년 문제'도 당분간 지속될 전망이다. 1947~49년생인 1차 베이비부머(단카이세대) 중 선두주자인 47년생이 65세로 정년퇴직해서다. 3년에 걸쳐 800만 단카이세대가 물러난다. 말 그대로 대량퇴직이다. 산업현장에선 숙련전승·활력저하의 구체화이고 정부로선 성장지체·재정압박의 본격화를 의미한다.

_떠오르는 금융노년학, '천문학적인 잠재시장'

은퇴시장으로선 악재보다 호재다. 당장 퇴직금이 매력적이다. 흔히 일시금으로 받는 퇴직금은 평균 2,000만엔대다. 은퇴자수를 곱하면 천문학적이다. 2012년에만 최소 15조엔대로 추정된다. 금융기관의 '단카이머니(團塊Money)' 쟁탈전이 뜨거운 이유다. 특화상품의 선행출시로 주도권을 잡으려는 경쟁은 불 당겨진지 오래다.

지금껏 퇴직금이 주로 국내주식·해외펀드 등을 선호했다지만 금융위기 이후 손실경험을 목격한 이들에겐 위험자산 매력이 떨어졌다. 그렇다고 이자가 거의 없는 예·적금에 묶어두기도 답답하다. 게다가 단카이는 입맛도 까다롭다. 2007년 기대했던 퇴직특수가 무위로 돌아갈 정도로 소비성향이 개별·복합·세분화된 고객이기 때문이다.

결국 이 수요를 푸는 쪽이 승기를 잡을 확률이 높다. 같은 맥락에서 '금융노년학(Financial gerontology)'이 주목된다. 이는 노인인구의 제반심리에 정통하고 유리한 조언·방향설정이 가능한 서비스를 의미한다. 일·건강·주거 등의 생활이슈부터 노후자금·세무·연금·장의·상속 등에 이르는 포괄이슈를 다룬다. 노인생활 전체에 관해 상담·실행으로 불안감을 불식시켜주는 서비스다. 업계는 FP의 다음단계로 금융실무와 금융노년학이 융합된 '시니어라이프 플래너'의 등장을 점친다.

예고된 연금공포
'4층도 힘든데 1층은 어째?'

일본은 연금선진국이다.

1961년 의료보험 · 국민연금이 시작됐으니 역사만 50년 이상이다. 여느 선진국 못잖은 탄탄한 노후보장시스템을 갖춘 배경이다. 고도성장 덕에 1973년엔 '복지원년'까지 선언했다. '1억 총중류사회'라며 모두가 중산층임을 자임했었다. 자신감은 대단했다.

그런데 화무십일홍(花無十日紅)이었다. 상황이 급변했다. 인구변화 · 저성장과 맞물린 일본적 피로한계와 불협화음이 국가위기로 급부상했다. 격차심화와 중류탈락은 재정불안과 뒤섞이며 열도미래에 잿빛 전망을 쏟아낸다.

하물며 한국은 어떤가. 연금시스템은 부실한 채 연명 중이고 경제체력을 감안할 때 재정부족을 벌충해줄 국가재원은 부족하기 짝이 없다. 사실상 믿을 건 국민연금뿐인데 그나마 지금은 비교적 운용성과가 좋다지만 앞으로는 그것조차 불안한 상태다. 속 시원하게 밝혀지진 않았지만 퇴직연금과 관련한 불상사도 줄을 이을 게 명약관화다.

핵심이슈는 노후불안이다. 장수국가답게 노인(65세이상) 인구가 24%에 육박하지만 이들 중 상당수는 노후빈핍자다. 1~4층의 완벽한 연금체계를 갖췄다지만 빈곤노인이 수두룩하다. 그나마 평균노인은 재산이 많다. 고도성장 수혜과실을 누렸기에 행복보장(대기업·정규직)의 컨베이어벨트에만 올라탔다면 통장잔고가 탄탄하다. 가진 것도 없고 가지기도 힘든 자녀세대로선 부러울 따름이다. 후속세대는 지금 한층 가혹해진 그들의 빈곤노후 예고방송을 숨죽이며 관람 중이다. 먹먹한 현실압박이다.

_연금선진국 일본의 연금불안, 그런데 한국은?

연금은 노후생활을 보장하는 필수안전망이다. 정도차이는 있지만 선진국일수록 노후소득 보장체계 중 연금이 으뜸으로 손꼽힌다. 스웨덴모델로 일컬어지는 북유럽의 경우 사실상 노후걱정이 없는데 그 이유가 탄탄한 공적연금 때문이다. 국가부도 위기에 몰린 남유럽 문제의 핵심도 과도한 연금보장 시스템 탓이었다.

아시아에선 일본이 비교잣대 없는 연금선진국이다. '유유자적의 연금생활자'라는 이미지가 굳어진 배경이다. 노후생활 만족도가 비교적 높은 근거가 연금소득 덕분이다.

뿌리는 1~2층의 중첩·보장된 공적연금이다. 실제 노후자금 확보루트 중 80%가 공적연금이다. 그 위에 3층과 4층의 기업·개인연금이 덧보태진다. 설계만 잘 했다면 1~4층 모두의 수혜를 입을 수 있는 셈이다.

흔히 노후자금원은 △공적연금 △사적연금 △자녀봉양 △자산축적 △ 근로소득 등 5가지로 구분되는데 일본의 경우 공적연금 의존도가 그만큼 압도적이란 결론이다. 그밖에 자산인출(42.1%), 근로소득(38.4%), 사적연금·보험금(36.4%)이 노후자금원을 완성한다(후생성).

아쉽게도 한국은 연금후진국이다. 이제야 3층 연금구조가 확산되기 시작했다. 그나마 일부 '선택받은 자'의 전유물에 가깝다. 대기업·정규직에 여유자금을 갖지 못했다면 언감생심이다. 다만 일본(벤치마킹)이 있기에 한국(실사구시)은 최소한의 방향성체크가 가능하다. 이는 일본의 연금구조 분석에서 시작해야 한다.

_1~2층의 공적연금에 3~4층 더해 여유로운 노후생활

일본의 연금시스템은 4층 구조다. 원래는 1층(국민연금)과 2층(후생·공제연금)의 공적연금을 토대로 3층(기업연금)에서 끝났지만 최근 1~3층조차 부족하다는 인식이 확대되면서 4층(개인연금)이 새롭게 정착됐다.

1층과 2층은 강제가입·정부통제의 공적연금이다. 국민연금은 월 1만 5,020엔을 내고 65세 때 6만5,741엔을 받는다(2011년 기준). 누구든 균일부담·균일급여가 기본원칙이다. 학생·자영업자까지 포함된다. 샐러리맨·공무원이 받는 2층은 연금허리답게 공적연금의 기둥이다. 각각 후생연금과 공제연금으로 불린다.

공무원의 경우(공제연금) 직역가산(2만엔)이 플러스돼 민간봉급쟁이보다 급부금액이 많았는데 이를 시정하고자 2005년 후생·공제연금이 통합됐다. 균등급부와 재정압박의 노림수다. 이렇듯 1~2층을 합하면(모델연금) 월 23만3,000엔을 받는다. 근속남편(40년)·전업주부가 모델로 꽤 우량한 소득대체비율(현역시절 대비)을 자랑한다. 여기까지가 한국의 국민연금(1층)에 해당되는 공적연금이다.

눈여겨봐야 할 점은 3층과 4층이다. 각각 기업연금과 개인연금으로 분류된다. 공적연금(1~2층)을 보완하는 형태로 이때부터 '여유로운 노후생활'의 준비단계다. 1~2층만으로 여유를 부리기엔 일본도 만만찮은 까닭에서다. 평균생활비로 쓰기에 빠듯하거나 약간의 적자가 불가피해서다. 3층은 퇴직금과 개인적립금을 운용·배분한다. 기업(퇴직)연금이다. 과거 퇴직금으로 일괄·수령하던 것을 노후보장 차원에서 연금형태로 전환한 개념이다. 1962년 출발했으니 역사가 굉장히 길다. 한국은 고작 2005년에야 시작됐다.

종류는 4가지다. 후생연금기금·적격퇴직연금·확정급부형(DB)은 사업주가 운용책임을 진다. 모자라면 채워줘야 한다. 나머지는 기업책임 없이 운용성과로 받는 확정갹출형(DC)이다. 최근 시장은 확정급부형과 확정갹출형으로 재편 중이다. 시장규모는 79조엔(2011년)대다. 기업연금은 JAL 부도사태 이후 재정악화가 불거지면서 수술에 들어갔다. 경기침체로 예정이율 지급이 힘들어져서다.

3층은 회사규모·재직기간 등에 따라 달라진다. 대기업·정규직의 경우 평균 월 15만엔대 수령이 가능하다. 1~2층(23만엔)에 3층(15만엔)까지 더하면 월 38만엔이다. 유유자적 노후생활의 근거다. 물론 실제는 이보다 적다. 만액조건(40년)의 대기업·정규직 사례는 일부에 불과하다. 다만 대략적으로 1~3층까지 월 30만엔은 가능하다는 분석이 많다. 3층까지 누적수혜자는 1,400만명이다. 층별 가입인원은 1층(6,800만명) · 2층 (3,000만명) · 3층(1,400만명)으로 줄어든다.

1~3층의 연금시스템은 100세 시대에 웃음을 안겨줄 둘도 없는 사회안 전망이다. 간당간당한 최저수준 생활영위가 아닌 풍족하고 여유로운 노후생활을 가능케 해주기 때문이다.

_곳곳에 수두룩한 연금구멍, 지속가능성 의심

다만 여기엔 허점과 함정이 너무 많다. 탄탄하다지만 연금그물망에서 빠져버리는 경우가 급증한다. 요컨대 '연금배신'이다. 모델연금(23만엔)조차 필요생활비(27만엔)에 못 미치는 연금부족 사태가 한 사례다(총무성). 4만엔 적자다. 3층이 없다면 여유생활은 그림의 떡이다.

게다가 모델연금은 수혜인원이 제한된다. 대부분은 턱없이 부족한 연금소득을 받는다. 공적연금의 사각지대다. 1층 수급자(900만) 중 절반이 그렇다. 미수급자만 120만명이다. 미가입 및 25년 미충족인 경우다. 40년을 못 채운 저연금자도 많다. 유족연금의 까다로운 수급조건을 보면 고령여성의 불안감도 높다. 비정규직까지 있다. 주당 30시간 이하면 후생연금 가입제외다. 또 현역세대 중 미납자(330만)가 많아 무 · 저연금 사례증가는 시간문제다.

정부의 관리부진으로 연금기록 상실사례까지 속출한다. 보험료를 냈는데도 못 받을 개연성이다. 납부자 확인불가만 5,000만건 이상이다. 피해자는 주로 전직경험자, 결혼여성, 학생납부자 등이다. 복잡해진 연금번호로 일괄관리가 되지 못했기 때문이다. 현역세대의 연금불신 이유다.

더 큰 문제는 지속가능성이다. 부모세대의 연금급부를 지탱해주는 자녀세대의 비용부담에 균열이 생겼기 때문이다. 이는 상대적 박탈감에 기인한 노청갈등의 대표사례다. 원인은 수급역전 탓이다. 보험료와 수급액의 상황역전이다. 납부대상자(청년세대)는 주는데 연금수령자(고령세대)는 늘어나니 재원부족은 당연지사다. 이대로라면 고(高)부담·저(低)급여로 가뜩이나 박탈감이 심각한 청년세대의 미래수급은 불투명하거나 불가능해진다.

재원곳간을 채우자니 위험수위에 달한 국가부채가 부담스럽다. 일본정부가 연금개혁에 사활을 건 배경이다. 사회보장과 조세개혁 차원에서 연금구조의 대폭수술은 불가피해졌다. 포인트는 연금일원화, 무연금·저연금대책, 고소득자 감액, 수급액 물가반영 등이다. 하나같이 삭감방향이다. 연금이 줄면 개인차원의 대응책은 하나뿐이다. 평생현역(근로소득)도 한계가 있으니 자산축적에 나서거나 추가연금을 확보하는 것이다.

그래서 나온 게 4층(개인연금)이다. 50년 역사의 공적연금을 벌충할 사

[그림 4-3] 일본의 모델연금과 개인연금 비중(노후자금 준비방법)

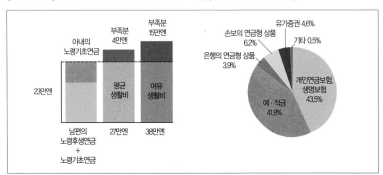

[그림 4-4] 개인연금보험의 연령별 가입건수

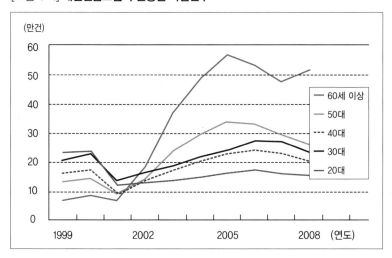

적연금의 필요증대다. 고령화가 빨랐던 탓에 개인연금은 한국보다 역사가 길다. 1980년대부터 그 필요성이 반복·강조됐다. 덕분에 40대를 비롯한 은퇴예비군의 경우 노후자금 준비방법으로 개인연금을 꼽는 이가 절반을 넘는다. 종류도 많고 내용도 다양하다.

일본의 개인연금은 크게 두 가지다. 가입제한이 있는 국민연금기금(자영업자와 제1호피보험자만 가입대상)과 기업연금(샐러리맨·공무원) 및 무제한의 개인연금이 그렇다. 후자는 생명보험사가 파는 개인연금보험이 대표적이다. 보험파워가 큰 일본의 경우 개인연금 주력도 보험권이다. 생보기능 추가 등 옵션선택과 자유설계가 가능한 상품이 많다. 개인연금은 장수위험과 공적연금 재정불안이 부각되면서 급부상했다. 2002년 은행 창구에서의 개인연금 판매도 확산계기다.

인기상품은 변액형·일시불 보험으로 신규계약의 60%를 차지한다. 가입추세는 연령대와 비례한다. 퇴직금과 노후자금을 사용해 거치식 개인연금보험에 가입하려는 수요증가다. 1985년부터 계속된 공적연금의 액수삭감도 개인연금 시장파이를 키웠다. 최근엔 청년가입자도 조금씩 증가세다. 공적연금이 흔들리고 기업연금조차 운용악화로 미래기약이 힘들어져서다. 4층까지 준비될 때 비로소 종합·포괄적인 연금생활자 확률이 높아진다는 인식에서다. 4층 가입건수는 1,800만건에 달한다.

_연금불안 탓 개인연금 확충 '일본에게 배워라!'

그렇다면 한국은 어떨까. 갈 길이 멀다. 연금시스템이 불안하고 준비인식도 낮다. 사실상 국민연금이 유일한 연금소득이다. 1층뿐이란 얘기다. 실제 한국인 중 1/3은 국민연금에만 가입됐다. 그나마 구멍이 수두룩하다. 자영업자는 둘째 치고 비정규직 등 대기업 정규직이 아니면 연금소득의 노후의존도(소득대체율)가 극히 낮다.

그래서 최근 등장한 게 한국적 3층 연금구조 캠페인이다. 이는 국민연금(1층), 퇴직연금(2층), 개인연금(3층)을 말한다. 은퇴이후 자금줄이 될 3층의 소득보장 장치다. 3층까지 준비하지 못할 경우 노후난민으로 떨어질 개연성이 극히 높다는 게 통설이다. 현실은 녹록찮다. 1층은 금액이 적고 2층은 초보단계며 3층은 가입여유가 없다.

이론적으로는 3층까지 중복해 안전망을 갖추는 게 최선이지만 현실은 '불안한 1층'에만 의존하는 게 일반적이다. 경기는 나빠지고 비정규직은 늘면서 3층의 누적수혜자는 소수에 불과하다. 특히 최근의 변액보험 수익률논쟁에서 목격되듯 민심이반도 상당한 장벽이다. 1~4층의 일본조차 연금한계와 노후불안이 불거지는 마당에 3층마저도 구축되지 않은 한국앞날은 한층 부담스러울 수밖에 없다.

먼저 1층부터 보자. 국민연금은 요즘 이미지 변신에 성공했다. '국민연금의 8대 비밀'이란 문구가 인터넷을 달궜던 2000년대 중반에 비하면 격세지감이다. 기타자산 수익률이 떨어지고 안전성이 부각되면서 국민연금은 인기자산으로까지 떠올랐다. 임의가입 증가추세가 그 증거다. 금액은 적어도 물가를 반영한다는 점에서 소득이 없는 전업주부를 중심으로 임의가입자가 늘어나서다(2009년 3만6,368명→2011년 17만1,134만명). 물론 2013년 이후 연금불신이 재차 강조되면서 상황은 반전됐다. 앞으로도 유사사례는 반복될 전망이다.

결론적으로 국민연금의 태생한계는 여전하다. 재정파탄 문제다. 더 내고 덜 받는다는 기본한계다. 〈비즈니스위크〉가 "한국의 연금제도는 아시아에서 가장 취약한데도 와해여지에 대해선 모두 입을 다물었다"며 "빨리 손보지 않으면 재앙이 다가올 수 있다"는 진단(2005년)은 현재진행형이다. 기금고갈은 갈수록 심화될 전망이다.

반대로 부담액은 증가세다. 지금은 2017년까지 12.9% 인상방침이지만 기금고갈 우려가 확대되면 더 올릴 수밖에 없다. 반면 연금지급률은 2029년까지 50%를 유지한 후 40%로 다운시킬 계획이다. 특히 빈곤층의 경우 소득증가보다 세금·연금증가 속도가 더 빨라 체감부담이 높다. 봉급쟁이도 마찬가지다. 이런 점에서 국민연금은 최소한의 연금장치다. 상황이 이렇다면 역으로 노후준비는 한층 치밀해질 필요가 있다.

대안은 2층과 3층이다. 2층(퇴직연금)은 국민연금의 보릿고개를 넘기기에 좋다. 30대라면 국민연금 수급연령이 65세다. 그런데 퇴직연금은 55세부터 받을 수 있다. '마의 10년'에 대비할 수 있다. 특히 65세 국민연금 수급연령은 추후 더 늦춰질 개연성이 충분하다.

때문에 2층에 대한 보다 적극적이고 시급한 가입확산이 필수다. 시간이 없다는 점에서 3층은 2층과의 동시진행 과제다. 3층은 연금구조의 마침표다. 2층의 급여생활자가 아니라면 개인연금은 꼭 필요하다. 기대효과는 좋다. 3층 구조라면 예상수급액이 152만6,000원대다(피델리티). 1~2층보다 꽤 짭짤해 효과적이다.

_한국의 고질적인 연금불안 '시급해진 개인연금'

개인연금은 크게 3가지다. 판매기관별로 연금저축신탁(은행), 연금저축펀드(증권), 연금저축보험(보험) 등이 있다. 내용은 비슷하다. 은행은 사업비가 감안되는 보험보다 수익률이 좋고 최저이율을 보장해줘 안정성이 높다. 연간 400만원 한도에서 납입액 전체를 소득공제 해준다. 다만 10년 이상이 공통적인 가입조건이다.

보험은 종신·일시선택 등 수령방법이 다양한 게 장점이다. 변액연금은 운용성과에 따라 보험금이 오락가락하는 형태다. 손실확률이 있지만 확정금리보다 고수익이 가능하다. 주의할 건 리스크다. 50대 이후라면 즉시연금이 고려대상이다. 개념이 좀 다르지만 주택연금(역모기지)도 개인연금이다. 3층의 공통적인 추천사는 조기가입이다. 일찍 가입해 늦게 받으면 복리효과를 누려서다.

한국도 엄연히 100세 시대에 접어들었다. 오히려 늙어가는 속도와 범위는 일본보다 더 심각하다. 준비상태가 열악한 건 불문가지다. 4층 연금구조를 갖춘 일본조차 '노후불안'은 중대문제로 부각된 지 오래다. 1층만이 사실상 기능하는 한국으로선 듣도 보도 못한 이슈다. 그래서 열도의 연금뉴스는 한국에게 가십거리일 뿐이다.

그래선 곤란하다. 없다고 바다 건너에서 웃을 일이 아니라 없기에 더 불안감을 느끼는 게 현명하다. 일본을 웃도는 위기징후는 지금 성큼성큼 다가선다. 고무적인 건 2층과 3층을 둘러싼 인식개선이다. 서둘러 미약하게나마 3층 연금시스템이 안착할 때 비로소 일본노인처럼 스포츠카를 타고 골프장도 다닐 수 있기 때문이다.

공적간병의 구멍
'답은 각자도생의 민영보험'

연금소득은 노후생활비다.

1~4층을 완성했어도 연금소득은 유유자적의 노후자금에 배치되는 게 옳다. 특히 연금구멍이 발생할 수밖에 없는 경우라면 사실상 생활자금만으로도 부족할 처지다. 아쉽게도 연금선진국 일본에서조차 연금구멍이 일반적인 케이스다.

문제는 아플 때다. 아프면 돈이 많이 들 수밖에 없다. 노환과 관련된 치명적인 질병일 경우 특히 자금압박이 심각해진다. 이럴 때를 대비한 방어책도 마련해두는 게 현명하다. 사회보장시스템이 제아무리 튼실해도 북유럽모델처럼 고부담·고급여가 아닌 이상 각자도생의 간병보험에 희망을 거는 게 현실적인 선택이다.

물론 늙은 국가라면 건강을 챙기는 게 먼저다. 고령화에 따른 불가피한 노인특유의 질병위기가 증가할 수밖에 없기 때문이다. 이때 필요한 게 국가주도의 사회보장제도다. 공적인 간병보험이 그렇다. 한일양국을 비롯해 대다수 선진국에서 기존의 4대 보험에 간병보험을 따로 추가하는 이유다. 일본은 2000년(介護保險), 한국은 2008년(노인장기요양보험) 시작됐다.

_급증하는 간병수요, '불충분한 공적간병시스템'

그럼에도 불구, 정부안전망은 사실상 불충분하다. 상상초월의 급증추세인 간병수요 때문이다. 늙어가는 국가의 숙명적인 결과다. 일본의 경우

[그림 4-5] **일본의 연령대별 간병인정자 비율**

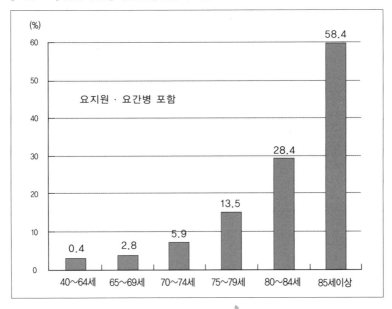

자료: 후생노동성

간병보험 적용수준인 '요(要)간병'과 '요(要)지원' 인정규모가 최근 10년에 2배나 증가했을 정도다(2000년 256만명→2010년 506만명).

특히 고령자로 갈수록 간병수요는 급증한다. 평균수명에 가까운 85세 이상은 10명 중 6명(58.4%)이 간병필요자다. 또 간병기간은 1인당 평균 56.5개월에 달한다. 더 빨리 늙고 있는 한국으로선 결코 안심할 일이 아니다.

실제 국가간병시스템엔 구멍이 많다. 적용항목이 제한되고 필요수요를 커버하지 못하는 한계와 불안이 상당하다. 일본인 10명 중 9명은 자신의 간병문제에 불안을 느낀다(생명보험문화센터 · 2010년). 불안내용 중 압도적인 1위는 '공적보험만으로 불충분해서'다. 40세부터 가입하는 공적보험은 간병서비스 수급 때 이용료의 10%만 자기부담하면 끝이다. 나머지는 보험이 맡는다.

다만 함정이 적잖다. 인정시간 · 횟수를 초과하는 방문간병 서비스와 식사택배 등 대상외의 서비스를 이용하는 경우가 훨씬 많아서다. 이때 규정한도를 벗어난 비용지출은 전액 자기부담이다. 문제는 '국가가 가족을 대체하지 못한다'는 인식으로 시설간병에서 가족간병으로 무게중심이 옮겨가면서 재택서비스(330만명)가 늘었다는 점이다.

이는 시설입소의 4배 규모다. 이 경우 '노인질환→간병필요→보험부족→가족간병'으로 집안자체의 연쇄붕괴 가능성이다. 간병부담 · 불안이 나머지 가족의 간병퇴직 · 금전부담으로 연결돼 가족갈등을 야기한다는 우려는 구체적이다.

그렇다면 방법이 없을까. 이럴 때 필요한 게 보험기능이다. 민영간병보험이다. 공적보험으로 불충분하면 각자도생이 최선이다. 자조노력으로 민간간병보험에 들어두자는 움직임이 그렇다. 간병지출비의 확대불안에 대응하는 차원에서 생보사가 판매하는 독자적인 간병전문상품이다.

이는 소정의 간병필요 상태가 됐을 때 현금을 받는 상품이다. 대부분 서비스를 제공하는 공적제도와 차별적이다. 목적에 따라 자유롭게 쓸 수 있다는 얘기다. 급부내용은 일시금과 연금은 물론 둘의 병용타입이 일반적이다.

_가족갈등의 원천, '집안자체의 연쇄붕괴'

가입방법은 크게 3가지다.

종신보험에 간병특약을 부가하거나 주계약으로 간병보험에 가입하는 경우, 또 종신보험 등의 보험료 납부만료 시점에 간병보장으로 이행하는 방법이 있다. 보장내용은 침대생활(臥床)과 치매 등은 기본이며 공적보험의 간병인정 정도에 따른다. 일정기간·연령까지만 보장하는 것부터 종신보장까지 다양하다. 가입조건은 20세 이상부터다.

성장시장답게 업계의 마케팅 열의는 뜨겁다. 보유계약고의 감소 등 시장침체가 우려되는 가운데 간병수요 증가세를 감안하면 드물게 시장성장이 예상되는 실버품목이기에 판매경쟁이 치열하다. 다만 초기시장답게 아직은 상품라인업이 개발단계다.

메이지야스다(明治安田)생명의 '카이고노사사에(介護のささえ)'는 7단계의 정부인정 중 간병필요도가 비교적 높은 '요간병3' 이상일 때 평생 지급하는 종신연금을 메인상품으로 내놨다. 자택간병이면 공적제도의 지

급한도액을 넘는 서비스이용에 도움이 된다. 일시금으로 자택의 손잡이 설치 등 개수경비와 시설입소 때의 보증금 등을 충당할 수 있다. 대신 사망보험금은 종신연금의 1년~5년분으로 줄였다. 자녀독립 이후 사망보험을 바꿔보려는 50대 가입이 많은 것으로 알려졌다.

히마와리(ひまわり)생명은 사망보장의 종신보험에 간병비의 선지급 특약을 설정해 불안감을 낮췄다. 계약자가 65세 이상이고 보험료 불입기간 종료 후에 '요간병4' 이상의 중증상태에 빠지면 사망보험금 전액 혹은 일부를 청구할 수 있다. 하나의 종신보험에 다양한 노후위험을 대비하는 기능을 강화하려는 차원이다.

수익부동산의 힘
'중년이 토지신화 재현'

"적지만 꾸준한 현금수입이 최고다."

은퇴예비군이면 누구든 공감하는 자산운용의 공통지향점이다. 어차피 엄청난 시세차익이 불가능한 저성장시대라면 적으나마 매월 꾸준히 들어오는 현금수입이 최고인 까닭이다. 은퇴이후의 생활비 부족분을 기존 자산을 헐어 쓰지 않으면서 벌충할 수 있기 때문이다. 저성장이 정착된 장수사회 은퇴자금을 마련하는 유력방안인 셈이다.

주식투자로 돈 버는 방법은 두 가지다. 시세차익과 배당수익이다. 대부분은 시세차익이 주식투자의 전부인줄 오해하지만 실은 배당수익이 훨씬 짭짤하다. 장기성과를 보면 대부분 '시세차익 < 배당수익'일 경우가 일반적이다. 같은 맥락에서 시세차익은 인플레시대의 기대효과인 반면 배당수익은 디플레시대의 노림수로 손색이 없다.

그렇다면 적지만 꾸준한 현금수입을 확보하는 방법은 뭐가 있을까. 앞서 언급한 배당투자가 대표적인 가운데 채권, 리츠(RETIs) 등이 거론된다. 최근엔 매월분배형펀드처럼 매달 운용수익(+투자원본)을 돌려주는 간접상품도 증가세다. 일본에 이어 한국도 저성장시대에 접어드는 와중에 자연스레 관심을 끌 수밖에 없는 선택지들이다.

뿐만 아니다. 부동산에도 적지만 꾸준한 현금수입을 원하는 중년이상 은퇴세대의 구미에 꼭 맞춘 상품이 있다. 요컨대 임대형 수익부동산이다. 언제 실현될지 모를 양도차익보다는 매달 월세라도 챙겨 받을 수 있는 도심역세권의 소규모 주거임대 물건이 대표적이다. 40~50세 정도라면 본인의 축적자산에 은행대출을 결합시키면 매입할 수 있다는 점이 장점이다.

_중년, 적지만 꾸준함에 군침… '배당주, 채권, 리츠, 수익부동산'

장수시대 수익부동산의 힘이 확대 중이다. 환경은 최근 우호적으로 변했다. 아베노믹스의 최종목표가 사실상 부동산시장의 부활로 정리되기 때문이다. 강력파워로 심장에서 뻗어나간 성장혈액(금융완화)의 타깃은 열도곳곳의 미세혈관이기 때문이다.

즉 '금융완화→공공투자→엔저유도→물가상승→수출증대→투자(소비)증대→경기회복'의 선순환 수혜가 확인되는 최종지점이 부동산이다. 근린빈곤화 정책(Baggar-my-neigbor policy)으로 비난받는 엔저유도도 그 숨은 뜻은 멈춰선 돈을 움직여 소비·투자로 돌게끔 하는 수단일 뿐이다. 요컨대 인플레유도다.

잠자던 부동산을 깨운 직접적인 수혜정책은 광범위하다. 엔저유도와 물가상승의 거시환경이 거들어주는 가운데 직접적인 부양정책이 속속 발표됐다. 먼저 5년 연장된 주택대출 세제감면이다. 감면규모는 가구당 200만~500만엔으로 한층 확대된다. 또 연소득 600만엔 이하로 대출액이 적어 감면혜택을 별로 누리지 못하는 서민계층에는 아예 현금(포인트)을 챙겨줄 요량이다.

한마디로 집을 사면 공돈을 주니 서둘러 사라는 얘기다. 여기엔 소비 증세가 고려사항이 됐다. 현행 5%의 소비세는 2014년(8%)과 2015년(10%)에 연거푸 인상된다. 2015년 이후에 사면 지금보다 5% 세금이 추가된다. 때문에 이후엔 오히려 주택구입이 중단될 수 있다. 거래절벽 우려다. 그러니 걱정하지 말고 살 수 있도록 추가혜택을 내놓은 것이다.

돈이 무제한 풀린다니 앉아서 당하고 있을 현금은 없다. 인플레만큼 가치하락이 불가피해서다. 당장 자산시장이 꿈틀댄다. 먼저 가계자금의 블랙홀이던 국채가격이 하락세다. 국채에서 돈을 빼 부동산·주식으로 갈아타려는 수요덕분에 국채(장기)금리가 한때 1%까지 치솟았다. 물꼬를 튼 건 주식이다. 증시로의 개인회귀가 본격화되면서 계좌 신규개설이 늘었다.

부동산도 비슷하다. 타깃인플레(2%)가 선포되자 주택구입 움직임이 구체적이다. 당장 모델하우스 발길이 부쩍 늘었다. 일부물건은 분양광고 직후의 매진사태까지 보도된다. 업계는 기억조차 가물대는 100% 매진행진을 기대한다. 대화에서 사라진 부동산이 메인이슈로 떠오른 것도 변화다.

한번 돈 군침은 행동으로 실천된다. 주택대출과 관련된 은행문의가 뚜렷하게 늘었다. 변동금리가 많기에 금리인상 이전에 빌려서 구입하려는 수요다. '인생최대의 쇼핑품목'인 까닭에 아베경제학의 수혜를 최대한 입으려는 의도도. 은행권에 따르면 아베내각 출범이후 금리문의가 증가했다. 중앙은행이 정책금리를 0~0.1%로 유지하겠다고 밝힌 이후에는 대출이용자의 절반이상이 변동금리를 선택하는 추세다. 이자부담이 상대적으로 적기 때문이다.

_아베노믹스의 수혜? '수요증가·금리하락'의 합작품

부동산 온돌은 2012년부터 덮혀지기 시작했다. 금융위기·지진피해의 후폭풍이 일단락되면서 경기회복의 기대감이 꿈틀거렸다. 그랬던 게 '분배→성장', '디플레→인플레', '수요→공급', '내수→외수'의 친시장적인 정책을 내세운 우파정권으로의 권력교체가 결정적인 훈풍을 안겨줬다. 자력회복에 타력지원까지 합쳐진 셈이다. 실제 건설착공·수주현황을 필두로 오피스시장의 공실률이 줄면서 임대료 상승전환이 확인됐다. 도심 역세권을 필두로 일급지에 내진강화의 신축빌딩 착공현장도 늘었다.

임대수입 배당상품인 리츠(RETIs) 분위기도 달아올랐다. 세계적인 저금리 와중에 4.7%(2012년 말)의 짭짤한 배당수익이 매력적이다. 노인전용주택을 포함해 정부가 8조5,000억엔(2011년)의 리츠시장을 2020년까지 2배로 키울 것이란 계획도 힘을 보탰다.

물론 여전히 부동산 분위기는 흐림이다. 일본이 부동산 붕괴사례의 대표모델이란 점에 토를 달진 못한다. 하지만 늘 그렇듯 예외가 있다. 또 이 예외사례가 왕왕 기존상식까지 뒤흔든다. 이런 점에서 일본의 이런 예외흐름은 결코 간과할 수 없다.

요즘 일본열도엔 맨션(한국의 아파트 개념)바람이 거세다. 물량이 달려 짓는 대로 팔려나간다. 특히 도쿄도심은 확실히 공급자중심으로 재편됐다. 사려는 이가 늘어나서다. 2008년 금융위기 이후 발생한 새로운 기현상이다. 그렇다고 시장전체가 살아난 건 결코 아니다. 음지인 곳은 아직도 휑하다. 빈집천지에다 가격조차 없는 주택이 넘쳐난다.

포인트는 2가지다. 요컨대 부동산시장의 총아는 '맨션+도(부)심'이 공통분모다. 다시 말해 인기붐업은 '맨션+도(부)심'의 합작품에 한정된단 얘기다. 언론도 맨션시장 부활스토리를 집중조명 중이다. 신문·방송 가릴 것 없이 진단·분석에 열심이다. 그게 20년째 기다리던 내수회복의 신호탄일 수도 있다고 봐서다.

특히 도쿄도심을 도는 JR순환선(山手線) 주변의 신규맨션은 인기절정이다. 일례로 몇몇 물건은 시황회복의 대명사로 거론되며 '순간증발'로 표현될 만큼 순식간의 매진행진을 기록했다. 대표적인 게 직주(職住) 근접성이 주효했던 '프라우드 이케부쿠로 혼마치(池袋本町)'다. 역세권에 병원·상업지 등 편의시설이 구비된 경우라면 고가라도 예약이 넘쳐난다. 2억엔을 웃도는 맨션이 당일매진 기록을 세우기도 했다. 주말이면 모델하우스 수용능력을 초과하는 방문객이 찾아와 설명 대기시간만 30분 이상이다.

이유가 뭘까. 원래 맨션시장은 전체시장과 다른 길을 걸어왔다. 때문에 이번 호황장세가 그리 특별나진 않다. 실제 1994년~2008년은 신규맨션 시대였다. 수도권의 경우 착공 10만호·판매 8만호의 황금시대였다. 부동산 증권화와 외국계펀드의 경쟁(용지취득)난립 탓에 가격도 급등했다. 여기에 찬물을 끼얹은 건 금융위기였다.

금융위기 이후 업계가 움츠린 건 당연한 수순이다. 업계는 생존차원에서 가격인하를 단행했다. 금융위기와 맞물려 자산평가손이 계속되자 보유 중인 물건을 저가에 내놓기 시작한 것이다. 2008년 가을부터 떨이판매가 목격됐다. 그래도 수요는 요지부동이었다.

_거꾸로 가는 예외모델, '맨션+도(부)심'에의 주목

수요가 움직이기 시작한 건 지진이후부터다. 2011~2012년부터 신규판매 계약률이 눈에 띄게 늘기 시작했다. 신규공급이 증가한 것도 이때부터다. 가격대는 비교적 장벽을 낮췄다. 수급이 가장 두터운 인기상품은 2,500만~3,000만엔대로 역세권 소형물량이 이에 해당한다. 전체적으로 불안정해도 개별물건의 경우 이론가격보다 싼 물건이 많다는 점이 한몫했다. 정책보조 역시 맨션시장의 붐업에 불을 지폈다.

맨션시장 수요견인의 주역은 40대 안팎의 중년세대다. 라이프사이클에 발을 맞춘 이들의 수요확대가 맨션시장엔 우호적인 변수다. 그중에서도 세대연봉이 1,000만엔 전후의 비교적 고소득층이 중심역할을 맡고 있는 것으로 알려졌다. 이들은 결혼·육아 등으로 주택구입을 마지막으로 검토하는 단계다. 하지만 2008년 금융위기 이후 많은 이들이 부동산 구입을 주저하거나 미뤘다.

이들이 요즘 움직이기 시작했다는 게 대체적인 평가다. 부동산업계의 말을 빌리면 "젊은 세대를 중심으로 수요가 마그마처럼 확산되기 시작했다"고 한다. 40대는 70년 전후에 탄생한 2차 베이비부머다. 47~49년 1차 베이비부머 부모를 둔 세대들로 사실상 마지막 인구 피크세대다. 그만큼 인구구성이 탄탄하다.

같은 맥락에서 도쿄도심으로의 인구유입도 끊이지 않는다. 1996년 이후 3대 대도시권 중 인구유입이 유일한 곳이 도쿄다. 특히 2000년대 이후 매년 10만명 가량 유입 중이다. 이들 유입인구가 그간의 임대수요에서 매수수요로 돌아서고 있다는 점도 주목할 만하다.

또 다른 수요는 50대의 중년선배들이다. 은퇴예비군답게 은퇴이후의 생활자금을 확보하려는 차원에서 월세수입이 탄탄한 소형물건에 관심이 많다. 일부지만 은행대출까지 끼고 여러 채의 소형맨션을 매입해 본격적인 임대수입을 올리려는 경우도 있다.

_없어서 못 파는 도심역세권 소형맨션

맨션시장 호황장세는 차별적이다. 현재의 맨션시장을 단적으로 표현하는 키워드가 '도심회귀'이듯 붐은 도쿄를 중심으로 한 도심·부심의 역세권에 한정된다는 얘기다. 또 도심맨션이라면 투자차원에서도 전망이 어둡지 않다는 게 대체적인 시각이다. 도심인 까닭에 신규공급을 위한 입지가 별로 없다는 점 때문이다.

동시에 도쿄물건의 경우 전매(양도)차익을 얻을 수 있다는 기대감도 존재한다. 실제로 잘 팔려나가는 맨션물량의 절대다수가 통근에 편리한 부도심을 중심으로 퍼져있다. 시내도심과 멀찍이 떨어진 교외물건은 여전

(만엔)

5,500
5,000
4,500
4,000
3,500
3,000
2,500

도쿄도

오사카부

아이치현

00년 01 02 03 04 05 06 07 08 09 10
1~6월

자료: 도쿄칸티

히 불황한파에 몸서리친다.

도심에서 벗어난 교외는 맨션과는 달리 단독주택이 대세다. 교외지역의 경우 업계부도로 맨션공급이 급감한 가운데 편리성보단 환경을 추구하는 수요자에게 토지가 딸린 2층 건물을 3,000만엔 이하로 공급하는 형태가 대표적이다. 아니면 세대소득 400만엔 전후가 구입할 수 있는 맨션이 유력한데 현재로선 갈 길이 멀다는 게 중론이다.

그렇다면 맨션호황은 언제까지 계속될까. 전망은 엇갈린다. 호조세가 국지적인만큼 시간경과로 정책수혜가 사라지면 브레이크가 걸릴 것이란 시각과 함께 고령화·저성장 등을 감안할 때 도심·소형의 맨션시장 인기는 계속 될 것이란 낙관론이 팽팽하다.

인구구성이 탄탄하고 구매욕구가 한창인 40대 전후 현역세대의 매수행진이 끝나면 시장은 다시 식을 것이란 의견은 그 절정을 길게 잡아 1~2년 후로 본다. 때문에 '마지막 잔치'일 수 있음을 경고한다. 이후엔 아무리 부양책을 써도 지금처럼 효과가 나올지 자신할 수 없어서다. 중고주택 유통촉진 등 보다 근본적인 대책마련을 요구하는 이유다.

반면 고령자의 편의추구와 일자리를 찾는 인구유입, 핵가족·단신세대 추세강화 등을 생각하면 적어도 도쿄도심의 소형맨션 수요는 계속해 늘 수밖에 없다는 전망도 설득력이 높다. 특히 노후자금 확보차원에서 수익부동산을 투자대상으로 여기는 베이비부머를 필두로 한 은퇴예비군의 존재감도 긍정론을 거든다.

투자이론 벗어난
'장수시대의 위험자산'

우리는 왜 자산운용에 목을 맬까.

시대상황을 감안컨대 분명 우문(愚問)이다. 돈이 필요하단 건 삼척동자도 아는 상식수준이다.

그렇다면 그 돈의 용처는 어딜까. 사람마다 다르다. 가치관·라이프스타일이 제각각이다. 다만 저축·투자이유를 살펴보면 몇 가지로 나뉜다. 생애용처 중 최대항목은 주거확보·자녀교육·노후대비·사고(질병)보험 등이다. 가중치가 다를지언정 이 4대 지출라인은 해결해야 할 주요 압박과제다. 문제는 자산증식이 만만찮다는 점이다. 당장 돈이 없다. 고용불안·소득정체로 쌈짓돈을 쟁여둘 금전여유가 없다. 월급을 받아도 다 빠져나가니 저축·투자의 예비(豫備)지출은 현실적으로 불가능하다. 눈앞의 효용을 연기할 짬이 없거니와 미래보수(이자)를 받을 꿈도 없다. 여기에 투자환경은 난공불락이다. 재테크가 어려워진 이유다.

그럼에도 불구, 돈은 필수다. 황금만능이니 배금주의니 탓할 계제가 아니다. 장수사회의 필수불가결한 동반변수인 불확실성 때문이다. 불확실성을 낮출 확실한 방안은 사전준비다. 사실상 자금마련이다. 100세 시대 최대우군이 곳간현금이란 건 주변의 노인현실이 충분히 증명해준다.

다만 현실은 아쉽다. 한국의 중년이상 인구에겐 자금여력이 별로 없다. 4대 지출항목의 우선순위에 중대착오가 확인돼서다. '자녀교육 vs 노후대비'의 선택기로에서 자녀교육에 치우치는 현실이 그렇다. 노후대비는 판정패다. 현역시절 축적소득·자산의 상당액이 교육·결혼 등 자녀관련항목에 배치되니 노후대비가 탄탄할 턱이 없다.

은퇴시점에 남는 건 집 한 채가 고작이다. 팔 수 없고 팔기도 어려운 부동산 딜레마와의 봉착이다. 정작 중요한 금융자산은 잔고바닥 상태다. 반면 은퇴생활은 복병천지다. 소득은 마뜩찮은데 병원비는 증가일로다. 금전문제가 은퇴절망을 낳는 기본구조다.

_'자녀교육 vs 노후대비'의 판정패, 돈 없는 한국중년

한국중년은 특히 돈에 허덕인다. 장수사회에 진입한 선진국과 비교해 특히 그렇다. 내리사랑이라고 자녀에게 다 퍼주니 정작 본인노후는 무일푼에 내몰렸다. 70대까지 자산이 커지는 미국은 물론 총 가계자산의 60%이상을 움켜쥔 일본노인이 부러울 따름이다.

보유자산의 치우친 편입비중도 문제다. 사면 오른다는 맹목적인 토지신화의 부작용이다. 가계자산 중 실물자산(76.8%)이 금융자산(23.2%)의 3

배 이상이다. 연령이 높을수록 부동산 쏠림현상은 더 심화된다. 은퇴생활 때 중요한 유동성(금융자산)은 부동산(실물자산)에 묶여 늪에 빠졌다. 여유자금이나마 있다면 다행이다.

빈부격차의 클라이맥스가 노노(老老)그룹인 점을 볼 때 평균이하의 자산보유자가 절대다수다. 극소수가 움켜쥔 거대자산이 평균을 올렸을 혐의다. 평균치의 함정이다. 때문에 대부분은 막막한 걱정뿐 뾰족한 대안이 없다. 갈 길은 멀어졌는데 노잣돈은 적으니 답답할 수밖에 없는 노릇이다.

이론보다 힘이 센 건 현실이다. 그래서 이론은 늘 현실설명력을 높이며 진화한다. 고빗사위에 선 한국가계의 노후자금 확보현실도 장기간 정설로 받아들여진 투자자산 선호이론을 수정하도록 압박강도를 높였다. 이론과 괴리된 고령인구의 위험자산 선호현상 때문이다.

금융이론을 종합하면 나이가 들수록 안전자산을 좋아한다. 노인일수록 위험회피적인 행동을 해서다. 연령별 포트폴리오를 봐도 연령과 안전자산은 비례한다. 자산시장에선 위험자산 보유비중을 구하는 셈법으로 '100-나이' 공식을 소개한다. 연령변화에 따라 편입비중을 바꾸는 라이프사이클펀드도 연령증가와 안전선호가 대전제다.

샘플사례가 주식이다. 생애주기 자산배분(Lifetime Asset Allocation)에 따르면 연령이 높아질수록 주식을 싫어한다. 즉 은퇴에 가까울수록 주식을 줄이고 저축을 늘인다. 반면 근로소득이 있는 현역세대는 반대다. 고령화와 자산구성에 대한 역U자형 주식수요를 연구한 결과도 있다. 젊었을 적엔 주식비중이 낮다가 40대 절정을 찍은 후 은퇴시점에 다시 줄어든다는 실증결과다.

한편에선 자산시장 붕괴가설(Asset Market Meltdown Hypothesis)도 비슷

하다. 베이비부머의 은퇴이후 이들의 자산을 흡수할 후속세대의 경제력 저하로 위험자산 선호도가 떨어질 것이란 이론이다. 위험 프리미엄 증가설도 있는데 역시 노인일수록 안전자산을 챙긴다고 본다. 요컨대 '고령자=안전자산'은 확고했었다.

_깨지기 시작한 연령비례의 안전자산 선호이론

그런데 요즘 상황이 좀 달라졌다. 중년이상인데도 위험자산에 러브콜을 날리며 기존이론을 과감히 깨트린 사례가 증가했다. 그간 소수의견이었던 '고령자(나이)=위험자산' 등식에 힘이 실리기 시작한 것이다.

연령이 들수록 위험자산을 선호하는 게 이상하지 않다는 연구결과는 원래 있었다. 과거의 특정경험이 노인이 됐어도 위험자산을 선호하게 한다거나(Cohort Effect) 자녀에 대한 유산동기가 위험자산을 늘리는 유인이 된다는 가설이 그렇다. 보유한 금융자산이 많을수록 주식비중이 높다는 연구도 있다. 손실을 받아들이는 심리적 방어수준이 달라서다.

최근엔 또 다른 이유가 가세했다. 앞서 언급했듯 장수리스크가 위험자산을 받아들이도록 했을 가능성이다. 100세 시대인데 60대 때 소득이 중단되면 이후 40년의 생존방법이 없어진다. 있다면 자산운용뿐이다. 이때 쌈짓돈의 운용효과(기대수익)를 높이려는 불가피한 선택지가 위험자산 적극편입이란 얘기다. 운용수익을 높이자면 위험도 높아질 수밖에 없다. 사실 노인인구에게 더 두려운 건 손실위험보다 장수위험이다. 고위험 · 고수익 전형인 주식 · 펀드에 5060세대가 관심을 가질 수밖에 없는 배경이 자연스레 설명된다.

한국도 마찬가지다. 이제 공고했던 자산이론이 깨트려질 찰나다. 수명연장에 따른 자금마련 압박이 투자교과서를 바꿀 만큼 거세진 결과다. 대안이 없다는 점에서 중년이상 노인인구의 주식 · 펀드선호는 보다 확산될 게 불을 보듯 뻔하다.

징후는 갈수록 짙어진다. 연령대별 주식보유를 보면 노인의 주식선호는 확실히 대세다. 노인투자자(60세 이상)는 78만3,000명으로 전년대비 17만7,000명이 더 추가됐다. 주식투자자 6명 중 1명이 노인이란 뜻이다. 액수도 크다. 노인이 시가총액의 33.7%를 보유해 55~59세(14.8%), 50~54세(14.7%)를 확실하게 따돌렸다(한국거래소 · 2010년).

특히 2009년(24.6%)보다 10%나 늘었다. 연령별 1인당 평균보유액을 봐도 60세 이상(1억2,090만원)이 가장 많다. 현역절정기인 40~44세(4,380만원), 45~49세(5,370만원)의 2배를 넘겼다. 객장풍경을 의미하는 키워드가 '장바구니'에서 '흰머리'로 바뀐 결과다.

무엇보다 한국노인의 주식선호는 꽤 이례적이다. 대부분 장수국가에선 안전자산을 좋아하는데다 위험자산에 넣었어도 장시간에 걸쳐 서서히 늘린 경우가 보편적이다. 그러니 무리수가 많다. 인기에 편승해 단기매매에 치중하거나 파생상품을 기웃대는 '흰머리 투자자'가 적잖다.

그렇다면 은퇴대국 일본은 어떨까. 원래 고령자의 위험자산 선호현상은 일본이 원조다. 비교적 일찍부터 노인인구의 위험자산 편입비중이 높았다. 물론 이율배반적이다. 보편적인 일본인의 투자성향은 안전성이 최고잣대다. 유독 노인그룹만이 위험자산에 밝다. 이유는 한국노인의 장수압박과 동일선상에서 찾아진다.

반대로 열도의 투자성향은 확실히 안전자산 지향적이다. OECD 국가 중 금융자산에서의 예금비중이 4번째로 높다(2010년). 보험·연금까지 포함한 안전자산 합계비중은 사실상 1위다. 반면 주식비중은 바닥권이다. 주식비중이 일본(11.0%)보다 낮은 국가는 그리스(8.8%)와 슬로바키아(6.1%)뿐이다. 버블기만 해도 불나방처럼 위험자산에 달려들었지만 지금은 정반대다. '불리기'보단 '지키기'가 최대과제로 안착됐다.

원인은 많다. 장기간 지속된 절대저금리와 경기침체가 대표적이다. 줄어든 투자여유다. 뼈아픈 참패기억도 위험자산과의 결별계기였다. 한국과 달리 투자자산의 라인업이 적다는 점도 위험자산 관심하락 이유다. 당연한 결론인데 기대수익도 낮다. 1년 예금금리(정기)가 0.03%니 0.1% 이율에 목돈이 몰릴 수밖에 없다.

그럼에도 불구, 노인그룹만은 여기서 예외다. 고령가구의 주식비중이 전체평균보다 약 2배나 높다. 금융위기 이후 보유비중이 줄었지만 여전히 전체평균을 월등히 앞선다. 정년이후 평균노인의 자산운용 의지가 적극적

[그림 4-7] **한미일 3국의 연령대별 가계자산 추이**

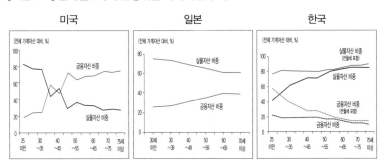

자료: 일본 통계청(2009), 한국 통계청(2011), FRB SCF(2007)

이란 의미다. 은퇴이후 근로소득은 확연히 줄어드는데 지출수준은 그대로이거나 혹은 거액지출이 불가피한 만약의 사태가 빈번히 발생해서다.

정리하자면 노후불안을 잠재우기 위한 불가피한 선택이다. 고령세대의 예비적 동기에 의한 자산 운용 욕구가 위험자산 선호로 연결된다는 얘기다. 이때 단순저축만으로 기대수익을 맞추기는 힘들다.

그래서 위험자산이 돋보인다. 금융자산 중 위험자산(주식·채권합계) 보유비율은 30대가 10%인데 비해 60대는 17%다(내각부·2010년). 최근 인기절정인 고위험의 신흥국 투자자산(통화·주식 등) 편입고객 중 상당수도 고령고객이다. 고배분펀드 및 해외부동산펀드 등이 대표적이다.

실제 통계(연령별 가계 금융자산 보유비중)를 보자. 연령별 금융자산(2009년)은 20대(294만엔)와 30대(598만엔)가 60대(2,202만엔)와 70대(2,361만엔)보다 적다. 빈곤층이 많은 단신세대는 제외해서 이 정도다. 이중 주식·펀드 편입비율은 20대(4%)·30대(5%)보다 60대(8%)·70대(12%)가 훨씬 높다.

_일본열도, '평균가구 안전선호 vs 고령가구 위험선호'

그렇다면 일본노인이 주식을 선호하는 이유는 뭘까. 일본노인의 생애궤적과 당시환경을 중첩시키면 일정부분 힌트가 도출된다. 먼저 일본 가계의 주식기피 현상은 역사가 짧다. 장기통계를 보면 1965년 주식비중은 17.6%로 나타났다. 당시 가계자산(32조엔) 중 6조엔이 주식(출자금 제로)이었다. 1950년대엔 금융자산 중 50%가 주식이었다는 분석도 있다. 1980년대도 10~20%대를 줄곧 유지했었다. 버블이 한창이던 1988년

23%까지 치솟은 이후 1996년 일순간에 8.2%까지 떨어졌다. 주식회피는 이때부터 본격화됐다. 1997년 야마이치(山一)증권 도산도 계기가 됐다. 주식배척의 이유는 위험을 수용할 수 있는 여유를 갖춘 현역세대가 줄었단 점도 간과할 수 없다.

반대로 일본노인의 주식선호 배경엔 불가피성이 존재한다. 우리가 주목해야 할 포인트다. 거품붕괴와 자산추락 등 일련의 악재에도 불구, 주식이 아니면 노후자금을 확보하기 힘든 상태에 직면했다는 얘기다. 이 상황에서 일본노인이 위험자산에 투자하는 행위는 사실상 꽤 합리적인 선택결과다. 고도성장을 경험한 고령자에게 주식이 익숙한 투자자산 중 하나였다는 점도 관련이 깊다. 투자수익이 높았다는 기억의 공유다.

결국 노후자금 마련방법이 힘들면 힘들수록 위험자산을 선호하는 중년이상 고령인구는 늘어날 수밖에 없다는 추론이 가능하다. 노후자금 마련이라는 현실적인 위기인식이 교과서에 기록된 이론과 상식을 뛰어넘도록 했다는 의미다. 그만큼 늙어가는 와중에 노후자금 마련이라는 중년이상 고령인구의 고군분투가 눈물겹다는 얘기다.

은퇴세대 도심탈출
'줄 잇는 귀농 · 이민행렬'

은퇴생활자의 양산구조가 일상화됐다.

아쉽게도 노인증가와 맞물린 일본의 인생 2막은 한숨소리로 시작된다. 스포츠카 · 요트로 대표되는 유유자적의 은퇴생활자보단 빈곤 · 건강문제로 신음하는 빈곤노인이 훨씬 많다.

물론 연금수혜는 상당수준이다. 1층(국민연금)뿐인 한국에 비하면 천양지차다. 1~2층의 공적연금에 3층(기업연금)까지 갖춘 중산층 고령가구가 적잖다.

이를 반영하듯 노후자금 항목 중 연금소득은 압도적인 1위에 랭크된다. 노인 중 80%가 연금생활자다. 문제는 연금수입이 넉넉잖다는 점이다. 대부분은 적자가계부로 연금생활자의 최대고민이 빡빡한 생활비 부족문제다.

이때 효자노릇을 하는 게 저축(금융자산)이다. 현역시절 모아둔 저축을 조금씩 인출해 부족자금을 벌충하는 형태다. 다만 언제까지 꺼내 쓸 수 있을지 불안감은 여전하다. 장수위험은 저축여부와 사실상 무관하기 때문이다. 여기에 더해 일자리까지 잃는다면 연금을 수령할 때까지 한층 힘들어진다. 이때 생존력을 유지할 선택카드는 별로 없다. '더 벌거나 덜 쓰거나' 뿐이다. 다만 더 버는 건 어렵다. 손쉬운 건 지출감소다. 절약지향의 축소생활이다.

_고조되는 장수위험, '지출 줄일 묘책은?'

사실 덜 쓰는 건 한계가 있다. 의식주의 기초생활비는 물론 고령특유의 의료·간병 등 지출은 줄이기 힘들다. 비탄력적인 고령지출이다. 그래서 등장한 대안이 화제다. 생활비를 줄이면서 삶의 만족도는 높이는 양수겸장의 비법(?)이다.

바로 '도심탈출'이다. 지방(농촌) 혹은 해외로의 이주카드다. 살인적인 고비용구조의 도심생활을 정리하고 지출대비 부가혜택이 많은 저비용·고효율 지역으로의 전입러시다. 물론 새로운 트렌드는 아니다. 은퇴이슈가 부각된 1990년대부터 꾸준히 있었다.

다만 시간이 흐르면서 인식확산과 함께 환경개선 및 취사선택의 기반정비로 인기가 한층 높아졌다. 준비부족 등 초기의 실패사례를 둘러싼 면밀한 반면교사 교훈도 도심탈출에 가속도를 붙인다. 지역재생(귀농)·외화획득(해외) 차원에서 은퇴생활자를 흡수하려는 홍보·마케팅은 확대됐다. 관련정보를 취합·제공하는 사업체는 셀 수 없이 많다.

귀농 등 시골지방으로의 이주부터 보자. 무엇보다 시골생활은 연금만으로 살 수 있다는 점이 최대장점이다. 고도성장기 때 일자리를 찾아 도심에 몰려든 취업상경과는 정반대로 고령진입 후 생활안락을 위해 낙향을 결심하는 경우다. 은퇴이후 새로운 삶을 즐기려는 수요증가다.

도시를 떠난 시골정착은 대개 현역시절의 연장선처럼 생활하는 스타일을 거부한다. 적극적이고 자발적인 형태다. 정년이후엔 일하지 않겠다는 의지표명이다. 따라서 초미의 관심사인 정년이후의 재고용은 가시권 밖이다. 재고용돼도 수입급감·업무압박 등은 피할 수 없기 때문이다. 재고용되면 부하를 상사로 모시는 스트레스도 피하기 어렵다.

또 시골카드는 왕왕 귀농으로 연결된다. 자급자족을 넘어선 농사플랜으로 적지만 안정적인 소득원을 확보하려는 경우가 적잖다.

시골이전의 메리트는 많다. 인간다운 인생 2막을 위한 다양한 우호환경을 두루 갖췄다. 좀 불편해도 시골특유의 정취나 생활환경이 안겨주는 넉넉함이 큰 위로거리다. 농사경험이 없어도 이웃도움으로 농작물의 자급자족이 가능한 건 덤이다. 건강을 챙기는 건 당연지사다.

비용절감은 상상초월이다. 집값이래야 비싸봐야 1,000만엔을 넘지 않으니 큰 장애물이 아니다. 반면 식비와 오락비·의복비 등을 합해 부부 생활비는 월 20만엔 이하로 넉넉히 해결된다. 쇼핑 등 생활불편을 감수해야 하지만 요즘 은퇴세대에겐 해당사항 없음이다. 인터넷 쇼핑을 활용하면 필요한 모든 물품을 주문·배달받아 생활할 수 있어서다.

50대 조기퇴직 후 시골빈집을 구입해 고친 다음 거주하는 경우도 많다. 개중엔 도쿄토박이가 상당하다. 주변친지·선배의 쪼들리는 다람쥐 쳇바퀴 같은 도심생활을 본 후 시골생활을 주로 결심한다. 각박한 도심생활만큼 높아진 일탈의지가 시골생활을 결정하는 원동력이다. 물가압박 · 교통정체 등은 남의 나라 얘기다.

_매력적인 시골이전 카드, '골칫거리는 잔존'

다만 골칫거리가 없는 건 아니다. 당장 신경 쓰이는 게 살던 집의 처분문제다. 여유자금이 넉넉지 않은 경우 기존주택의 처분 · 임대가 필수불가결하다. 그런데 토지신화가 꺾여버린 이후 부동산 수요는 급격히 줄었다. 막혀버린 유동성의 또 다른 상징사례다.

이를 위해 최근엔 기존주택 처리문제를 돕는 전담기구가 생겨났다. 이주 · 이사지원기구가 그렇다. 도심빈집의 임차주선을 통해 현금 · 자산화를 거들어주는 게 목적이다. 가령 50세 이상 고령자의 소유주택을 여기에 등록하면 통상보다 10~20% 저렴한 임대료로 젊은 가족세대에 제공하는 식이다. 임대세대로선 저가에 넓은 집을 구할 수 있어 메리트다.

'마이홈 임차제도'를 활용하면 3년마다 계약갱신이 이뤄지는데 특히 사례 · 보증금이 없어 인기다. 임대인은 입주자 유무와 무관하게 임대료의 85%를 수입으로 챙긴다. 연금이 적다면 보유임대로 추가소득을 얻을 수 있어 제격이다. 또 다른 연금인 셈이다.

가족반발도 피하기 힘든 장벽이다. 시골생활의 걸림돌은 아내를 비롯한 가족반대다. 불편 · 생소한 시골생활에 대한 거부감이다. 정년남편이 시골을 선택해도 못 떠나는 큰 이유가 도시생활에 익숙한 아내의 반대 때문이다.

이를 반영해 최근 도심여성의 눈높이에 맞춘 시골스타일이 확산추세다. 편리함과 가사해방을 표방하는 새로운 거주제안이다. 귀농수요가 확인된 지방 소도시에 많은 집합주거 형태다. 가령 수도권 유명휴양지인 아타미(熱海)의 '라이프케어 미나구치(水口)'는 1개월 식비로 4만2,000엔(1일3식)을 내면 영양을 감안한 식사가 제공된다. 고령자 생활압박 중 하나인 음식재료·메뉴선택 등으로부터의 자유다. 마작·당구 등 취미시설까지 구비했다. 시골이전 후의 소외고립을 막기 위한 배려다.

집값은 시세보다 싸다. 조망 좋은 층의 27㎡짜리 원룸 분양가가 300만엔에 불과하다. 건축연수가 오래된 아파트를 리모델링한 게 저가배경이다. 50대 여심을 잡고자 호텔 못잖게 편의시설을 갖춘 집도 700만엔이면 살 수 있다. 생활비는 저렴하다. 관리비와 식비·수선적립금을 합해 월 10만엔이면 된다. 이 정도면 연금생활자에게 안성맞춤이다.

그렇다면 선호지역은 어딜까. 노후·은퇴도시로 각광받는 지역부터

[표 4-3] 노후에 살고 싶은 지역(광역)

	1위	2위	3위	4위	5위
20대	오키나와 (17.6%)	홋카이도 (13.7%)	도쿄 (9.8%)	가나가와 (7.8%)	오사카 (7.2%)
30대	오키나와 (23.2%)	도쿄/홋카이도 (10.3%)	가나가와 (7.7%)	교토 (5.8%)	오사카/시즈오카 (3.9%)
40대	오키나와 (21.7%)	도쿄 (11.2%)	홋카이도 (9.9%)	오사카 (5.3%)	교토/나가노 (4.6%)
50대	오키나와 (22.1%)	도쿄 (9.1%)	홋카이도 (8.4%)	교토 (6.5%)	시즈오카 (5.2%)
60대~	오키나와 (17.3%)	도쿄 (10.1%)	가나가와 (7.2%)	홋카이도/효고/시즈오카 (5.8%)	히로시마 (5.0%)

자료: 오우치노(2012년)

살펴보자. 최근 실시된 '노후에 살고 싶은 곳'에 관한 설문조사(20세 이상 1,083명 대상, 오우치노 · 2012년) 결과다. 연령불문 1위 희망지역은 역시 '오키나와'다.

이유는 비슷하다. 일본최남단 특유의 따뜻하고 맑은 기후조건과 리조트지역답게 느리고 안정된 삶을 살 수 있을 것이란 기대감이다. 젊을수록 분위기를 선호하고 나이가 들수록 기후를 중시한다. 장수촌이라는 별칭처럼 건강하게 오래 살 것이란 판단도 있다. 원자력발전과 방사능공포에서 자유로운 지역이란 점도 60대 이상에겐 선호이유로 꼽힌다.

세분화해 도시를 물어도 오키나와 최대도시인 '나하'가 1위로 꼽혔다. 2위(도쿄23구), 3위(삿포로), 4위(교토), 5위(오사카 · 요코하마) 등이 뒤를 잇는다. 도쿄는 편리한 생활지향성, 삿포로는 종합적인 거주친화성이 자주 거론된다. 교토는 문화적인 생활환경, 오사카 · 요코하마는 귀소본능이 선택이유다. 제각각 이유 있는 선택이다.

그렇다면 선정기준은 뭘까. 1위는 연령불문 인연이다. 고향이거나 예전에 살아본 경험, 혹은 지인이 많은 곳 등의 인연요소가 자주 손꼽힌다. 익숙하고 정겨운 곳에서 생을 마치고픈 바람이다. 60세를 넘어선 은퇴세대의 인연강조(37.4%)는 기타세대보다 훨씬 강하다. 특히 드물게 문화 · 레저 등의 선정변수가 4위에 오른 건 고령특유의 라이프사이클에 따른 결과다. 자녀출가 등이 끝났기에 본격적인 여유를 즐기려는 경향반영이다.

국내이주를 넘어 탈(脫)일본을 실천하는 은퇴생활자도 많다. 사시사철 온화한 기후조건을 갖춘 말레이시아 등 동남아가 주요타깃이다. 저렴한 물가가 가장 매력적이다.

일례로 말레이시아의 경우 물가가 일본의 1/3에 불과해 빠듯한 연금이라도 얼마든 거주할 수 있다. 3~4개 방에 전체넓이가 100㎡를 가뿐히 넘는 가구 딸린 대형평형도 월 6만엔대면 빌릴 수 있다. 골프 등 취미생활은 환상적이다. 마사지 등 다소간의 사치취미조차 저가로 즐길 수 있다. 그래봐야 50대 부부기준 월 생활비는 25만엔이면 충분하다.

생활수준에 비해 행복정도는 아주 높다. 연금수령 연령대가 아니라도 큰 문제는 없다. 본국의 소유주택을 매각한 후 이를 외화예금으로 운용해 이자수입을 얻을 수 있어서다. 말레이시아의 경우 3.7~3.8%의 예금금리가 설정돼 주택매각 후 매각대금을 맡기기만 해도 생활비의 상당부분을 벌충할 수 있다. 신흥국답게 물가수준이 우려되지만 아직은 괜찮다. 목돈이 없다면 굳이 현지주택을 구입하지 않고 콘도임대로 거주할 수도 있다.

해외생활을 꿈꾸는 수요는 증가세다. 특히 60세 시점을 전후해 노후생

[표 4-4] 노후에 살고 싶은 지역을 고른 이유

	1위	2위	3위	4위	5위
20대	인연 (26.1%)	분위기 (17.0%)	자연 (13.7%)	편리 (10.5%)	살기 좋음 (9.2%)
30대	인연 (23.2%)	분위기 (21.3%)	기후 (17.4%)	자연 (16.1%)	편리 (10.3%)
40대	인연 (25.7%)	분위기 (15.8%)	자연 (13.8%)	기후 (13.2%)	편리 (12.5%)
50대	인연 (23.4%)	기후 (18.8%)	분위기 (14.9%)	자연 (13.6%)	편리 (11.7%)
60대~	인연 (37.4%)	기후 (21.6%)	자연/분위기 (12.9%)	문화 · 레저 (7.9%)	편리 (7.2%)

자료: 오우치노(2012년)

활지로 해외카드를 선택하는 경우가 꾸준하다. 물론 음식재료와 의료시설 등 생활변화가 염려된다. 때문에 관련업계는 예비여행을 주선해 불안감을 경감시킨다. 일본인이 많은 지역엔 일본계 슈퍼·병원 등도 과거에 비해 대폭적으로 갖춰졌다. 일본현지처럼 다양한 식재료가 구비된다. 일본인 통역자도 많아져 해외에서의 생활불편을 경감시킨다.

_탈(脫)일본 은퇴생활도 증가, '동남아 타깃'

일본 은퇴자를 잡으려는 해외정부의 지원의지는 높다. 외화획득 차원에서 이주세미나 등을 적극적으로 후원한다. 말레이시아는 50세 이상이면 10년짜리 장기비자까지 내준다. 현지 정기예금에 375만엔 이상 맡기면 비자가 나온다. 희망지로는 말레이시아가 1위로 하와이, 태국, 오스트레일리아, 캐나다 등이 톱5에 든다(롱스테이재단).

조사기관마다 다르지만 싱가포르도 빠지지 않는다. 싱가포르는 세금이 싼데다 중국어·영어권이면서 2만명 안팎의 일본인 지역사회가 구축됐다는 점이 긍정적이다. 엘리트서비스가 확충됐다는 점도 호재다. 말레이시아는 싱가포르 이전조건이 까다로워지면서 급부상했다. 한국도 미약하나마 후보국 중 하나다. 재일동포 등 국내기반을 구축하려는 경우가 적잖다.

이주가 부담스러우면 장기체제(Long Stay)가 유력선택지다. 이는 이주·영주와 다르다. 생활기반은 일본에 두고 세컨드라이프로 장기간 머무르는 타입이다. 1년에 3~6개월씩 원할 때 원하는 곳에 원하는 만큼 머문다.

인생한방의 역전기대
'복권에 노후베팅'

'결국엔 한방인가!?'

주지하듯 노후자금은 풀기 힘든 숙제다. 그렇다고 포기할 수는 없는 노릇이다. 손을 놓는다고 뾰족한 방책이 없을뿐더러 자칫 주변에 씻지 못할 민폐만 안겨줄 것이기 때문이다. 그러니 다들 구구절절한 고군분투를 반복하는 것이다.

그래서일까. '한방'에 기대려는 심리도 있다. 복권으로 인생역전을 도모하겠다는 식이다. 좀 아쉽긴 해도 범죄가 아닌 이상 힐난할 필요는 없다. 그 나름의 방법인 까닭이다. 이런 점에서 복권열풍은 장수사회의 한 단면이다.

실제 일본에선 정기적으로 복권열풍이 재연되곤 한다. TV광고는 심심하면 흘러나온다. 연말을 비롯해 휴가시즌 등 특별시즌에 판매되는 점보복권이 대표적이다. 1등 당첨금이 3억엔에 달하는데다 비과세란 점에서 엄청난 대기행렬이 진풍경을 이룬다.

일례로 2012년 2월14일 발매된 '그린점보복권'은 연일 뉴스거리로 등장했다. 동일본대지진 피해복구 재원충당을 위해 1개월 동안 한시적으로 판매되는 복권이었는데 구입행렬이 장사진을 펼쳤다. 꼬리에 꼬리를 물며 대형히트를 쳤다. 당첨되면 좋고 안 되도 좋은 일에 쓴다는 점이 인기비결이었다.

이 복권은 2억2만장이 판매돼 이중 88억엔이 피해복구비로 활용됐다. 수익금 전액은 피해지역인 9개 현(縣)과 2개 도시의 피해대책 사업재원으로 쓰였다. 거액의 유혹도 뺄 수 없다. 1등 전후번호까지 맞으면 최대 5억엔에 달한다. 사상최고액이다.

_장수사회의 정기적인 복권열풍, '일확천금의 유혹'

일확천금은 인간의 기본욕망이다. 일본열도도 마찬가지다. 특히 일본의 복권이미지는 일상생활과 밀접하다. 번화가·역세권이면 으레 복권판매점 한두 군데는 있다. 파리가 날리지도 않는다. 문전성시까진 아니라도 발길이 꾸준하다. 유명한 복권판매점은 줄 서는 게 일이다.

복권인기가 광범위한 건 연말연시 풍경에서 확인된다. 연말연시면 누구든 복권이슈에 눈길을 돌리지 않을 수 없다. 요컨대 '복권연하장' 때문이다. 일본의 연하장 주고받기는 오랜 전통이다. 디지털세상의 유일한 아날로그가 연말연시 우체국을 벌 쑤시듯 달군다. 샐러리맨 1인당 평균 46장(2011년)의 연하장을 보낸다니 엄청난 물량이다.

이 틈새를 활용한 게 복권연하장이다. 복권기능과 연하장을 합해 새해인사와 당첨기대를 함께 선물한다는 아이디어다. 연하장 엽서에 복권번호를 인쇄한 형태다. 1월 중순 발표까지 버리지 않고 당첨기대를 품을 수 있다는 점에서 인기다.

가장 유명한 복권은 점보복권이다. 연말연시를 달구는 또 다른 복권상품이다. 연말 한정판매의 '연말점보3억엔'이 주인공이다. TV·라디오만 켜면 복권광고가 흘러나온다. 중독적인 광고멜로디는 풍자대상으로 재활용된다.

압권은 고액당첨 유혹이다. 최대 3억엔의 밑밥은 열도를 열광시키기에 충분하다. 보통 1등 당첨의 경우 전후번호까지 맞아도 1억엔 안팎이니 그야말로 상당액수다. 유유자적의 노후자금으로 손색이 없는 거액이다. 게다가 판매기간이 약 한 달로 비교적 길어 입소문이 판매증대로 곧잘 연결된다. 사지 않고서는 못 배길 정도로 주요 대화주제다.

대개 10장 세트(장당 300엔)로 사는 경우가 일반적이다. 2010년엔 1,832억엔어치 팔려나갔다. 일본인 1인당 4.8매씩 구매했다는 결론이다. 점보 시리즈는 연말을 비롯해 매년 4~5회 특정시즌에 맞춰 판매된다. 그린점보도 여기에 해당한다.

선물로도 인기다. 선물문화가 일반적인 일본에서 복권은 운을 선물한다는 차원에서 자주 활용된다. 복권연구가도 많다. 『복권고액당첨자백서』라는 책까지 매년 나온다. 인터넷엔 관련정보를 공유하는 동호회가 상당수에 이른다. 2008년엔 샐러리맨의 로또 1등 당첨을 주제로 다룬 TV드라마(ロト6で3億2千万円てた男)까지 방송됐다.

덩달아 뜬금없는 소문도 화제다. 당첨확률을 높이는 비밀스런 정보가 대표적이다. 일례로 매년 1월부터 1년간 방영되는 〈NHK〉 대하드라마의 배경지역에서 복권을 사면 당첨확률이 높다는 식이다. 실제 2010~2011년은 드라마의 역사무대로 등장했던 고치(高地), 사가(滋賀) 등에서 1등 당첨이 속출했다. 같은 맥락에서 2012년엔 야마구치(山口), 2013년엔 후쿠시마(福島)가 유력후보지다. 언론보도에 따르면 실제 해당지역의 복권 판매액이 증가했다.

_복권의 일상정착, '늘어나는 복권구매자'

그렇다면 복권시장은 어떨까. 복권시장은 2000년대 중반이후 사양조짐이 뚜렷하다. 2011년 판매액은 1조481억엔(847회)으로 전년대비 다소 줄었다. 다만 동일본대지진 부흥복권은 325억엔이 신규로 편성됐다. 부진한 복권판매를 독려하는 차원에서 당첨최고액을 7억5,000만엔(300엔×250만배)으로 상향조정하기도 했다.

판매액 중 39%(3,599억엔)는 점보시리즈다. 1999년(56%)보다 줄었지만 여전히 최대비중이다. 그 다음은 로토6(2,121억엔), 전국통상(1,207억엔), 넘버즈(984억엔) 등이다(2010년). 복권구입비는 경기침체 탓에 감소세다. 1인당 연간 1만4,130엔으로 저율·고액복권(20.8%)보다 저액·고율복권(61.3%)을 선호하는 편이다.

반면 복권구매자는 매년 증가세다. 과거 1년에 걸친 복권 구입경험은 75.2%에 달한다. 인구로는 약 8,000만명 안팎으로 과거최고치 기록이다. 이중 절반이상은 1회 이상 구입했다. 열성팬으로 추정되는 월 1회 이

상 구입자는 13.4%로 1,424만명에 이른다. (일본복권협회 · 2010년). 구입
주체는 연령별로 다양하지만 핵심구매자는 50대를 전후한 중년그룹이
다. 은퇴준비가 미약한 가운데 복권구매를 통해 노후자금을 충당해보려
는 수요로 추정된다.

역시 당첨자는 60대 이상 여성이 많다. 복권구입 10년 이상이 압도적
이며 구입매수는 평균 30매(20%), 10매(19%), 20매(17%)로 나타났다(복권
고액당첨자백서 · 2010년). 운 좋게 이벤트로 사기보다는 정기적인 복권구
매 습관을 지닌 이들의 당첨확률이 높다는 계산이다.

사행성 염려는 비교적 낮다. 복권관리가 비교적 엄격해서다. 용도규제
는 물론 사행조장을 막고자 철저한 감시가 이뤄진다. 기금조성률은 높은
편이다. 판매금액의 구성비율은 당첨금(46.2%)이 가장 많은 가운데 기금
조성(39.1%), 판매원가(14.7%) 등이다(2010년).

[그림 4-8] **복권판매액 구성비**

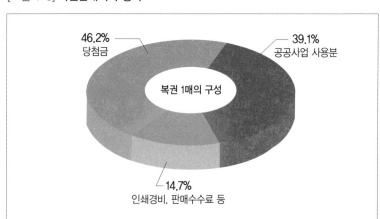

자료: 일본복권협회(2010년)

기금조성은 발매처인 전국지자체와 지정도시(19개)에 분배돼 발매목적에 따라 공공사업 등에 사용된다. 2010년의 경우 3,590억엔이 공공사업에 쓰였다. 한편 지진피해 복구비용을 위한 특별발매는 과거 2차례 있었다. 1996년(한신대지진)과 2005년(니이가타대지진)이다.

특이한 건 일본의 경우 당첨금액을 전부 준다는 점이다. 세금을 떼지 않는다. 한편 일본의 복권역사는 전후(戰後) 복구자금 충당에서 비롯됐다. 크게 통상복권, 점보복권, 숫자선택형의 3가지가 있다.

5장

여가모색
행복은퇴를 위한
최후마침표

돈을 이기는 노후가치
'누구와 무엇을?'

4050세대는 외롭고 힘들다.

은퇴예비군이란 별칭답게 인생전환점이 곧 다가오는데도 불구, 준비 상황은 마뜩찮다. 그래서 중년인생은 더 아슬아슬하다. 은퇴난민 여부를 결정할 티켓은 일자리로 갈리는데 이미 중년의 회사출근은 내일을 예약하기 힘들다. 온통 가시밭길 천지다.

또 가족갈등은 위험수위에 달했다. 황혼이혼(아내), 캥거루족(자녀), 간병지옥(부모)의 상징단어에서처럼 가장은 월급기계로 전락한지 오래다. 가족으로선 미안해도 답이 없다. 이미 가장의 존재감은 그렇게 오랫동안 익숙해졌다. 사랑과 애정은 잘 모르겠다. 가족들로서도 눈앞의 현실이 더 매섭다. 가장을 챙기기엔 그들 삶이 빠듯한 법이다.

반면 돈은 없다. 연금이라도 넉넉하면 좋겠지만 현재로선 기대난이다. 쟁여둔 재산은 달랑 아파트 한 채뿐이다. 달랑이라도 평균은 한 것 같아

다행스런 중년가장이 적잖다. 빚이 많지만 최후보루기에 '하우스푸어'란 단어는 신경 쓰지 않는다. 문제는 월급이다. 언제까지 받을지 갈수록 자신감이 떨어진다. 이대로라면 노후준비는 영영 힘들어진다.

_노후준비는 종합예술, '누구와 무엇을 할까'가 중요

여기까지는 많은 이들이 학습적으로 혹은 경험적으로 이해하는 노후불안의 근거다. 대략적인 공통점은 '돈'이다. 그래서 노후준비를 떠올리면 대부분이 자산축적을 위한 운용플랜을 가장 먼저 거론한다. 특히 사실상 그 준비를 위한 최후타이밍인 4050세대의 노후준비가 자산운용이라는 하나의 과제로 치환되는 배경이다.

물론 돈이 중요하다. 한국처럼 노후생활을 위한 사회안전망이 취약한 국가에선 더 그렇다. 복지시스템으로 제공받지 못하는 노후수요라면 제값을 내고 스스로 구매할 수밖에 없다. 즉 시장재화답게 정당한 대가인 돈을 지불해야 노후재화·서비스를 살 수 있다. 돈이 있어야 원하는 노후생활을 유지할 수 있다는 얘기다.

다만 돈이 전부는 아니다. 중요하지만 필수항목으로까지 격상시킬 필요는 없다. 절대량의 차이는 있을지언정 돈이 많이 없어도 행복노후를 실현 중인 사례가 적잖기 때문이다. 대표적인 게 인간관계다. 좋은 인간관계가 행복한 노후생활을 결정한다는 선행연구는 셀 수 없이 많다. 노후준비가 일종의 종합예술이라면 그 최대변수는 '사람'이라고 볼 수 있다.

물론 사람만 있다고 충분하진 않다. 사람만큼 중요한 게 취미다. 되레 취미를 공유하는 사람을 갖는 게 인간관계를 한층 원만하고 길게 가져가는 비법이다. 자산운용이 재무적 노후준비의 핵심이라면 취미는 건강, 사람과 함께 비재무적인 항목을 구성하는 뼈대다. 그럼에도 불구, 많은 은퇴예비군이 잊고 있는 준비항목이 취미다. 중년이 될 때까지 접해보지 않은 낯선 단어인데다 워낙 굵직한 자산마련이란 난제 앞에 서 있으니 취미는 적잖이 여유롭고 한가해 보일 수밖에 없다. 은퇴세대에겐 통탄의 후회항목임을 이들은 아직 잘 모른다.

　『은퇴 후 8만 시간』이란 책이 있다. 책의 8만 시간 계산법을 보자. 60세에 은퇴해 100세까지 사는 걸 가정하고 하루 중 11시간(먹고 자는 시간 등을 뺀 경우)이 고스란히 남는다고 가정하면 약 16만 시간이 나온다(11시간×365일×40년). 이때 경제적인 준비가 미흡할 경우 그중 절반을 소득활동에 할애하면 8만 시간이 남는다. 100세까지 사는 게 비현실적이라면 80세까지 산다 해도 사정은 비슷하다. 즉 소득활동 없이 20년을 살면 똑같이 8만 시간이 남는다. 어떤 계산이든 정도의 차이는 있지만 대략 8만 시간 정도의 적잖은 세월이 남는다고 할 수 있다.

　계산법이 좀 작위적이지만 중요한 건 엄청난 시간이 남겨진다는 점이다. 이 시간 동안 무엇을 할지 생각해보면 참으로 막막하고 답답할 수밖에 없다. 몸이 말을 듣지 않고 돈이 좀 들지언정 은퇴이후 주어질 이렇게 긴 시간을 숨만 쉬고 있을 수는 없는 노릇이다.

　이웃나라 일본은 이런 점에서도 중요한 선행족적을 남겨준다. 장수대국을 살아가는 일본노인의 일상생활이 은퇴이후의 취미모색이라는 숙제를 안고 있는 한일양국의 후배그룹에게 적잖은 시사점을 제공해줘서다.

최근 '닛세이기초연구소'에서 재미난 보고서가 나왔다. '단카이(團塊)퇴직자, 맘 둘 곳은 어디'라는 보고서다(2012년 11월). 부제는 '공립도서관의 인기이유'다. 1947~49년생인 베이비부머들이 2012년 65세에 달하면서 대량퇴직이 시작됐는데, 이들이 즐겨 찾는 공간으로 도서관이 인기목록에 올랐다는 게 요지다.

이용만족도를 높이는 대출업무의 신속화, 도서검색의 지원, 화제신간의 적극구입 등과 함께 베이비부머가 처한 현실한계가 도서관방문으로 이어졌다는 분석이다. 쾌적한 시설환경, 경제적 부담경감, 여유로운 이용시간 등이 은퇴세대 특유의 불안감을 안심감으로 승화시켰다는 의미다.

사견이지만 여기에 덧붙여질 분석근거는 또 있다. 도서관 인기비결엔 민폐를 싫어하고 정적생활을 즐기는 특유의 일본문화가 한몫해서다. 이는 이웃의 한국·중국과 비교해도 뚜렷한 일본노인만의 은퇴생활 여가 스토리다.

_일본노인의 8만 시간, '공립도서관의 인기이유'

일본노인의 여가생활은 한국에겐 일종의 반면교사다. 필요이상 조용하고 다소곳해 활기와 에너지를 찾아보기 힘들다. 대내외로 가뜩이나 위축된 은퇴생활이 한층 억압적이고 폐쇄적인 양상으로 흐를 공산이 크다.

실제 일본노인은 잘 움직이지 않는다. 간병이 필요한 노인환자야 둘째치고 건강한 노인조차 일상생활에서의 움직임이 별로 없다. 고작해야 꽃밭을 가꾸거나 집안을 정리하는 게 고작일 때가 많다. TV 앞에 앉아 기

계적으로 리모컨을 돌리며 시간을 보내는 경우가 더 많다. 실제 TV시청
자의 압도그룹은 고령세대다. 20대의 일평균 TV시청시간은 2시간 정도
인데 60대는 4시간을 넘긴다(NHK방송문화연구소). TV에서 라디오로 옮
겨가는 고령인구도 만만찮다.

교통비가 비싸니 외출은 부담스럽다. 커튼을 내린 채 은둔적인 외톨이
로 집안에서만 오가는 경우가 태반이다. 이곳저곳을 기웃대며 집밖에서
활동공간을 찾으려는 노인은 찾기 힘들다. 이웃과의 일상교류는 의외로
적다. 이런 점에서 한국의 지하철 무료제공은 노년기 여가생활을 응원하
는 차별적인 포인트다.

활동영역이 좁으니 커뮤니케이션이 원활할 리 없다. 은둔생활의 독거
노인화가 확대되면서 아예 말을 하지 않는 고령자가 많다. 간병시설 등
동년배의 집단공간조차 커뮤니케이션은 기대하기 힘들다. 동그랗게 둘
러앉아서도 대화는 상실이다. 묵묵부답의 무표정이다. 역시 특유의 인간
관계 탓이다. 남을 배려해 간섭하지 않고 폐를 끼치지 않으려는 태도다.
노인고독을 노린 방문사기가 급증하는 배경이다.

실제 일본노인의 사회참가는 매년 빈도·열의가 감소세다. 『고령사회
백서(2010년)』를 보면 이웃과의 교류는 갈수록 줄고있다. 친하게 지낸다
는 응답은 1988년 64%에서 2008년 43%로 줄었다. 대신 간단한 인사 정
도만 나눈다는 응답은 31%에서 51%로 늘었다. 희박해진 관계설정이다.

그러니 일본노인은 많이 아프다. '취미→관계→행복'이 가동되지 않으
니 생활환자가 넘쳐난다. 치매가 대표적이다. 일본의 노인평균 유병(有
病)비율은 3.0~3.8%에 달한다. 치매환자를 위한 시설·인적지원이 많다
는 게 그나마 안심할 수 있는 노후생활 근거다.

한국은 일본보다는 치매비율이 낮다. 다만 한국도 노인치매가 이제 가족붕괴를 넘어 사회병폐로 연결 중이다. 다만 일본보다는 그래도 활동성이 높다. 경보, 스트레칭, 기구운동 등을 즐기는 노인이 많아서다. 어느새 동네공원의 설치시설이 미끄럼틀에서 건강기구로 바뀌었을 정도다.

반면 일본노인은 공원에서 사라졌다. 일본노인에게 운동습관이 원래 없다는 점도 관계있다. 운동량을 늘리라고 처방해도 실천이 어려운 건 원래 운동해본 적이 별로 없어서다. 운동시설은 거의 활용되지 않는다. 공원은 많지만 운동은 없다.

취미를 대체하는 강력한 카드가 손자양육이다. 손자양육은 노년생활의 중대관건이다. 한국의 은퇴세대에게 손자양육은 '뜨거운 감자'다. 피하고 피하지만 어쩔 수 없이 떠맡는 경우가 비일비재하다. 맞벌이가 대세인 상황에서 아들·딸의 생존문제를 무시할 수 없는 내리사랑의 결과다. 자녀세대도 직장과 가정양립이 힘든 탓에 부모세대가 손자세대를 돌봐주기를 바라는 게 현실이다.

그런데 일본은 웬만하면 손자를 돌봐주지 않는다. 최근 본인의 삶을 희생하면서까지 손자를 양육하는 경우가 늘고는 있지만 아직은 소수사례다. 즉 고착화된 세대단절이다. 워낙 일찍 독립적인 가구구성을 실천하다 보니 결혼이후에도 부모와의 관계는 소원한 게 보통이다. 따라서 손자양육이 한국보다 일반적이지 않다. 이는 일본노인의 여가생활이 한층 독립적일 수 있다는 근거이면서, 그 반대로 아무 것도 할 게 없다는 폐쇄성을 의미한다.

한 마디로 일본노인의 여가생활은 대개 정적이며 폐쇄적이고 단절적이다. 망망대해를 떠도는 외로운 돛단배처럼 은퇴이후 '누구와 무엇을' 하며 관계유지를 확보할지 고민스럽다. 일도 없고 취미마저 없다면 은퇴생활은 곧 감옥처지와 마찬가지다. '회사인간'의 타이틀로 30~40년을 살아온 남성은퇴자라면 특히 노후생활은 파편·고립·피폐해질 수밖에 없다.

다행스러운 건 변화조짐이다. 길어진 인생2막을 살아내고자 취미활동으로 사회참가의 끈을 유지하려는 수요증가다. 60세 이상 고령자의 그룹활동 참가여부를 물었더니 1998년 44%에서 2008년 60%로 늘어났다. 건강과 유대를 챙기기 위한 스포츠(31%), 지역행사(24%) 등이 상위권에 랭크됐다. 외부활동에 참가할수록 삶의 만족도가 높아진다는 현실적인 이유 때문이다.

_'취미→관계→행복'의 작동정지, 많이 아픈 일본노인

뭔가를 '배우려는 노인'도 늘었다. 학습·자기계발·훈련 등을 받은 고령자가 10명 중 3명으로 집계됐다(2011년). 베이비부머처럼 젊은 고령자가 새롭게 합류하고 노인활력을 높이는 각종 제도정책이 겸비된 결과다. 즉 막 은퇴를 했거나 은퇴예비군 중 적잖은 수가 노후생활을 즐기고자 새로운 취미영역에 데뷔를 했다는 얘기다.

노인은 외롭다. 여러모로 서럽고 힘들다. 당장 시급한 건 돈이다. 은퇴란 장벽 탓에 일을 못하니 돈벌이가 끊긴다. 쟁여둔 목돈이라도 있으면 생활비를 벌충한다지만 그것도 생각보다 쉽잖다. 어지간히 큰돈이 아니면 나중(?)이 염려돼 헐어 쓸 수도 없다. 60세라도 100세 때를 떠올리면 돈을 움켜쥘 수밖에 없어서다. 불확실한 수명연장이 낳은 신풍경이다.

다만 돈이 전부는 아니다. 돈만큼 중요한 또 다른 노후변수가 있다. 관계다. 이는 유대와 연대로 요약되는 사람과의 연결고리다. 이를 더 갈무리하면 여가생활과 직결되는 취미다. 노년취미야말로 관계돈독의 메인장치인 까닭에서다.

친구든 배우자든 노년취미가 있을 때 관계는 한층 행복·탄탄해진다. 노년에 즐길만한 여가생활이 없다면 서둘러 마련하는 게 좋다. 노인일수록 에너지가 필요한 법이다.

취미 막는 현실복병
'용돈, 점심값은 얼마?'

"취미생활은 꿈도 못 꾼다."

이 시대를 살아가는 보통 사람이면 누구나 공감하는 얘기다. 돈을 많이 벌건 적게 벌건 상황은 마찬가지다. 눈앞의 취미생활조차 없는데 노후에 뭘 하며 보낼지 생각할 여유는 더더욱 없다. 가뜩이나 치열한 경쟁세계에서 살자면 그나마 꿈꾸던 취미조차 즐길 여력이 없다.

지행합일(知行合一)이랬다. 역시 어려운 과제다. 살다보면 아는 것과 실천하는 것은 다른 얘기다. 알아도 행하기 힘든 게 현실의 냉엄한 한계다. 노후준비도 그렇다. 위급함을 알면 준비해야 할 텐데 그게 쉽잖다. 특히 취미영역처럼 순위가 밀려나는 노후과제는 지행합일이 참 어렵다. 차일피일 미루다 옷을 벗고 나서야 깨닫게 된다.

실제 한국의 은퇴예비군은 노후생활을 준비할 때 취미를 위한 여가활동 마련에 가장 소극적인 것으로 나타났다. 한국인의 노후준비 상황을 조사한 결과(2013년)를 보니 취미는 사실상 낙제점이었다(보건복지부). 여가생활(46점)이 가장 미흡한 가운데 재무상황(47점), 대인관계(61점), 건강상태(75점) 등의 순서로 조사됐다.

이유는 많다. 최전성기인 4050세대 라이프스타일은 취미를 즐길 틈이 없다. 그 시간에 직장에서의 생존능력을 키우는 게 낫다. 또 하나는 돈이 없다는 점이다. 많이 벌어도 스스로를 위한 지출은 생각보다 쉽잖다. 인색한 게 자연스럽다. 돈을 들이지 않는 취미를 찾으면 좋겠지만 애석하게도 잘 없거니와 오래가지 못한다.

결국 취미엔 돈이 든다. 금액차이는 있지만 쌈짓돈 지출이 불가피하다. 그런데 현실이 이를 허락지 않는다. 용돈조차 줄어드는 판에 느닷없는(?) 취미생활에 돈을 투여하는 건 웬만한 강심장이 아니면 실천하기 힘들다.

_직장인의 불황풍경, '취미 갖고 싶어도 돈이 없다!'

일본중년들을 봐도 상황이 비슷하다. 회사에 충성한 채 장기간을 살아온 열도의 4050세대라면 더더욱 개인적인 여가취미의 마련은 만만찮은 과제다. 더욱이 총알조차 부족해 시도조차 못하는 포기사례가 줄을 잇는다. 따라서 즐거운 노후생활을 하자면 4050세대일 때 취미를 만들어야 한다고 강조해봐야 마이동풍(馬耳東風)이다.

그럼에도 불구, 취미모색은 행복은퇴를 위한 사실상의 마침표다. 마지막 준비물이란 의미다. 은퇴이후 새롭게 여가활동에 데뷔해도 좋지만 가능하면 일찍 시작해 오래 즐기는 게 낫다는 점에서 은퇴예비군의 레테르가 붙는 40대부터는 본격적인 고민이 필요하다. 용돈은 줄어들지언정 이를 아끼고 현명하게 쓸 경우 최소 8만 시간을 제대로 즐기는 행복은퇴가 가능해서다.

용돈은 시대반영의 바로미터다. 호·불황별로 용돈수준이란 확연히 엇갈린다. 용돈특유의 탄력적인 특성 탓이다. 그렇다면 20년 넘게 불황 파고에 시달리는 일본 직장인의 지갑사정은 어떨까. 왜 일본의 직장인은 이렇다 할 취미생활조차 하지 못 하는지 용돈, 점심값으로 살펴보자. 한편에서는 주부의 비상금을 비교잣대로 추가해보자. 이는 직장인의 지갑사정을 30년째 조사 중인 한 설문조사 결과다(2012년·新生銀行).

[그림 5-1] 일본직장인의 평균용돈 변천추이

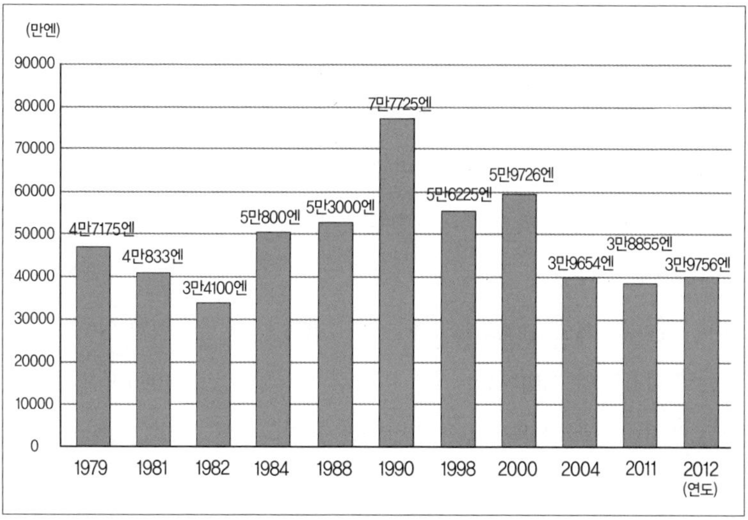

자료: 신세이은행

일본 직장인의 평균용돈은 2012년 월 3만9,756엔으로 집계됐다. 30년 전인 1981년(4만833엔)과 동등수준이다. 그나마 대지진이 있었던 2011년(3만8,855엔)보다는 약간 좋아졌다. 최초조사였던 1979년은 4만7,175엔이었다.

이후 1980년대 초까지 담배·주류·기름·우편요금 등의 가격인상이 용돈핍박을 심화시켰다. 물가가 안정된 1984년은 최초로 5만엔대를 돌파했다. 여세를 몰아 버블절정이던 1989년 이듬해엔 무려 7만7,725엔까지 치솟았다.

다만 1990년대부터 용돈흐름은 하강파도를 탔다. 내수불황에 외환위기까지 겹쳤던 1998년엔 5만,6225엔까지 떨어졌다. 그래도 이때 월급은 그나마 사상최고치를 찍었다(1997년·467만3,000엔). 지금(2009년·405만9,000엔)과 비교하면 꽤 넉넉했었다.

그럼에도 불구, 용돈이 하향추세를 그린 건 장래불황을 예견한 생존차원의 선행조치였다. 바닥은 '아직'이었기 때문이다. 이들의 용돈은 2004년 3만9,654엔까지 추락했다. 중국수출·미국내수의 글로벌 대호황이 2000년대 이후 일본기업의 금고는 불려줬어도 가계살림엔 되레 걸림돌이 됐다. 인건비를 필두로 한 경비절감 경영철학이 일상화된 결과다. 다행스러운 건 디플레다. 물가하락이 용돈핍박을 일정부분 완화시켰다.

그렇다면 부족한 용돈마련은 어떻게 할까. 시대상황별로 응답이 엇갈린다. 점심값, 술값 등을 아껴 용돈을 마련하는 게 통상적인 상위답변이지만 기타응답이 재미나다. 가령 버블경기가 한창이던 1980년대 중후반에는 택시비를 아껴 용돈을 마련한다는 샐러리맨이 많았다. 1990년대부터 이 답은 톱10에서 자취를 감췄다. '한턱내기보다 더치페이 고집'도 마찬가지다. 불황진입 이후 정착된 샐러리맨의 절약노하우다.

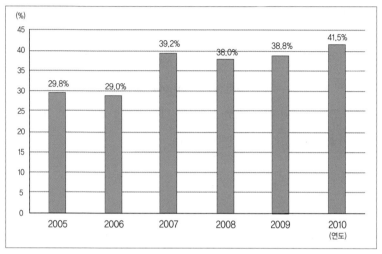

[그림 5-2] 월급 이외의 수입이 있는 일본직장인

자료: 신세이은행

줄이기보다 아예 늘리기로 돌아선 직장인도 많다. 발상의 전환이다 월급이외의 수입을 물었더니 2005년 29.8%에서 2010년 41.5%로 늘었다. 내용은 역시 고위험·고수익의 '주식·외환투자'다. 최근 6년 연속 1위에 올랐다. 2위는 인터넷경매다.

용돈이 주니 점심값도 아낀다. 일본 직장인의 평균점심값은 510엔이다. 역시 용돈이 더 많았던 1979년(565엔)보다 줄어들었다. 피크는 버블잔영이 있었던 1992년(746엔)이다. 이후 내수침체로 용돈핍박이 지속되면서 점심값도 덩달아 줄었다. 실업률(완전)이 전후최악인 5.4%를 기록한 2002년에는 점심값 700엔선(693엔)마저 무너졌다. 이후 2005년엔 571엔까지 떨어졌다.

점심식사 소요시간도 감소세다. 1983년의 33분에 비해 1993년 27.6분, 2012년 19.6분으로 줄어들었다. 30년 만에 2/3로 감소했다. 맛과 정결함보다는 싸고 가까운 곳에서의 점심해결 경향도 강해졌다. 또 다른 점심값 조사를 보면 2050세대 직장인 중 31.3%가 도시락 등으로 해결한다고 했다. 이상적인 점심값은 600엔 미만(81.6%)이 압도적이다. 조사에선 용돈용처도 물었는데 취미(80.3%), 식사·기호품(77.0%), 교제비(60.7%) 등의 순이었다(2012년·미쓰이다이렉트손보).

_남편 용돈, 점심값은 감소, 아내 비상금은 증가

반면 남편용돈은 줄어도 주부비상금은 늘어난다. 만약의 지출사태를 막으려는 대비차원이다. 일본주부의 비상금은 사상최고치에 달했다. 2012년 여름 가정주부의 평균비상금은 384만엔으로 집계됐다. 2011년보다 48만엔이 늘었다. 최고금액 보유주부는 5,000만엔이다.

그만큼 주부가 보는 가계전망은 비관무드 일색이다. 숨통을 틔어주곤 했던 보너스 전망을 두고 '줄거나 없어질 것(30%)'으로 보거나 향후 가계운영이 괴로워질 것(60%)으로 내다보는 이가 많다. 보너스 사용처는 저축·변제 등과 함께 생활비 벌충이 많고 전통적인 용처였던 여행·구매 등 '작은 사치'와 관련된 소비항목은 줄었다. 특히 30대 주부의 83%가 '보너스=저축'이라 생각한다. 비상금 목적은 노후준비(46%)가 압도적이다(손보저팬DIY생명·2012년).

이렇듯 일본열도의 중년 샐러리맨을 둘러싼 용돈사정은 20년 이상 악화일로다. 경기악화로 월급자체가 핍박무드로 전환되니 당연한 결과다. 이런 와중에 노후생활을 위한 여가취미를 미리미리 챙겨보라 언질을 줘도 먹힐 리 만무하다.

반면 재미난 건 중년이상 여성그룹의 소비구매력이다. '남성전업 · 여성가사'의 외벌이 모델이 비교적 건재하게 남아 있는 4050세대의 지출결정권과 구매력의 파워는 사실상 여심(女心)에 집중된다. 남편보다 아내의 입김이 훨씬 결정적인 힘을 갖게 된 것이다.

다음 파트에서 은퇴에 임박한 중년이상 일본아줌마의 화려한 소비변신에 대해 자세히 살펴보자. 중년아줌마들의 은퇴이후 생활양상과 여가취미를 엿보는 중대한 힌트가 될 수 있기 때문이다.

힘세진 중년여성
'백금세대의 자가운전 인기'

역시 일본답다.

어떤 통계를 보든 일본은 확실히 은퇴대국이다. 이를 재차 증명해주는 통계는 수두룩하다. 매년 갱신되는 기록은 타의 추종을 불허하는 명실상부한 노인국가임을 증명해준다.

65세 이상 일본인구는 2012년 9월부로 3,000만명(정확히 3,074만명)을 넘긴 것으로 밝혀졌다(후생성). 2011년보다 102만명이 새로 늘었다. 비율은 24.1%로 사상최고치 갱신이다. 1차 베이비부머인 단카이(團塊)세대 맏형격인 1947년생이 65세를 맞아 고령그룹에 가세한 결과다.

이중 압권은 여성이다. 남성(1,315만명)보다 훨씬 많은 1,759만명에 달한다. 전체여성 4명 중 1명(26.9%)이 고령자란 얘기다.

이 결과 열도의 중·고령여성이 집중조명 받고있다. 복합불황의 내수침체를 해결할 새로운 소비주체 중 하나로 유력해서다. '회사인간'인 남편내조에서 벗어나고 있는 것과 비례해 인생후반전을 즐기려는 그녀들의 욕구표출이 거세진 결과다. 자녀양육까지 끝나가니 한층 여유롭다. 배우자 연금분할이 가능해지자 남편과 헤어지려는 황혼(熟年)이혼마저 불사한다. 노후의 아내복수다.

'대형폐기물' 남편으로선 권력이양에 동의할 수밖에 없다. 적어도 가정경제권을 아내가 쥐기 시작하는 것만큼은 은퇴가 임박한 중년세대의 공통점이다. 여성파워의 증대다. 이들 중년가구의 자금여력은 탄탄하다. 평균적으론 부족해도 큰 염려는 없다. 저축자산이 충분하다. 그래서 이들은 기업의 우량고객 후보로 손색없다. '액티브시니어'라고 치켜세우며 자금·시간·건강의 3박자를 갖춘 신흥고객에게 러브콜을 날리는 이유다.

_'남편→아내'로의 가정경제권 이양 가속화

돋보이는 곳은 여행업계다. 여행업계는 중년여성의 지갑을 열고자 다양한 맞춤상품을 출시했다. 그도 그럴 게 이들의 일상취미로 여행이 가장 선순위에 꼽힌다. 설문조사를 보면 은퇴직후 여성의 일상취미 1위는 1박 이상의 국내여행(50.4%)이다. 4위의 당일치기 국내여행(40%)까지 고려하면 외향적인 여행취미는 압도적이다. 동일연령의 남성취미 1위인 산책(57.3%)과 대비된다.

소비의욕도 왕성하다. 동년배남성은 물론 전체여성과 비교해도 약 10%P 높다. 건강에 대한 자신·센스도 넘쳐난다. 그렇다고 해외여행까지 적극적이진 않다. 애초 기대됐던 실버시장의 유력아이템에서는 확실히 제외됐다. 은퇴이후 30~40년을 생각하면 고비용의 해외여행은 어쨌든 부담스럽다. 일상취미 중 해외여행 순위는 10위(29.1%)까지 하락했다 (ADK생활자종합조사 · 2012년).

특이한 건 국내여행 방법이다. 즉 운전대를 직접 잡는 초자 중년의 증가세다. 심상찮은 중 · 고령 여성운전자의 대량등장이다. 이는 운전면허보유율로 확인된다. 여성면허자의 연도별 규모변화를 보면 2000년과 2010년은 뚜렷이 구분된다. 여성면허자의 확연한 고령화다.

여성면허는 10년간 55~59세(232만명→328만명), 60~64세(147만명→345만명), 65~69세(86만명→210만명)에서 모두 급증했다. 반면 34세 이하 여성면허자의 규모는 10년 전보다 줄었다(경시청). 면허보유율은 10년간 60~64세(37.2%→67.2%), 65~69세(22.8%→48.7%) 등에서 2배나 급증했

[그림 5-3] 여성의 연령별 면허보유자수

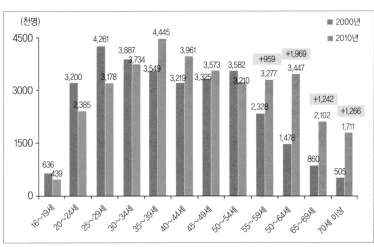

자료: 경시청

다. 비중변화가 거의 없는 동년배남성과 차별적이다. 당연히 일상생활에서의 여성운전파도 증가세다. 특히 은퇴임박의 1951~55년생은 주 1회 이상 운전하는 여성이 절반이상에 달한다. 사실상 여가생활의 범위가 확대됐다는 의미다.

_중년여성 면허취득 붐, 자가운전으로 여가확대

중년여성을 중심으로 한 은퇴세대의 운전여행은 새로운 트렌드다. 대신 대중교통 · 가이드를 활용한 전통패턴은 선호도가 낮아졌다. 1946~50년생 여성의 경우 숙박시설 직접수배 · 자가운전(43.0%)이 숙박시설 직접수배 · 대중교통(27.5%)보다 선호된다(JTB종합연구소 · 2012년). 은퇴생활에 정착한 전통적인 여성노인들과는 구분되는 결과다.

　자가운전을 이용한 국내여행은 만족도가 높다. 우선 동선확대다. 대

[그림 5-4] 성별 운전면허(보통) 보유율 비교

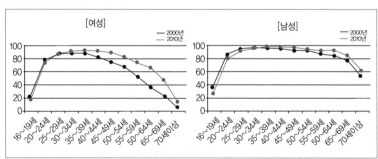

자료: 경시청

중교통이었다면 철도노선 혹은 역사주변에 한정될 게 자동차라면 어디
든 확장될 수 있다. 땀을 흘릴 필요도 없다. 얼마든 차량수납이 가능하
고 골프·바비큐 등 관련 물품을 실을 수 있어 적극적인 여행이 가능해
진다.

게다가 요즘 초자 할머니는 대부분 스마트폰, SNS에 능통해 여행정보
를 손쉽게 입수하여 세세한 여행거리를 즐길 수도 있다. 탑승인원이 허
락하는 한 동반여행객이 늘어나 결과적인 경비절감에도 효과적이다. 예
정에 없던 곳을 들르는 재미도 있다.

자가운전은 여행업계의 패키지 상품에겐 대단한 위기다. 하지만 기회
는 있다. 자가운전만으로 커버 못하는 현지의 정보제공과 새로운 관광루
트 발굴·연계 등이 잠자고 있던 잠재수요를 일깨워 수요확대로 연결될
수 있기 때문이다.

_중년여성의 화려한 변신 '백금세대의 파워'

뿐만 아니다. 경제권을 장악해나가기 시작한 중년이상 여성그룹의 등장
은 새로운 소비트렌드를 창출하는 일등공신이다. 집안에만 매몰된 현모
양처에서 벗어나 활동반경을 넓히며 소비생활을 주도하는 유력한 소비
주체로 등장했기 때문이다. 은퇴시점에 임박해 축소되는 남편시장과 달
리 아내시장은 급격한 팽창조짐을 보이고 있다.

주지하듯 '매스(Mass)'는 사라졌다. 대량생산·소비시대의 종언이다.
그 자리를 다품종·변량생산이 대체하고 있다. 저성장사회의 새로운 키

워드다. 특히 가계소비의 축소압박이 거세다. 장수사회의 동반현상인 불확실성 때문이다. 내수시장을 쥐려는 기업은 그만큼 주도면밀한 전략수립이 필수다.

그나마 제조업보다는 서비스업이 낫다. 수명연장으로 수요가 창출되며, 전망도 밝다. 요컨대 저성장 · 고령화 추구모델이면 꼭 챙겨봄직한 고객그룹이 있으니 바로 앞서 강조한 여성고객이다. 세분화하면 중 · 고령 여심(女心)의 구매파워다. 사실상 장수사회의 유력한 구매력을 갖췄다.

장수사회는 모계사회다. 여성수명이 긴데다 '제조업→서비스업'의 구조전환이 여성화를 촉진한다. 여성이 유력한 생산 · 소비주체로 부각된다는 얘기다. 소비시장에선 특히 곳간열쇠를 쥔 은퇴전후의 여심이 관심사다. 그래서 이들을 '플라티나(Platina=백금)세대'라 부른다(미츠비시종합연구소). 이들 중년이상 여성그룹에 적극적인 러브콜을 날리는 쪽은 패션업계다. 멋진 외모에 관심을 갖는 베이비부머 세대의 여성은 거대규모(2,200만명)를 자랑한다.

실제 60세 즈음의 여성에게 물으니 "멋지게 꾸미고 싶다"는 답변이 60.2%를 넘겼다(고령자 일상생활에 관한 의식조사 · 2009년). 2004년 조사 때보다 6.8%P 늘었다. 특히 70대 전후라면 전후 미국영향에 그대로 노출돼 헐리우드 여배우 스타일에 익숙하다. 살면서 대부분의 유행패션을 체험했다는 점도 고무적이다. 시장규모는 3조4,000억엔대다. 잠재수요까지 합하면 6조엔을 넘기며 절반이상이 여성고객이다. 이들 여성의 월 의류구입비는 6,000~7,000엔이지만 원하면 2배 이상 비싸도 사겠다는 응답이 압도적이다.

이를 배경으로 기업은 시니어여성 공략에 열심이다. 유명통판회사 '닛

'센'은 20~30대의 주력고객에서 벗어나 60~70대 타깃의 계절패션 카탈로그('ここいろ気分')를 2011년 선보였다. 시니어마켓에 대한 본격적인 진출신호다. 5호까지 발매됐는데 도합 100만부가 배포된 것으로 알려졌다. 판매액은 우상향이다. 실험은 일단 성공했다.

_업계주목, 새로운 시장의 주역으로 급부상

백화점은 전용매장을 별도 층에 마련했다. '다이마루(大丸)백화점' 교토점은 2011년 60~70대를 노린 전용공간 '마담실렉션'을 오픈했다. 여유로운 쇼핑을 위해 브랜드를 줄이고 곳곳에 2~3인용 휴게공간을 갖췄다. 피팅룸은 원래보다 1.5배 늘리고 의자와 손잡이를 둬 배려했다. 지적 호기심을 맞추고자 전통녹차 매력을 알리는 강좌나 포장체험 등 레슨강좌까지 개최한다. 눈높이에 맞춘 즐거운 쇼핑이 지향점이다.

시니어패션쇼는 이제 흔해졌다. 그간의 고령자 패션스타일과는 확연히 차별화된다. 화려한 가발에 최신유행 조끼 등이 적극 권유된다. 전통인식과는 한참 멀다. 차분하고 소박한 컬러·패션이 불만인 고객심중을 읽어낸 결과다. 이와 관련해 시니어모델을 채용하는 등 활기찬 아줌마·할머니의 활약상을 다룬 매체기사도 급증세다.

그럼에도 불구, 체형변화로 젊은이와 같은 스타일을 즐길 수는 없다. 색다른 걸 원해도 칙칙한 컬러에 대형사이즈뿐이다. 틈새는 여기서 도출된다. 기능성을 강화하면서도 멋쟁이처럼 보이는 패션제안이다. 늙은 몸매지만 맵시를 강조하고 편안하게 입을 수 있도록 했다.

아예 리사이클까지 트렌드다. '마담토모코'는 등과 허리가 맞지 않는 옛 옷을 수선해 완전히 새롭게 변신시켜준다. 나이 들어 등이 굽은 경우 뒤쪽이 길어지도록 주름을 넣어 표시가 안 나도록 했다. 평균 8cm를 늘려 주름으로 조정한 게 히트를 쳤다. 특허까지 얻었다. 2004년 전업주부로 창업한 후 지금은 직원 4명으로 불어난 성공창업 사례다. 통신판매와 인터넷이 주력루트로 연간 1억엔 매출을 달성했다.

감사편지도 줄을 잇는다. 젊음과 자신감을 안겨줘 즐겁게 외출할 수 있게 돼서다. 이밖에 잠그고 풀기 쉽도록 버튼을 평평하게 하거나 팔꿈치 노출이 안 되도록 소매를 늘린 디자인까지 나왔다. 고객입장의 디자인이니 만족도는 높다. 버릴 옷을 재활용하고 추억까지 되돌려준다는 점이 먹혀들었다.

58년 개띠의 지갑
'추억거리 앞에선 술술'

'아베노믹스'가 도마에 올랐다.

우려됐던 금리상승(국채금리) 탓이다. 실물경기의 회복증거가 없으면 '물가상승＋경기침체'의 스태그플레이션마저 염려된다. 길게 봐 방향성은 맞다. 경기회복을 하자면 물가상승이 불가피하다. '디플레→인플레'의 자연스런 결과다. 적어도 현시점에서 아베카드를 평가하긴 섣부른 이유다. 와중에 소비증가도 확인된다. 주가상승에 따른 자산효과(Wealth Effect)로 고가소비에 한정되지만 장기침체의 일본으로선 희소식이다.

주목할 건 소비증가의 견인주체다. 다이이치(第一)생명경제연구소는 그 핵심세력으로 '50~60세대의 민간직장인'을 지목했다. 자산효과와 함께 향후 소득증대의 기대감이 이들을 움직였다고 분석했다. 경제학에서 일컫는 현재소비를 즐기려는 시간선호율의 반영결과란 해석이다.

5060세대의 직장인이면 대개는 간부다. 생애소득 중 클라이맥스를 찍는 고액연봉자가 많다. 30~40년을 회사인간으로 살며 고도성장을 이끈 주역답게 소득수준이 만만찮다. 물론 현역무대에서의 강판예정 탓에 은퇴겨울을 버텨낼 곳간걱정도 크다. 즉 흑자압박에 시달리며 허리띠를 졸라맨다.

그럼에도 불구, 이들 은퇴예비군의 지갑은 이 단어 앞에선 속수무책이다. '추억'이다. 왕년에 즐겼던 재화·서비스를 재현해 이들을 타임머신 속으로만 안내하면 지갑은 쉽게 열린다.

_은퇴겨울 우려해 허리띠 졸라맨다는데…

'58년생'은 그 상징주체다. 실제 58년생은 일본 소비시장의 유력고객이다. 〈닛케이MJ〉에서 CEO그룹의 최다주목 소비연령대를 조사했더니 51.7세로 나왔다(2010년). 당시기준으로 역산하면 58년생이다. 2005년 동일조사 때(43.4세)보다 8세가 늘어났다. 이를 토대로 2015년을 추정하면 60세 정도다. 결국 광의의 5060세대로 압축된다.

이들은 파워풀한 가처분소득을 보유한 노인·청년을 연결하는 샌드위치 세대다. 이들에게서 앞뒤세대의 소비심리를 읽을 수 있다. 여명이 늘어 소비시간도 길다. 5060세대의 어필전략은 '추억→매출'을 연결한 감성마케팅이다.

추억소구는 선배인 노인그룹까지 아우를 수 있어 효과적이다. 은퇴세대에게 추억공략은 그만큼 확실한 사업거리다. 히트상품 중 추억키워드가 빠지지 않는 배경이다. 향수자극의 광고효과로 매출증진을 일궈낸 사례는 부지기수다. '재출시', '부활' 등이 단골 키워드로 활용된다.

추억마케팅의 핵심은 '쇼와레트로'다. 1926~89년간 쓰인 연호(昭和)와 회고란 뜻의 영어(Retrospective)를 합쳐 만든 신조어다. 2000년대 이후 급부상한 쇼와레트로는 옛날을 그리거나 회고할 때 자연스레 쓰일 정도로 일반화됐다.

쇼와시대는 현대일본을 만든 전성기다. 현대사의 절대량을 쇼와시대가 떠맡았다. 특히 쇼와레트로는 전쟁직후의 경제회복 · 성장기로 해석된다. 전쟁이 끝난 뒤 특유의 희망 · 정열이 넘치던 쇼와 30년대(1955~64)를 떠올리는 이들이 많다. 긍정적 분위기와 역동적 에너지가 모여 고도성장의 주춧돌을 세운 시기로 이해된다. 쇼와 30년대는 학생운동 격화와 환경오염 확산 등으로 혼란스러웠던 40년대(1965~74)와도 구분된다. 추억은 추억이되 30년대에 비해 40년대 기억은 별로 떠올리고 싶지 않아서다.

_왕년의 전성기 떠올리며 '추억의 한잔' 증가

그중에서도 1958년은 남다른 의미를 갖는다. 사실상 쇼와레트로의 절정기다. 『쇼와 33년』이란 책까지 있다. 시장 · 경제상황만 봐도 1958년엔 에너지가 넘쳤다. 1958년 6월부터 42개월간의 이와도(岩戸)경기가 시작돼 성장불씨를 지폈다. 중화학중심의 수출전략이 가동돼 고도성장이 시작된 것이다. 구매력이 늘면서 '삼종(3種)의 신기'라는 냉장고 · 세탁기 · 흑백TV가 확대 · 보급됐다. 마법으로 불리던 인스턴트 라면과 캔 맥주, 자판기 등도 이때 출시됐다.

사회적으로도 남달랐다. 쇼다 미치코(正田美智子)가 민간인 최초로 황태자(현 125대 천황)와 결혼해 '미치코 붐'이 거셌다. 일본국민을 TV앞에 집합시킨 역도산의 레슬링도 화제였다. 무엇보다 1958년 연말엔 일본경제의 자존심 333m의 도쿄타워가 준공돼 자부심을 안겨줬다.

추억을 파는 쇼와레트로는 다양하게 진화된다. 눈에 띄는 건 몰락하는 지자체의 부활카드와 일반기업의 마케팅 · 제품출시 전략에의 활용 등이다.

먼저 쇼와를 모티브로 한 박물관 · 테마파크의 급증세다. 요코하마 라면박물관이나 오다이바 재현거리 등은 유력한 관광코스로 안착했다. 도쿄인근의 소도시 오우메(青梅)도 뺄 수 없는 쇼와거리다. 이미 유명관광지로 명성이 자자하다.

쇼와 덕에 부활한 지자체도 있다. 오이타(大分)현 분고타카다(豊後高田) 시가 대표적이다. 쇼와레트로 덕분에 부활도시의 대명사가 됐다. 다른 지방소도시처럼 최근까지 철도폐선, 자동차 보급증대 및 점포대형화, 인구고령화 등의 악재로 도시조락의 전형이었다.

하지만 2000년대 이후 민관이 뭉쳐 쇼와거리를 재현해 침체로부터 탈출했다. 간판 · 건물을 옛날식으로 바꾸고 각종 도구 · 전시품 등도 과거로의 시간여행에 동참했다. 덕분에 관광객뿐 아니라 정주인구까지 늘어났다.

쇼와시장에 도전장을 던진 기업도 많다. 쇼와상품의 선두주자는 하이볼(산토리)이다. 위스키와 탄산수를 섞어 만든 하이볼은 쇼와출생자를 비롯해 2030세대의 여성고객에게도 인기절정이다. 비싼 술이란 이미지를 깨고 취급술집이 늘면서 위스키판매까지 동반해 늘었다.

은은한 맥주 맛의 청량음료 홉비(홉비 비버리지)의 인기도 쇼와레트로의 결과다. 가난하던 시절 홉비와 소주를 섞어 먹던 기억을 떠올리는 중년고객이 급증했기 때문이다. 서민이 많이 찾는 주점거리엔 홉비가 새로운 인기아이템으로까지 부각됐다.

　1958년 일본최초로 맥주를 캔에 넣어 출시한 아사히맥주는 시판당시 포장·캐치프레이즈를 그대로 되살린 한정판을 출시해 인기를 모았다. 쇼와시절 음료부활은 중장년의 그리움과 청년층의 신선함이 합쳐진 결과다. 특히 청년층에게 더 강력하게 어필했다. 최초의 탄산음료 세대로 알코올을 탄산과 섞어 먹는데 익숙한데다 과거를 경험해보려는 공감의식이 발휘된 덕분이다. 특히 긴무기(산토리) 등 맥주업체는 쇼와시대 이미지를 시리즈로 묶은 광고로 상당한 효과를 본 것으로 알려졌다.

　서비스시장도 쇼와추억이 주요무기다. 하토버스의 여행아이템을 보자. 도쿄관광의 선두주자인 하토버스는 3~4년 전부터 쇼와레트로가 반영된 기획코스로 대박을 쳤다. 창립 60주년을 맞아 출시한 '쇼와시절 명가이드와 가는 도쿄 반일 코스'가 대표적이다. 퇴직한 50대 이상 여성가이드와 함께 당시요금 250엔으로 도쿄관광을 즐기는 코스였는데, 600명 정원에 5만명 넘게 신청해 화제를 모았다. 수면 밑에 숨은 새로운 잠재수요의 확인인 셈이다.

　여세를 몰아 추억명소에서 관광객과 함께 관련노래를 부르도록 한 여행코스도 성공했다. 열차분위기를 1950~60년대로 바꾼 케이한전철의 쇼와레트로 맥주열차도 관심을 끌었다. 오오츠(大津) 시내를 하루 한차례 왕복하며 차내에서 맥주를 마시도록 했는데, 차내 곳곳에 우체통·다이얼전화·옛날포스트 등 추억소품을 배치해 만족도를 높였다.

기계제조업도 빠지지 않는다. 기계제조업에 쇼와시장은 내수회복의 중대변수로 이해된다. 가령 'Return Rider(혼다)'로 떠나버린 과거고객을 다시 불러 모으려는 식이 그렇다. 사양화된 일본 오토바이시장의 출구전략은 과거 오토바이를 즐기던 중년고객들로 압축된다. 신체기능은 다소 떨어져도 오토바이를 타려는 욕구는 여전하다고 봐서다. 이는 승차감과 안전성이 강화된 오토바이 개발로 이어졌고, 또 상당한 성과를 거뒀다.

카메라도 과거와 현대를 잇는 문화수용체로서의 기능을 내장한 제품이 출시됐다. PEN시리즈(올림푸스)가 대표적이다. PEN시리즈는 1960년대 대중카메라로 등장해 히트상품이 된 전설적인 상품이다. 이게 지금 디지털카메라로 부활했다. 디자인은 초기모델이지만 젊은이에게 통하도록 세련된 미적 감각을 더했다.

쇼와레트로는 인구구조와 자산보유를 감안할 때 은퇴인구가 늘수록 우호적이다. 업계로선 중대한 미래전략이 될 수밖에 없다. 또 단순한 추억복제만으로는 부족함이 증명되고 있다. 향수자극뿐 아니라 지속적인 진화로 소비욕구에 부응하는 기능과 디자인까지 탑재해 완성도를 높이는 게 필수다. 내수를 넘어 해외공략 가능성도 엿볼 수 있다.

쇼와레트로는 과거영광과 미래불안이 기반근거다. 삶이 힘들수록 옛날의 잘 나가던 시절을 반추하려는 수요심리가 강해지는 법이다. 이런 점에서 한국의 추억시장도 잠재력이 대단하다. 한국의 경우 1958년생 개띠로 상징되는 800만 은퇴시장의 존재감까지 뒤를 떠받친다.

어른취미 붐
'뒷방퇴물의 왕년추억 되찾기'

여가를 즐길 그 무언가를 찾는 작업은 사실 적잖이 힘들다. 한평생 직장만 바라보며 충성을 다해온 중년 샐러리맨에겐 특히 곤란한 미션이다. 은퇴선배들을 봐도 인생 2막을 제대로 즐기자면 취미가 필수지만 '맘 따로 몸 따로'가 일반적이다.

그렇다고 포기할 수는 없는 노릇이다. 가벼운 맘으로 관심이 가는 것을 확인해보는 것만으로 은퇴생활을 함께 할 여가항목을 고를 수 있다. 취미라고 굳이 운동이니 독서니 하는 고전적인 것만 고집할 필요도 없다. 본인이 즐길 수 있는 소일거리라면 뭐든 괜찮다.

장수대국 일본에선 이런 소소한 여가거리를 찾으려는 움직임이 본격적이다. 아직은 은퇴에 막 진입한 60대에게서 많이 목격되지만 연령대는 점차 낮아진다. 미리 확인하는 게 낫다는 이유에서다. 일을 그만둔 후 뭘 할지 고민 중인 한국중년에게도 힌트가 된다.

이런 점에서 요즘 일본에선 공장견학(工場ツアー)이 화제다. 일종의 관광명소로까지 인식된다. 기계천지의 삭막한 생산현장에 관광을 다닌다니 다소 뜬금없다.

하지만 붐은 조용하되 거세게 형성 중이다. 언론도 관련기사를 내보내며 원인분석에 나섰다. 대개 공장견학·공장여행·사회견학 등의 타이틀로 정리된다. 공장견학이면 으레 학교의 수업일환일 것으로 여겨진다.

그런데 지금의 공장견학은 인원구성이 꽤 다양하다. 사실상 남녀노소 불문이다. 관광명소에서나 볼 수 있는 다양한 연령대가 참가한다. 붐이 일면서 견학 프로그램은 급증세다. 웬만한 기업이면 공장 등 제조현장의 외부공개는 필수전략 중 하나다. 서비스현장까지 견학대상에 올랐을 정도다.

참가그룹은 크게 둘로 나뉜다. 어린이 동반의 가족그룹과 60대를 훌쩍 넘긴 반백의 중·고령 방문그룹이다. 교육효과를 기대하는 전자는 사실 예전부터 공장견학 단골손님이다.

최근 언론이 주목한 붐은 후자다. 은퇴이후 공장견학을 취미로 삼으려는 수요다. 남는 건 돈과 시간이니 가뜩이나 무기력·소외감에 고전 중인 은퇴세대에겐 꽤 매력적인 소일거리다. '어른을 위한 인기절정의 신종레저'라는 수식어까지 생겼다.

특집방송을 내보낸 〈NHK〉는 "친숙한 일상제품의 제조과정을 보면서 몰랐던 사실에 놀라고 현장체험·즉석시음이 가능하며 무엇보다 저비용이란 점에서 휴일의 새로운 취미로 부각됐다"고 했다. 덕분에 새로운 관광명소 명단에 이름을 올린 공장도 많다.

인기공장은 몇몇 범주로 구분된다. 최고 인기는 맥주공장이다. 맥주를 즐기는 나라답게 맥주공장은 견학대상 순위 1위다. 현장생산의 맥주시음까지 무료니 금상첨화다. 자녀동반이면 디저트 등 과자공장도 단골방문지다. 음료수 생산현장도 관심권이다. 화폐제조와 항공기정비 등 흔히 접하기 힘든 희귀현장은 대기행렬이 길다.

인터넷엔 공장견학 전문사이트도 성황이다. 관심을 끌면서 사이트는 경쟁적으로 오픈되는 추세다. 장르 · 거리별로 묶어 맞춤검색이 가능하도록 했다. 음료수 · 과자 · 식품 · 조미료 등 생필품 제조현장부터 교통기관 · 신문사 · 관공서 등도 포함된다. 일부공장은 즉석시음 · 시식과 함께 체험프로그램까지 운영해 인기가 높다. 지진이후엔 방재센터 · 소방서를 비롯해 위기관리 대응능력을 키우려는 방문수요가 급증했다.

_공장견학 붐 '어른 위한 인기절정 신종레저'

공장견학 프로그램의 역사는 길다. 최근의 은퇴세대 방문트렌드가 일기 전부터 공장견학은 제조업 강국답게 광범위하게 운영됐다. 애초엔 직원가족 등에 한정해 일부현장을 보여주던 관행이 이젠 외부수요를 감안해 문호를 대폭 개방한 형태로 진화했다. 도요타자동차 · 아사히맥주 · JAL 등 지명도를 갖춘 웬만한 기업이면 대부분 현장견학 프로그램을 운영한다.

특히 접근성이 좋은 도쿄 등 수도권 인근지역의 인기가 높다. 대개는 연령제한이 없지만 일부회사는 특정일에 맞춰 한정행사도 실시한다. 맥주회사라면 스스로 맥주를 만들어보는 특별행사가 그렇다. 문턱을 낮춰

평일 · 개인 · 특화코스를 개발 중인 회사도 적잖다.

공장입장에서는 손해 볼 일 없는 장사다. 스스로 찾아와 입소문을 내주니 굳이 돈 들여 브랜드이미지를 높일 필요가 없다. 프로모션 차원에선 최소비용 · 최대효과가 기대된다. 때문에 무료견학에 방문선물까지 챙겨주는 공장이 대부분이다. 일부회사는 현장판매를 하거나 공장에서만 파는 한정물품을 기획해 구매연결까지 시도한다.

공장견학만으로는 모처럼의 외출이 부담스러울 경우를 대비해 여행 · 드라이브 코스와 접목시킨 사례도 있다. 일부지자체는 공장견학과 인근관광을 패키지로 엮어 침체된 지역부활의 노림수로도 삼는다. 홋카이도(北海道) 등은 유명한 지역명물 · 토산물 생산현장과 호텔 · 관광업계를 연결시켜 짭짤한 성과를 거뒀다. 공장견학 · 지역관광의 일석이조를 강조해 눈길을 끄는 데 성공했다.

인터넷엔 '공장견학'을 테마로 한 동호회가 수두룩하다. 붐이 일자 출판계도 술렁이는 분위기다. 『공장견학 수도권판』을 비롯해 관련서적이 줄지어 출판됐다. 일본아마존에 '공장견학'을 입력하면 검색되는 책의 종류는 1,000종이 훌쩍 넘는다. 지역과 테마 등 각종기준으로 엄선한 후보 공장을 세세히 소개해 가독성을 높였다. 예비참가자의 궁금함을 풀고자 참가비용 · 예약여부 · 기념품 · 참가인원 · 교통수단 등 각종정보를 총망라한 게 특징이다.

어른을 위한 공장견학은 잘 나가던 시절의 과거영광 · 추억반추의 기대심리와 맞아떨어진다. 향수자극이다. 특히 설득수단이 공장이란 점은 일본특유의 성장모델과 관련이 깊다.

주지하듯 일본은 제조업 강국이다. 고도성장의 'A TO Z'가 체화된 기

술력의 '모노즈쿠리(ものづくり: 장인정신)'에서 비롯됐다. 단카이(團塊)세대를 비롯한 현재의 중·고령자는 이를 이끈 주역세대다. 밝고 활기차며 역동적인 공장생활로 돈을 벌었고 일가를 이뤘다. 힘들었어도 보람찬 왕년이었다.

이들이 지금 서서히 은퇴 중이다. 늙고 불필요하며 소외된 잉여인간으로 전락했다는 자기비하가 지배적이다. 사라진 삶의 활력이다. 게다가 노후생활은 빈곤압박에 직면해 불안하며 불투명하다. 시간이 많아진 만큼 걱정도 늘었다. 뒷방신세라면 은퇴난민·구매난민·망주(妄走)노인 등의 병폐우려가 구체적이다.

_과거영광과 추억반추에 제격 '왕년의 자부심' 확인

와중에 공장견학은 일종의 탈출구로 해석된다. 왕년의 자부심을 일깨워주는 중요한 만족수단이다. 뒷방퇴물을 산업전사로 중첩시키는 기억장치의 재가동이다. 회사인간의 화려했던 과거영광의 반추기회 제공이다. 이들은 익숙한 생산설비와 거대한 구조장치에서 굵은 땀방울의 기억을 되찾는다. 일상복귀 후 살아갈 힘을 얻는 건 물론이다. 마치 성지순례처럼 방문리스트를 만들어 하나하나 경험해가는 열성팬도 많다.

개중엔 공장특유의 역동성·에너지에 반해 취미로 삼은 이도 적잖다. 공장견학을 넘어선 '코죠모에(工場萌え)'가 대표적이다. 이는 야간조명·굴뚝·배관·탱크 등 중후한 구조미의 공장경관에 빠진 감상취미다. 고도의 기술력이 투영된 압도적인 시설규모와 SF영화 같은 광경 등 거대한

인공구조물에 꽂힌 경우다.

관련동호회는 수두룩하다. 공장견학이 내부공정에 포인트를 맞췄다면 '코죠모에'의 포커스는 철저히 외부경관이다. 일부 공장지역은 이를 경관자원으로 업그레이드해 관광주최에 적극적이다. 치바(千葉)현의 '공장감상모니터투어'나 한신(阪神)공업지대의 '운하크루징'이 그렇다.

공업화와 공해로 멀어졌던 제조공장의 박력 넘치는 경관을 찍는 사진대회도 인기다. 역사·문화적인 가치가 확인된 공장·기계 등 산업문화재를 직접 확인해보자는 산업관광까지 생겨났다. 제조업 강국답게 생산현장을 산업유산으로 재창출한 경우다. 2007년 나온 사진집 『코죠모에(工場萌え)』는 3만부 이상 팔리며 붐 형성에 일조했다.

실제 유명한 산업단지 주변엔 고가카메라를 들고 공장풍경을 찍는 모습이 일상적이다. 이들 공장마니아들은 전세버스까지 빌려 단체로 찾는 경우가 많다. 매달 정기적인 공장투어에 참석하는 열성적인 중·고령인구가 대부분이다.

해설가를 붙여 역사스토리를 챙겨듣는 학구파도 적잖다. 과거였다면 흉물스런 오염원이었을 공간이 지금은 파워 넘치는 미적공간으로 화려하게 변신한 셈이다. 관련기사를 소개한 〈월스트리트저널〉은 '대부분의 참석자가 공장의 아름다움에 놀라며 고도성장기의 영광과 추억을 떠올린다'고 평가했다. 일본정부도 이를 적극적으로 응원한다. 법안수정으로 몇몇 생산현장을 세계문화유산에 등재될 수 있도록 발 벗고 나섰다.

요컨대 공장도시의 관광도시로의 변모다. 장기침체로 고전 중이던 수도권의 가와사키(川崎)는 지역관광 활성차원에서 공장관광을 사업모델로 채택·성공했다. 녹슨 공장과 뿌연 연기가 예상하지 못한 기회를 던져준 것이다. 여행사는 '코죠모에' 트렌드에서 틈새를 읽었다. JTB는 철강·화학공장이 밀집한 키타큐슈(北九州)공업지대의 야경감상을 상품화했다.

　일부투어는 문전성시다. 인원한정의 사전예약제지만 경쟁률 뚫기가 쉽잖다. 모집직후 마감되는 기현상까지 있다. 추억반추와 현실비교는 은퇴세대의 감정이입과 정확히 일치한다. 씁쓸한(?) 명성확인의 현장이다. 10명 이상 제조현장은 1999년부터 10년 간 21%가 줄어들었다. 일본전역에 12만6,500개만 남았다. 한때 골칫거리였던 엔고대처로 광범위한 해외이전이 진행되면서 공동화가 심화된 결과다. 은퇴세대 신세와 크게 다르지 않다.

불확실성의 시대
'숫자에 빠진 어른들'

뭔가에 빠진다는 건 일단 긍정적이다.

몰입할 수 있다면 희열을 맛볼 확률이 높아진다고 볼 수 있기 때문이다. 일(남편)과 가사(아내)의 굴레로부터 막 벗어나려는 카운트다운에 돌입한 은퇴예비군에게 특히 몰입거리가 있다는 건 행복한 일이다. 제대로된 인생후반전을 펼칠 우호적인 조건정비에 해당한다. 삶이 힘들고 고단할수록 몰두하고 빠질 뭔가를 찾는 건 필수다.

주지하듯 경제의 적은 불확실성이다. 미증유의 공황일지언정 예측됐다면 큰 동요는 없다. 밝혀진 악재는 악재가 아니듯 어떤 식이든 사전준비가 가능하기 때문이다. 다만 한치 앞이 힘든 오리무중이면 얘기는 달라진다. 어디로 튈지 모를 럭비공과 같다.

일본사회의 오늘이 딱 그렇다. 내일이 불확실하니 오늘이 불안하고 그래서 잔뜩 웅크려있다. 총체적 폐색(閉塞)감과 집단적 우울증이 사라지지 않는 이유다. 특히 40대부터 50대까지 일본경제의 기둥인 중년 경제인구의 우울증이 위험수위에 달했다. 우울한 채 의욕을 잃고 무능감, 고립감, 허무감, 죄책감 등과 고군분투 중이다.

그래서일까. 요즘 일본에선 확실한 해답풀이를 내세운 수학 붐이 한창이다. 주로 40대 이상 중장년이 주인공들이다. 주요서점엔 어른을 위한 수학책 코너가 별도로 만들어질 정도다. 학창시절과 멀찍이 떨어진 사회인임에도 불구, 적잖이 복잡하고 난해한 문제로 가득한 수학책 판매코너 앞에서 이리저리 고민 중인 열도중년이 적잖이 증가했다.

_불확실성에 대한 반발 '수학문제 풀이의 희열'

〈NHK〉는 최근 '클로즈 업 현대'라는 프로그램에서 수학문제 풀기에 도전 중인 중장년층을 심층취재해 화제를 뿌렸다. 진원지는 출판계다. 수학 붐의 선두주자는 『말을 건네는 중학수학(語りかける中学数学)』이란 책이다. 2005년에 출간된 약 800페이지의 읽기 힘든 책인데도 나날이 인기몰이가 거세다. 해당분야 베스트셀러에 올라 누적판매량이 10만부를 돌파했다. 지금은 그 후속시리즈까지 불길이 붙었다.

해외수학자의 난해한 수학책도 붐 조성에 한몫했다. 『오일러의 선물(オイラーの贈物)』과 『갈루아의 군론(ガロアの群論)』이 대표적이다. 최근 1년 동안에만 각각 2만부 넘게 팔리며 히트 중이다. 덩달아 얼마 전 영화화돼 히트를 친 『박사가 사랑한 수식』이란 책도 재차 조명을 받고 있다.

수학 붐은 출판계만이 아니다. 문화센터·일반학원의 직장인 대상 수학교실은 연일 문전성시다. 취소를 기다리는 대기행렬마저 꽤 길다. 수준별 단계설정을 통해 난이도를 조정한 형태의 강좌가 많은데 사회인의 참여가 뜨겁다. 강좌는 연일 늘어나는 추세다.

언론도 수학 붐의 파워를 실감했다. 〈요미우리신문〉이 어른독자를 위해 수학문제를 게재하기 시작했는데 반향이 상당한 것으로 알려졌다. 독자편지와 직접전화를 통해 다양한 의견이 개진되고 있다. 문제풀이 전문의 인터넷공간도 뒤를 받친다.

일본수학의 역사·과제를 논의하는 상당수준의 마니아층까지 생겨났다. '취미=수학'을 자처하는 이들의 자부심은 높다. 17세기부터 수수께끼처럼 보이는 수학문제를 일반서민이 즐겨 풀었다는 증거로 약 820종의 관련문제가 신사에 봉납됐다는 주장도 있다.

어려운 수학세계에 도전하는 어른인구의 심리는 뭘까. 이유는 2가지로 요약된다.

과거 학창시절의 좌절논리에 대한 도전의식과 풀이과정에서 느끼는 수학적 희열감·명쾌함이 그렇다. 〈J캐스터〉는 '수학은 신뢰성이 아주 높다'며 '단계가 올라갈 때마다 정답에 가까운 해결논리와 만나는 게 장점'이라 분석했다. 실제 중학단계에서 도전을 시작해 점차 고교수준으로 난이도를 높여나가는 게 수학 붐의 일반적인 흐름이다. 독자사이에선 며칠 만에 최고단계를 마쳤는지 경쟁이 뜨겁다.

무엇보다 도전·성취감을 안겨준다는 게 주효했다. 난관을 거쳐 정상에 도달했을 때의 쾌감이 그렇다. 1990년대 이후 일본사회는 절망·좌절의 반복이었다. 시대상황이 일반국민의 울화를 구조적으로 키웠다. 그런데 수학의 문제풀이 과정은 보기 드문 승리감을 안겨줬다. 게다가 학창시절과 달리 시험·수험과 무관하기에 심리부담이 적다는 것도 장점이다.

_수학책 판매코너 문전성시, '언론은 연재까지'

수학적 사고논리가 안겨주는 새로운 세계와의 조우는 산전수전 다 겪은 어른독자에겐 신선한 경험이다. 해결거리가 산적한 시대상황에 걸맞게 문제해결 능력을 키울 수 있어서다. 불확실성의 반발감이 확실한 문제해결 욕구로 연결된 심리다.

이는 어렵고 복잡하지만 길을 찾으려는 시대욕구와 일맥상통한다. 사회문제를 수학논리로 치환시켜 딜레마를 해결한 사례도 적잖다. 수학이라는 기존지식을 현실문제에 응용하는 형태다. 가령 신입부원 감소로 고전 중이던 도쿄대 조정부는 수학적 문제제기·논리전개로 부원증원에 성공했다.

수학 붐이 일본의 '과학기술입국'에 동기부여가 될 것이란 기대감도 있다. 붐에 참가한 어른이 늘수록 자녀의 수학관심도 덩달아 강화돼 궁극적으론 과학기술 기반을 마련할 수 있어서다.

우연의 일치겠지만 민주당의 하토야마 전 총리와 간 전 총리도 이과출신이다. 비록 현실정치에선 단기간에 자민당으로 정권을 빼앗기면서 쓴맛을 봤지만 모두 수학에 강했다는 배경이 정권획득에 도움이 되지 않았을까 추정하는 시각도 있다.

출판계 고령파워
'인생경험으로 대박예약'

고령화는 추세다.

깊고 넓게 심화 중이다. 거스를 방법이 없다. 시급한 대비마련의 필요 이유다. 문제는 그것이 전인미답이란 점이다. 누구도 가보지 못한 미지의 영역이다.

다행스러운 건 한국보다 더 고령화된 선행국가로부터의 힌트다. 65세 이상이 4명 중 1명을 차지한지 오래인 '초고령국가' 일본이 그렇다. 일본은 선진국(저출산·고령화)형 인구변화의 상징국가다. 관련된 갈등압박과 대안모색이 장기적이고 구체적이다.

지향점은 활기찬 노후생활이다. 긍정적인 '100세 시대' 준비다. 경제·신체자유 등 인생 2막의 구성변수에 대한 관심이다. 이때 '100세 현역'은 유력해법이다. 소득·여가문제를 단번에 해결해준다. 사례도 많다. 백수(白壽) 이상만 5만명인 일본에서 100세 현역은 더 이상 꿈이 아니다. 누구에게든 해당되는 현실이슈다.

반대로 인생후반전을 살아갈 내용과 품질은 한층 중요해졌다. 짧게는 10~20년, 길게는 30~40년을 살아내야 하지만 출퇴근이 보장된 일거리조차 마뜩찮으니 뭘 하며 지낼지 고민스러울 수밖에 없다. 그래서 노후여가에 포커스를 맞춘 새로운 소일거리가 중요하다. 또 가능하면 그것이 본인의 꿈과 연결된 자아실현으로 가시화되면 더더욱 좋다.

정적인 나라답게 일본은 독서인구가 적잖다. 출판시장이 사양화됐다지만 여전히 상당한 비중의 내수파트를 담당한다. 일본의 출판시장은 2011년 기준 1조8,000억엔대(출판판매액)다. 2조엔대를 허물고 내려온 후 7년 연속하락 중이지만 충성인구가 많아 기본토대는 탄탄한 편이다(도요케이자이신문). 아이폰이 점령한 지하철에도 독서풍경은 일상적이다. 특히 중년이상 어른인구의 독서열기가 높다. 장기간 다져진 습관답게 언제 어디에서든 책을 끼고 사는 어른들이 상당수에 이른다.

_독서인구 탄탄한 출판시장 '인구변화에 주목'

여기엔 다양한 읽을거리가 한몫했다. 출판시장이 세분화됐고 고객욕구에 부응하는 업계대응이 남다른 덕분이다. 독자가 뭘 원하는지 읽어내 그때그때 필요한 주제와 내용을 다양하게 공급한다. 가령 인구변화처럼 트렌드로 정착된 사회현상에 주목해 새로운 읽을거리를 독자관심에 맞춰 내놓는 식이다. 이런 점에서 최근 눈에 띄는 키워드는 '늙음'이다. 누구도 경험해보지 못한 미증유의 장수사회를 살아가는 힌트와 관련된다.

또 하나 주목되는 건 '독자→저자'로의 저변확대다. 과거 책을 쓴다는 건 특별한 전문가만 가능한 영역이었다. 일반인이 감히 흉내조차 내기 힘든 접근불가능의 파트였다. 그랬던 게 최근 눈높이가 꽤 낮아졌다. 차라리 가식적이지 않은 일반인의 속내와 프리즘이 훨씬 설득력을 얻는 사례도 많아졌다. 그 주도세력이 잉여인간으로 취급받는(?) 은퇴세대다. 늘그막에 시간은 많고 뭔가를 남기고픈 어른들의 저술욕구란 그만큼 파워풀하다.

출판은 시대반영의 바로미터다. 대중관심이 서적내용에 반영되게 마련이다. 독자변화의 투영이다. 즉 고령화는 출판시장의 대형이슈 중 하나다. 주요아이템으로 정착된 지 오래다. 이와 관련해 최근 출판시장엔 좀 색다른 느낌의 고령트렌드가 화제다.

다만 출판내용보다는 출판주체의 고령화가 주목된다. 고령저자의 서적출간 붐에 있어 대개의 주제는 '늙음'으로 갈무리된다. 평균수명이 83세니 독자관심이 높아진 건 당연지사다. 검색어 '늙음(老い)'이 포함된 책제목만 6,000여권에 육박한다(아마존저팬). 비슷한 '노후(老後)'라는 검색어로는 2,000권 넘게 조사된다.

언론은 '노인책(老人本)'이 출판트렌드로 정착됐다고 일제히 밝힌다. 노인저자 발굴을 위해 공모전을 여는 출판사도 적잖다. 특징적인 건 노인저자의 연령대다. 70~80세는 기본에 일부는 백수저자까지 등장했다. 100세 현역의 실천사례다.

고령저자 붐에 불을 지핀 이는 소노 아야코(曽野綾子)다. 2010년 9월 내놓은 『늙음의 재각(老いの才覚)』이란 책이 대박이 났다. 나이 80을 넘긴 여류작가로 남에게 의지하지 않는 자립적인 노후생활을 역설해 화제를

모았다. 100만부를 돌파한 베스트셀러다.

자서전적인 홀로서기의 이면고백·감상정리를 담은 내용으로 많은 이들의 공감대 속에 대형히트를 쳤다. 노인의 지혜주머니를 사회재산으로 후세에 남기자는 '기억의 은행(메모리)' 붐과도 일맥상통한다. 평범하지만 특별한 개별인생이 들려주는 잔잔한 감동·교훈이다.

_트렌드가 된 노인책, 보통 인생의 잔잔한 감동

고령저자의 압권은 103(2012년)세의 마도 미치오(まどみちお)란 할아버지다. 그의 이름은 잘 몰라도 대표작인 몇몇 동요는 한두 번쯤 들어봤음직한 저명인사다. 『코끼리(ぞうさん)』와 『1학년이 된다면(一年生になったら)』 등의 책이 유명하다.

그의 몇몇 동요는 정규과정 교과서에까지 실렸다. 100세를 넘기고 오히려 창작욕이 흘러넘쳐 세상사의 이모저모에 관심이 많은 것으로 알려졌다. 〈NHK〉는 2009년 그를 주제로 스페셜방송까지 내보내 화제를 모았다. 능력은 80대 중반에 검증받았다. 1994년 '국제안데르센상작가상'을 일본인 최초로 수상하는 기염을 토했다.

100세 현역의사로 유명한 히노하라 시게아키(日野原重明)는 2001년 이미 『잘사는 방법(生きかた上手)』이란 책을 내 120만부를 팔았다. 여전히 병원진료를 보면서 전국각지에 노후생활과 관련된 강연을 다닌다. 틈틈이 저술하며 치매부인까지 돌보는 열성파다. 지금껏 100여권에 이르는 저서를 낸 열혈파 저자다. TV 등 매스컴의 단골명사다. "행복에는 민감

해지고 불행에는 둔감해지라"는 그의 메시지는 많은 이들의 노후지침으로 수용됐다.

2010년 출간된 『약해지지마(くじけないで)』란 시집은 평범한 노인도 얼마든지 베스트셀러 작가가 될 수 있음을 증명한 대표사례다. 99세 나이에 출간을 결정한 평범한 할머니(시바타 토요, 柴田トヨ)의 처녀시집으로 그해 연간판매량 톱10에 올랐다. 10개월 만에 100만부를 돌파하는 기염까지 토했다. 지금껏 베스트셀러이자 스테디셀러로 입소문을 타고 있다. 출판대국이라는 일본에서도 시집은 보통 1만부가 히트기준이다. 이례적인 흥행몰이다.

여세를 몰아 100세이던 2011년 가을 후속작 『백세(百歲)』란 책까지 냈다. 나이는 숫자에 불과하다는 걸 증명하듯 할머니는 92세부터 시를 쓰기 시작했다. 많은 동년배·후배노인의 벤치마킹 모델로 부각되는 이유다. 열도엔 그녀의 시에 감동의 눈물을 흘리는 동년배·자녀세대가 수두룩하다. "괴로운 일도 많았지만 그래도 살아서 좋았다"며 화려한 수식어로는 표현하기 힘든 진심·온기가 담겼다는 평가다. 2013년 1월, 책은 남고 그녀는 갔다.

2010년 가을엔 93세의 다케나미 마사조(竹浪正造)의 그림일기가 큰 인기를 얻었다. 56년간에 걸친 하루하루의 그림일기를 정리한 『격려하고 격려받아(はげましてはげまされて)』란 책인데 인생의 희로애락을 생생히 그려 호평을 얻었다. 매주 1~2만부를 팔며 판매순위가 급등해 화제를 모았다. 각박한 현대인은 과거를 추억·회상하며 위로를 얻는다는 점이 주효했다. 자녀성장·출가 등 가족모습이 당시 생활배경·풍경과 맞물려 그려져 향수를 자극해 입소문을 얻었다.

고령저자의 출판데뷔가 물론 좋은 결과만 내는 건 아니다. 고령출판 확산은 일부의 경우지만 부작용으로 연결돼 아쉬움을 남긴다. 출판사기가 그 예다. '전국유통', '주문쇄도' 등을 내세워 자비출판을 비즈니스로 내세울 때 자주 발생한다. 출판사 · 저자 사이에 애초계약과 달라 트러블이 발생하는 경우가 대표적이다.

몇몇은 민사재판까지 가는 경우도 있다. 전후 1차 베이비부머인 약 800만의 단카이(團塊)세대에서 특히 피해사례가 많다. 정년은퇴 이후 소일거리이자 취미생활로 본인경험 · 인생살이를 남기려는 수요증가가 최근의 고령출판 붐과 맞물리면서 유사한 갈등사례는 한층 늘어날 전망이다.

_수두룩한 100세 저자, '중년 예비저자에 동기부여'

그럼에도 불구, 100세 저자에 자극받은 4060세대 중년의 저작참여는 갈수록 늘어날 전망이다. 떠나버리면 잊혀져버릴 본인기록을 남길 수 있고, '글'이 꿈이었던 중년들에겐 자아실현의 훌륭한 실천도구가 될 수 있기 때문이다. 잘될 경우 본인의 인생경험으로 대박을 낼 수도 있거니와 일약 유명인사로 데뷔하는 지름길이 될 수도 있다.

덩달아 은퇴에 즈음해 출판과정을 배우거나 저작스쿨에 다니는 열도 중년도 시나브로 증가세다. 백화점 교양강좌를 비롯해 통신대학 등에서 출판과정을 익히거나 글쓰기의 기본을 다지려는 것이다. 주요 지자체나 NPO(비영리민간단체) 등은 행복한 은퇴준비의 한 파트로 글쓰기를 지정, 다양한 지원카드를 내놓고 있다.

중년이후 인연중시
'이제라도 만나자!'

힘들 땐 따뜻한 위로가 정답이다. 또 그 위로는 진정성이 있을 때 배가된다. 지진·방사능의 연이은 대재앙은 일본인의 삶에 위로의 진면목을 제대로 알려줬다. 현대의 바쁜 일상을 잠시 멈춘 후 뒤 고통분담의 의미를 새삼 부각시켰다.

'키즈나(絆)'의 부활이다. 인연중시의 흐름강조다. 혼자만 잘 사는 게 아니라 더불어 사는 공유가치의 재검토다. 요즘 일본에선 대면모임이 부쩍 잦아졌다. 소홀했던 인연과의 재회욕구다. 사람과 사람과의 끈이 무엇보다 중요하다는 재해 교훈이 한몫했다. 잊혀진 동창회가 주류행사로 떠오른 배경이다. 동창회 붐이다.

이를 계기로 인생후반전을 함께 할 친구를 되찾으려는 움직임이 본격적이다. 친구란 존재란 노후생활을 지지할 중요한 기반이다. 수명연장으로 늘어난 절대량의 시간을 함께 할 인연을 구축하려는 자연스런 생존본

능이다. 충격적인 자연재해가 인연중시의 계기를 제공했다지만 비록 그
것이 아니라도 인연강화 트렌드는 장수사회의 공통분모다.

이때 중요한 긴 새로운 친구보다는 과거추억을 공유하는 이와의 관계
복원이 한층 현실적이라는 사실이다. 일면식조차 없는 남과 불현듯 만나
어색한 탐색을 거치는 것 보다는 다소 낯설어도 뭔가를 공유하는 추억
속의 인연이 성공확률이 높다는 현실적인 이유도 한몫했다. 동창회는 이
럴 때 제격이다.

중년의 동창회 붐은 남성이 주도한다. 은퇴이후 저절로 사라질 회사인
연을 대체할 새로운 인연을 생활반경에 확보해두기 위함이다. 중년남성
의 동창회 참가는 사교성이 탁월한 중년여성의 본능적인 인연연결과 달
리 절실하고 긴박하다. 명함이 없어지면 사귐은 불가능하다는 회사인간
으로서의 경험도 영향을 미친다. 또 은퇴이후에 만나는 것보단 은퇴예비
군일 때부터 관계복원에 나섬으로써 일정부분 공유기반을 확대하고 공
감대를 확인할 수 있다는 장점도 있다.

_동창회 주최급증… 지진이후 안부확인 차원

실제 2011년 지진이후 동창회가 급증했다. 현대인의 과거지향적인 인연
부활이 동창회를 필두로 뚜렷한 사회트렌드가 된 분위기다. 인터넷사이
트엔 동창회 개최안내와 후기작성이 끊이질 않는다. 페이스북 · 트위터
등 연락두절의 동창 · 친구를 연결해주는 현대문명(SNS)의 확대 · 보급도
인연지향을 거들어준다.

각종 통계를 종합하면 지진이후 동창회는 2~3배 늘었다. 대행회사 '도소카이혼포(同窓會本鋪)'에 따르면 동창회는 지진발생 6개월을 전후해 216% 늘었다. 당시 안부확인을 위한 재해지역 학교위주의 단발행사로 해석됐지만 갈수록 트렌드로 안착되는 추세다.

특히 연말연시는 확실한 붐업 계기로 안착했다. 연말연시 장기휴가와 고향귀성이 맞물려 동창회를 개최하기에 딱 좋기 때문이다. 평소 못 만나는 동창을 만날 절호의 찬스로 해석됐다. 동창회 붐을 취재한 〈NHK〉는 '재해지역은 물론 기타권역 동창회도 인연복구와 귀성러시가 맞물려 늘었다'고 했다. 특히 지진 이후엔 그 전보다 훨씬 늘어난 것으로 분석된다. 더불어 지진 직전 방영된 '동창회'란 제목의 TV프로그램의 인기도 개최 붐에 일조했다.

동창회 붐은 사실상 연령불문이다. 흔히 동창회는 '졸업 00주년' 혹은 '환갑(60세)' 등 인생분기점에서 열리는 생애행사로 이해된다. '동창회는 60대부터'란 타이틀이 상식처럼 여겨지는 이유다. 은퇴연령대답게 시간·경제적으로 여유가 있는데다 이후 후속모임으로 연결될 확률도 높아서다. 그만큼 노인동창회가 일상적이다.

이들에게 동창회는 추억반추와 고민공유는 물론 은퇴생활·재취업을 위한 각종정보를 얻는 진솔한 자리 중 하나다. 활력은 얻는 건 부가수혜다. 동창회가 세분화돼 입맛에 맞는 하부모임이 만들어지는 일도 잦다. 지방출신이면 학교폐교·철로폐선(廢線) 등 추억상실을 계기로 고향방문과 우정결속을 다지는 경우도 많다.

그런데 최근 개최연령은 꽤 앞당겨졌다. 주선업체에 따르면 중년그룹은 물론 30대 동창회도 늘어나는 추세다. 중년의 경우 60세 환갑 때 개최하는 동창회가 가장 일반적이지만 중학졸업 20주년을 맞은 35세의 모임 의뢰나 30세 기념동창회도 적잖다. 30대면 본업에서 일정부분 자리를 잡는데다 결혼·육아이슈가 일단락돼 비교적 여유가 생겨나는 연령대다. 일부에겐 결혼·사교기회로도 제격이다. 30대는 시너지효과도 기대된다. 업무권한이 생겨 비즈니스로 연결될 여지가 많고 독신이면 서로 아는 처지에서 편히 연애할 수 있다. 동일취미의 서클결성도 많다.

_60세 환갑동창회 일상적, 개최 돕는 사업모델 성황

붐은 곧 돈이다. 관련업계는 동창회 마케팅에 돌입했다. 동창회 시장장악이 목표다. 일례로 '동창회지원플랜' 등을 내세우며 호텔·온천·여행업계 등의 인연마케팅이 뜨겁다. 주도권은 호텔업계가 쥔 상황이다. 호텔에겐 반가운 신규고객으로 향후 역량투입이 예상되는 테마기획 중 하나다. 피폭우려로 가뜩이나 해외관광객이 줄어들고 고통공유로 파티개최를 자숙하는 판에 동창회는 명분과 실리가 일치하는 짭짤한 이벤트다.

〈산케이신문〉은 '동창회가 불황에 고전하던 호텔매출을 커버 중'이라고 했다. 호텔의 다양한 부가서비스는 이미 경쟁궤도에 올랐다. 안내문 발송·출석확인부터 추억의 학창사진 전시와 고향의 명물음식 등이 제공된다. 단체사진을 무료로 주거나 송영버스·노래기기까지 지원한다. '호텔닛코도쿄'는 그리운 친구와 밤새 추억을 나누도록 숙박코스도 내놨다. 크리스마스 땐 동창회콘서트를 개최해 학창시절 히트곡을 곁들인 행사코스로 인기를 모았다.

이밖에 동창회 개최를 돕는 사업모델도 온라인에서 입소문이 났다. 참가는 하고 싶어도 준비는 하기 싫은 동창회의 간사업무 대행이다. 또 의류업계는 '동창회 코디네이션'을 제안하며 여심을 끄는데 성공했다.

동창회 중에선 중학교가 인기다. 동창회 참석자(20~50세) 중 42%가 중학교 행사를 원하는 것으로 조사됐다(笑屋, 2012년). 고교(20%), 서클OB회(15%), 초등(7%)이 그 다음이다. 동창생에게 궁금한 것은 외모(36%), 결혼(26%), 일(16%), 거주지(7%) 등의 순서다. 또 동창회라면 최소 70명(38%)은 모여야 하고, 마지노선은 30명대로 나타났다.

한편 인연부활이 과도한 탓일까 부작용도 속출한다. 누구나 떠올리는 불륜이다. 특히 40대와 30대 불륜이 많다(여성세븐·2011년 10월27일호). 압도적인 건 여성이다. 적당한 거리감·친근감에 대화거리가 끊이지 않는다는 게 동창불륜의 특징이다. 주부잡지 등은 동창회의 니즈와 불안을 기획기사로 자주 싣는다.

6장

탈출전략
장수위기에 맞선
은퇴예비군의 승부수

중년의 창업열망
'은퇴거부의 도전카드'

'몸이 따라주는 한 일하고 싶다!'

고령사회 현역인구의 속내다. 은퇴시점에 다가설수록 더 그렇다. 노후자금조차 마뜩찮다면 두말하면 잔소리다. 무엇보다 현실적인 카드다.

노후자금의 원천은 4가지다. 공적이전(국민연금), 사적이전(자녀봉양), 자산소득(재산수익) 그리고 근로소득이다. 한국노인에게 앞의 셋은 기대난이다. 믿을 것은 몸으로 돈을 버는 것뿐이다.

문제는 일자리다. 가뜩이나 감축성장 탓에 일자리가 줄어 빠듯하다. 일자리 쟁탈전이 노소대결로까지 번지니 더욱 어렵다. 이때 선택카드는 창업이다. 실업탈출구로 중·고령인구의 창업이 많은 이유다. 그럼에도 불구, 성공확률은 낮다. 실패하면 빈곤층으로 미끄러질 뿐이다.

일본노인은 어떨까. 한국보단 좀 낫다. 이런 점에서 2013년 4월1일은 일본 고용시장에 한 획을 그은 날이다. 법률개정으로 '60세→65세'로 정년을 연장했다. 근로능력 · 의사만 있다면 65세까지 정년연장이 이뤄진 셈이다. 기업에겐 악재지만 어쨌든 받아들여졌다. 절대다수가 재고용형 태로 65세 고용보장을 'OK'했다. 기금확충 차원에서 단행된 연금수급 연 령연장(60→65세)의 후속조치다.

문제는 남아있다. 대기업 · 정규직만이 수혜를 입는데다, 그나마 온갖 압박수단(?)으로 65세 전에 자발적으로 떠나게끔 유도하는 반칙 탓이다. 집단적인 무시나 따돌림이다. 무엇보다 임금피크로 60세 이후엔 월급이 통상 60~70%로 준다. 비정규직(촉탁계약)으로 5년의 시한부를 얻은 게 전부라는 푸념이다. 중소기업 · 비정규직 동년배에 비해 행복한 고민이 지만 나름의 시름도 분명 깊다.

_높아진 50대 창업(起業), '단카이의 창업깃발 붐업'

평균수명 83세다. 불가피한 인생 100세 시대다. 65세로 정년연장이 이뤄 졌지만 그래도 남은 생이 너무 길다. 뭘 먹고살지 고민이 깊을 수밖에 없 다. 20년 디플레의 원흉으로 꼽히는 불확실성이 여전히 문제다. '장수불 안→소득정체→소비축소→내수침체'의 악순환이다.

정년연장이 얼마간의 숨통은 터줬지만 그래봐야 5년이다. 65세 이후 는 여전히 불안천지다. 월급쟁이로서의 근로소득이 종지부를 찍는 반면 인생후반전의 금전수요는 나날이 증가세다. 간병 · 의료비를 필두로 소 득 없는 후반전을 옥죄는 거대지출이 적잖다. 그러니 '가능한 오래 일하 고 싶다'는 게 솔직한 심정이다.

선택지는 두 가지뿐이다. 다른 회사를 알아보거나 직접 창업하는 경우다. 재취업은 힘들다. 단시간근무의 열악한 비정규직이 태반이다. 그나마 언제 잘릴지 불안하다.

다행스러운 건 해외에서의 러브콜이다. 기술습득이 시급한 신흥국의 은퇴기술자 초빙유혹이다. 중국이 대표적이다. 기술습득에 목마른 중국기업에게 대량생산을 넘어선 품질관리의 필요성은 한층 높아졌다. 때문에 기술지도란 명목으로 고문·자문 등의 직함을 제시하며 숙련기술자를 모시려 한다. 은퇴기로에 놓인 숙련기술의 시니어그룹을 대상으로 한 특화된 전직소개 사이트도 많다.

은퇴기술자로서도 매력적인 제안이다. 정년봉착으로 실업운명에 처한 일본의 고령기술자라면 달콤한 유혹이다. 정년을 넘겨서도 쉴 수 있는 상황이 아닐뿐더러 소득여부와 관계없이 계속 일하려는 은퇴기술자가 많다(보다 자세한 내용은 이후 절에서 계속된다).

다만 아쉽게도 일본국내엔 자리가 없다. 이들에게 해외카드는 제2의 인생살이로 나쁘잖다. 물론 우려가 많다. 기술유출과 경쟁력 약화염려가 그렇다. 다만 이는 고도의 숙련기술을 지닌 일부 중·고령세대에 한정되는 이슈다.

유력한 건 창업이다. 최근 일본열도에서 중·고령 창업 분위기가 무르익은 이유다. 중·고령 창업은 일반적인 흐름과 다소 상치된다. 일본은 장기 저성장에도 불구, 창업이 한국처럼 실업의 완충장치로 기능하지 못했다. '실업=창업'이 아니다. 실제 민간고용에서 자영업비율은 한국(28%)이 일본(11%)보다 월등히 높다(2006년). 자영업이 내리막길을 걸은 결과다.

때문에 활력제고를 위한 일본정부의 창업지원은 적극적이다. 법(신사업창출촉진법)을 바꿔 2003년부터는 자본금이 1엔 이상이면 누구든 창업할 수 있다. 내수침체를 위한 승부수였다. 기업가정신의 회복차원이다.

효과는 '글쎄'였다. 기업양극화를 반영하듯 중소기업 이하 창업전망이 밝지 않다. 벤처기업의 출현만 해도 그저 그렇다. 당장 은행융자가 힘들다. 실패이후의 재도전 기회도 적다. 그러니 자영업 종사자는 감소세다. 자영업자는 1996년 604만명에서 2006년 512만명으로 줄었다(노동력조사). 2010년 국세조사에서도 먹구름 낀 자영업이 확인된다. 국세조사는 보통의 샘플조사와 달리 특정시점의 전체인구를 대상으로 한 정밀조사다. 신뢰성이 아주 높다. 조사에 따르면 일본의 자영업자는 꾸준히 감소하는 가운데 창업형태에서도 시대상황을 반영한 적잖은 변화가 목격된다.

_나빠진 창업환경, 그러나 숙련창업은 예외

와중에 인생후반전을 넘어선 50세 이상의 창업은 꽤 잦아졌다. 시니어혹은 실버창업이다. 일본에선 50세 이상 중·고령자 창업을 '숙련기업(起業)'으로 일컫는다. 요즘 이 숙련창업이 뜨겁다. 1947~49년 출생자인 1차 베이비부머 그룹이 창업시장에 본격 뛰어든 결과다. 거대집단인 단카이(團塊)세대의 무게감이다.

수치가 뒷받침한다. 50세 이상 창업비율은 1991년 11.5%에서 2009년 25.9%까지 올라갔다(국민생활금융공고종합연구소). 20년 전 10명 중 1명이던 게 지금은 4명 중 1명으로 불어났다. 개점보다 폐업이 일상적인 시대

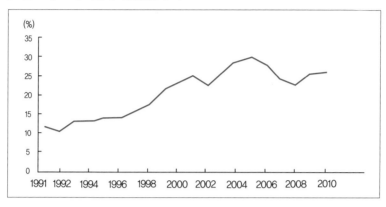

[그림 6-1] 50세 이상의 숙련창업 추이

자료: 국민생활금융공고

조류와 배치되는 숙련창업에 주요언론의 안테나가 향하는 건 당연지사
다. 기업숫자는 주는데 유독 숙련창업만은 예외인 까닭이다.

　매스컴은 최근 경쟁적으로 숙련창업의 성공사례를 내보내며 현상분석
에 나섰다. 일단 환영일색이다. '아베노믹스'와 맞물려 동기부여는 물론
일본경제 활성화에 유리해서다. 그렇잖아도 일자리가 줄어드는 마당에
창업이 늘면 실업탈출구로서 안전망도 굳건해지는 법이다. 취업빙하기
를 맞은 청년실업에 특히 도움이 될 것이란 평가다. 숙련노하우의 직접
전수가 가능하기 때문이다.

　숙련창업은 단순한 자영개업만은 아니다. 개인차원을 넘어선 도전사
례라는 게 고무적이다. 사회적 가치창조의 증대다. 〈NHK〉는 교양프로
그램을 통해 고령인구의 숙련창업 성공사례를 주기적으로 내보낸다. 일
본사회의 고질병인 비정규직과 고령근로자란 화두풀기에 주목한 케이스

다. 〈TV도쿄〉 등은 70세 이상의 고령근로자가 창업해 성공적으로 안착한 회사도 소개해 눈길을 끌었다.

50대부터의 숙련창업 증가엔 이유가 있다. 우선 인구구조의 절대비중이다. 광의의 베이비부머세대답게 인구규모가 많은 게 자연스레 창업수요로 이어진다. 인구도 많지만 이들의 창업활동이 적극적인 건 무엇보다 탄탄한 기초체력 덕이다. 이는 창업동기·도전의욕이 높은 것과 연결된다. 회사중추였던 현역시절 버블붕괴를 겪으며 기업에서의 승진기회를 잃었다는 점도 원인이다. 그만큼 회사 밖에서 자신만의 출사표를 던지려는 유인이 잦다.

재취업이 쉽잖다는 현실문제도 있다. 50대 이상을 받아줄 직장은 찾기 힘들다. 무엇보다 본인의 가치관과 자아실현을 이유로 내건 경우가 많다. 취미활동과 자원봉사만의 노후생활은 불만스럽기 마련이다. 정년연장에도 불구, 공적연금 수급연령이 65세로 늘어나 소득확보가 필요해졌다는 현실론도 빼놓을 수 없다.

중년창업의 절정은 50대다. 반면 60세 이상은 창업전선에서 멀어졌다. 60대 취업자의 취업상태(2004년)를 보면 전체의 13.7%가 자영업주인데, 직전조사(2000년)의 17.3%보다 줄어들었다. 정년이전의 창업수요가 많다는 일반적인 추정과 맥이 닿는다.

즉 정년시점인 60대 이후에는 창업의욕이 꺾인다. 65세 이상의 고령창업이 줄어든 것은 장기·복합불황으로 내수시장이 얼어붙은 결과다. 섣불리 창업했다 기회비용이 더 지불될 수 있다는 우려다. 진취적 경향의 부족도 원인이다. 30~40년을 줄곧 회사인간으로 살면서 자아실현보다는 상사명령에 더 익숙한 경우가 많아서다.

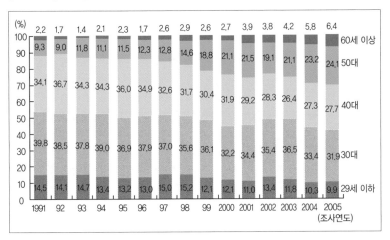

[그림 6-2] **개업당시의 연령별 비율**

자료: 국민생활금융공고

때문에 고령창업을 해도 이상추구·자기실현적인 목적보다 사회공헌·잠재니즈 대응형태가 많다. 장기축적의 인적자본을 내세워 틈새사업에 도전하는 게 일반적이다. 리스크를 지기보다 철저히 안전위주로 진행된다. 실버기업으로 불리는 성공사례 대부분이 현역시절을 기반으로 한 인맥지향적인 사업모델을 채택한다.

_어려운 재취업이 창업견인, '자금·노하우 유리'

숙년창업은 이제 그 자체가 사업모델로 부각된다. 창업지원 아이템의 사업화다. 실제 사업계획을 비롯한 자금조달·시장개척 등을 전문적으로 조언하는 숙련창업 세미나는 인기절정이다. 선배창업자의 생생한 조언 청취와 관련정보 일괄제공 등을 내세워 관심이 높다. 업계에 따르면 예비후보의 30%가 실제 창업하는 것으로 알려졌다.

지자체 소속 창업지원기구에서의 지원은 증가세다. 관리직 경험자에겐 경영마인드를, 영업자 출신에겐 재무노하우를 알려주는 등 맞춤형 코스 개설이 강점으로 꼽힌다. 숙련창업의 장점은 다양한 경험과 지식, 폭넓은 인맥으로 요약된다.

자금측면에서도 청년창업보다 비교우위다. 무엇보다 영업력을 비롯해 사람을 다루는데 능통하다. 현역시절 경험으로 고객 · 직원 · 거래처를 움직이는 비결을 체득한 덕택이다. 젊은 역동성이 필수불가결한 첨단사업이 아니면 이들의 경험은 그 자체가 성공변수다.

도전결과가 밝지만은 않다. 계획대로 순조롭게 진행되는 경우보단 갖은 복병에 시달리는 게 일반적이다. 가령 경험을 살릴만한 분야는 이미 경쟁과열이거나 체력 · 기력이 정열만큼 뒤따르지 않는다. 이렇게 3~4년 버티면 체력적으로도 힘들어진다. 성공확률은 60%대의 청년창업과 달리 50% 미만이다. 생산기반을 갖춘 중소기업으로까지 키워낸 숙련창업은 특히 드물다.

성공사례는 본인경험을 되살린 소규모 컨설턴트와 신제품 개발지원 등이 많다. 가족도움을 전제로 특화 · 사업화한 음식점과 농업분야도 성공확률이 높다.

동시에 60대보다는 50대의 창업의지가 높다. 즉 숙련창업의 정점이 50대다. 정년을 앞두고 일찍부터 준비하려는 동기와 일맥상통한다. 나이가 들수록 노후생활을 저당잡혀야 하는 불확실성을 선택하기 어렵고, 부담스러운 기회비용도 문제다.

나이 50은 인생전반과 후반을 가르는 하프타임인 까닭이다. 평균수명이 늘면서 50세의 고민은 한층 깊어지는 추세다. 인생전반이 샐러리맨이었다면 더 그렇다. 버텨내기도 떠나기도 어렵기는 마찬가지다.

다만 지천명(知天命)이랬다. 세상이치를 알기 시작했기에 늦기 전에 다시 인생항로를 개척해보려는 의지도 절정에 달한다. 그 결과물이 창업이다. 시니어창업이다. 한국과는 상황이 적잖이 다르지만 일본사례는 선행적인 시사점을 알려주기에 주목된다.

목하고민 창업이슈
'틈새에서 기회를'

일본은 안정적인 나라다.

도전 · 변화 · 모험은 갈수록 변방으로 밀리는 분위기다. 먹고 사는 문제도 마찬가지다. 경기침체 · 소득감소의 현재적 압박에 고령화 · 저성장의 미래적 절망까지 겹쳤지만 일본인의 대응마련은 신중하다 못해 답답하기까지 하다.

창업시장이 대표적이다. 한국이라면 사표와 재도전이 일상적인데 일본은 그렇잖다. 이런 점에서 일본의 창업 붐은 한국에 비할 바가 아니다. 그럼에도 불구하고 소리 소문 없는 창업수요는 꾸준하다. 금융위기 이후 종신고용 · 연공서열로 정년을 보장받던 '철밥통' 직장의 존재감이 흔들리면서 스스로 평생직장을 찾으려는 움직임이 꿈틀댄다.

실제 프랜차이즈 사업설명회엔 참가자가 늘었다. 연령층도 다양하다. 정규직 일자리를 포기한 20대부터 퇴직이후를 염려하는 60대 고령세대까지 폭넓다. 결혼·출산 후 복직이 힘든 여성의 경우 재택창업을 고려하는 분위기도 적잖다. 다만 현실로 옮기는 경우는 은퇴에 임박해 평생직업의 갈망이 구체적인 중년세대로 압축된다.

_중년의 탈(脫)샐러리맨 승부수, 관건은 창업아이템

기업환경을 비롯한 사회분위기도 창업을 권한다. 원래 일본회사는 본업이외 어떤 영리활동도 허용하지 않았다. 창업·부업은 두말하면 잔소리다. 그런데 최근 부업·겸업을 금지하던 회사관행이 조금씩 풀리는 추세다. 워크셰어링 차원에서 임금감소분을 보전하는 예외조치로 본업이외의 일을 허용하기 시작해서다. 소득감소로 생활고에 몰리거나 장래불안을 호소하는 샐러리맨은 늘어났는데 과거처럼 이를 기업이 모두 해결해주지 못한 결과다.

　실제 부업전선에 뛰어든 직장인은 증가세다. 낮엔 본업을 하고 야간·주말엔 부업으로 소득을 늘려보려는 수요다. 일례로 일본직장인의 8.1%가 본업이외의 부업을 갖고 있는 것으로 조사됐다(JILPT·2009년). 특히 절반정도인 49.1%의 샐러리맨이 향후 부업을 하고 싶다고 응답해 투잡(Two Job) 열기는 보다 뜨거워질 걸로 추정된다. 물론 우려는 남는다. 회사에서의 집중력이 떨어져 경쟁력이 약화될 수 있다는 게 대표적이다.

　개인차원의 창업압권은 역시 프랜차이즈 가맹점이다. 프랜차이즈 점포규모는 2003년 22만점에서 2009년 23만점으로 늘었다. 매년 꾸준한 증가세다. 프랜차이즈 숫자도 같은 기간 1,074개에서 1,206개로 증가했다.

프랜차이즈의 경우 소매업(9만점)과 외식업(5만4,000점) 및 서비스업(8만 7,000점)으로 크게 구분된다. 편의점 천국답게 소매업 중 편의점(4만5,000점)이 절반이상이다.

창업을 고려할 때 우선적인 고려업종은 라면가게나 편의점 등이 일반적이다. 그만큼 흔하고 불황을 적게 탄다는 점이 어필했다. 요즘엔 가격파괴에 성공한 저가균일 선술집의 확산속도도 빠르다. 샐러리맨의 지갑사정을 고려해 인기를 얻었다.

서비스업의 경우 인구구조·환경의식·경기침체 등 환경변화의 틈새를 노린 업종이 창업후보로 자주 거론된다. 쇼핑난민으로 거론되는 고령인구의 눈높이에 맞춘 도시락배달과 급성장 중인 개호서비스·클리닝사업 등이 그렇다.

리사이클에 대한 수요도 증가세다. 다만 프랜차이즈 창업의 경우 경쟁격화와 포화점포 등은 상시적인 위험변수다. 결국 철저한 사전조사와 함께 생활밀착형 업종에 한정된 창업전략이 필수란 지적이다. 지금부터 중년창업이 목하고민 중인 창업아이템에 대해 살펴보자.

◆ **저가균일 선술집; '가격저항을 깨다!'**

일상적인 가격파괴가 이젠 새로운 창업기회로 연결된다. 이자카야로 불리는 선술집의 저가균일 점포로의 변신이 그렇다. 주류와 안주·요리를 300엔 이하로 설정해 주머니사정이 열악해진 샐러리맨들에게 인기다. 가볍게 한잔 할 경우 1인당 1,000~2,000엔이면 충분해서다. 가격파괴는 연일 뜨겁다. 어느 순간 저항선이던 300엔대를 깨더니 이젠 270엔까지 인하됐다. 음료·안주 모두 동일가격에 제공하는 건 물론이다.

선술집의 패스트푸드로 비유되는 혁신메뉴 제공경쟁은 대형업체로부터 시작됐다. 와타미(和民)·킨노쿠라(金の藏)·시로키야(白木屋)·와라와라(笑笑)·토호겐분로쿠(東方見聞錄) 등이 대표적이다. 식재료를 그룹(프랜차이즈)차원에서 대량으로 구매해 비용을 절감한데다 터치스크린 방식의 주문시스템을 채택해 인건비를 줄일 수 있다는 점이 먹혀들었다. 터치스크린의 경우 그간 문제점이었던 주문착오를 줄여 낭비절감에도 기여한다. 점포에서의 조리를 간소화하거나 셀프서비스에 가까운 전략채택으로 비용절감에 나선 업체도 많다.

다만 유명 프랜차이즈의 경우 소자본 창업은 사실상 힘들다. 위치가 관건인 술집답게 점포를 구하는 것에만 거금투자가 불가피해서다. 그럼에도 불구하고 일부 프랜차이즈는 1,000만엔대부터 창업이 가능하다. 작게 시작할 경우 10평대 정도면 충분해서다. 혁신메뉴 비법이 알려지면서 소규모 선술집을 창업하려는 수요도 덩달아 증가세다.

◆ 간병서비스; '틈새 노린 성장산업'

고령화엔 돈이 많이 든다. 신체·정신적인 이유로 간호서비스가 필요한 노인인구가 그만큼 늘어서다. 거동불편·치매발병 등이 대표적이다. 반면 시설입소 땐 거액이 불가피하다. 이런 이유로 개호서비스에서 방치되는 이들도 많다. 실제 65세 이상 고령자의 1/6이 요(要)개호 인정자로 알려졌다. 숫자론 450만명에 달한다. 이중 130만명이 필요서비스를 못 받는 실정이다.

이 틈새를 노린 게 일반가정에서의 개호서비스다. 돌봄이 필요한 개호수요를 창업타깃으로 삼은 형태다. 낮은 리스크에 안정적인 수입이 가능하단 게 장점이다. 일반가정을 이용해 최소한의 초기투자로 금전부담을 줄일 수도 있다. 가정적인 환경제공으로 고객만족도를 높일 수 있다는 것도 장점으로 거론된다. 이용자로선 개호보험이 적용돼 부담도 적다.

고령화시대 성장산업으로도 손꼽히는 만큼 향후 관련수요는 더 늘어날 전망이다. 창업비용은 대략 500만~1,000만엔대 수준이다. 지출항목의 대부분은 인건비로 기타 비용부담은 거의 없다. 주요업체로는 '키라쿠(樹樂)' 등이 있다.

◆ 매입사업; '불황에 강한 비즈니스'

전당포의 경우 한국에선 사양업종이다. 일부를 제외하면 사라진지 오래다. 하지만 20년째 불황인 일본은 정반대다. 경기침체로 돈줄이 확연히 줄어든 일반가정으로선 전당포가 숨통을 터주는 단비다. 급전이 필요하거나 더 이상 쓰지 않는 물건을 맡기거나 내다팔아 현금화하면 적잖이 도움이 돼서다.

같은 맥락에서 매입(買取)사업이 활황이다. 금 · 은 등 귀금속은 물론 브랜드제품 · 수집품 등을 사들여 전문 중간상에 되파는 구조다. 불황에 강한 사업인데다 리스크가 적고 즉시환금이 가능해 주목받고 있다. 이는 기존의 중고품 매입판매업과는 구분된다. 매입 후 재판매하지 않기에 점포를 만들 필요가 없어 경제적이다. 자택이나 혹은 작은 사무실이면 충분해서다.

재고 관리비용이 들지 않는 것도 장점이다. 그만큼 운영자금에 여유가 생긴다. 수익성도 비교적 좋다. 입소문이 날 경우 굳이 고객을 찾아 영업하지 않아도 된다. 이런 이유로 초보창업자나 주부 등이 주로 창업

한다. 자기자본에 따라 규모는 천차만별이다. 프랜차이즈 개시 1년 만에 30개 점포를 거느린 '오타카라야(おたからや)' 등 전문업체가 영업 중이다.

◆ 위생, 클리닝; '고령화, 맞벌이로 수요증가'

최근 수요증가가 확연한 인기업종이다. 심화된 고령화와 활발해진 맞벌이 등 환경변화를 배경으로 이용자가 증가하고 있어서다. 벌레나 알레르기 등에 민감한 이들도 늘어 전문적인 청소서비스를 원하는 경우가 많다. 최근엔 비슷한 업종의 TV-CM도 심심찮게 흘러나온다.

집안전반을 커버하는 청소대행과 비교적 새롭게 대두 중인 특화서비스가 있다. 특화서비스의 경우 에어컨·부엌·화장실 등은 물론 마루·카펫·창문 등의 청소가 대표적이다. 장기방취(防臭)·항균공간 제공에 특화된 프랜차이즈도 있다. 코팅 등을 통해 유해물질을 막으려는 가정도 증가세다. 시장규모는 1,000억엔대로 추정된다. 특별자격이나 대형시설·기재가 불필요해 초기비용을 줄일 수 있다. 실제 창업초기 대부분은 자택과 사무소를 겸하는 것이 일반적이다.

영업시간을 자유자재로 정할 수 있어 은퇴한 이들이 평생직장으로 선택하는 경우가 많다. 창업비용은 약 200만엔 안팎이면 충분하다. 무점포 창업이 가능한데다 혼자서도 시작할 수 있다는 게 장점이다. 매출액 중 원가가 차지하는 부분은 10~20%를 넘지 않아 수익성이 높다. 해당분야 거대 프랜차이즈인 '오소오지혼포(お掃除本舗)'의 경우 940개 점포가 영업 중이다. 이중 95%가 미경험자다.

◆ 학원 프랜차이즈; '초중 대상 시장 맑음'

학원시장 규모는 경기침체에도 불구, 성장세다. 고질적인 출산율 저하와 명문대학을 보장하는 일관(一貫)교 감소 등 악재가 적잖지만 학원수요의 연령하락과 아동 1인당 비용증가 등 이를 상쇄하는 호재가 파워풀해서 다.

특히 초중생 대상 학원시장이 급성장했다. 가령 초등학생 학원비는 1998년 500억엔대에서 2008년 1,200억엔대로 2배 이상 늘어났다. 동네 곳곳을 파고드는 지역밀착형 소규모 학원이 그만큼 많다. 실제 20~30평 전후의 교실공간을 확보하면 창업이 가능하다. 회사마다 좀 달라도 일반적인 경우 로열티 부담이 다소 있다는 게 단점이다. 물론 그만큼 인지도에 따른 학생모집 등이 수월하단 장점은 있다.

자립학습이 목적이면 소자본 단독개업도 가능하다. 컴퓨터 등을 활용한 원격시스템이 대표적이다. 이 경우엔 자택 등을 교육공간으로 활용할수 있다. 학생이 많지 않으면 강사채용 없이 운영하는 등 탄력대응이 가능하다. 일부업체의 경우 개별지도 외에 유아교육 및 영어회화 등 병행교육을 통한 시너지효과를 추구한다.

노인인구를 대상으로 한 컴퓨터교실도 많다. 대개의 경우 창업비용은 500만엔 안팎이다. 영업이익은 많게는 매출액의 50% 이상으로 비교적 안정성이 높다. 학원사업의 경우 회원제 비즈니스로 매월수지를 가늠할 수 있다는 것도 우호적인 환경변수다. 'ECC 베스트 원'을 필두로 '쇼난(城南)코베츠' 및 'DR. 세키주크(關塾)' 등의 프랜차이즈 업체가 영업중이다.

◆ **노인도시락 배달; '지속주문으로 안정매출'**

요즘 일본에선 쇼핑난민이란 말이 유행이다. 거동이 불편한 고령인구의 경우 일상생활에 필요한 물건을 사기 힘들어서다. 특히 음식 등에 곤란을 겪는 고령가구가 적잖다. 이에 발맞춰 고령자 입맛에 맞춘 전용도시락을 개발·배달하는 창업시장도 관심대상이다. 일반식은 물론 수요에 따라 건강·치료식 도시락을 추가할 경우 이를 찾는 수요가 적잖기 때문이다.

반찬 등을 배달하는 것도 틈새 아이디어다. 고령인구의 경우 로열티가 높아 지속주문으로 안정적인 매출유지가 가능하단 게 장점이다. 대부분 냉동이 아닌 냉장식재료를 사용해 만족감이 높다. 점포는 굳이 번화가일 필요가 없다. 임대비용이 낮은 3등지라도 얼마든지 가능하다. 즉 초기비용 부담해소다. 필요에 따라 자택에서의 창업과 함께 기존점포에 얹혀 개업할 수도 있다. 창업비용은 100엔대면 충분한 것으로 알려졌다.

한편 '노인=단독가구' 이미지가 정착되면서 1인 가구를 위한 반찬제공도 인기다. 편의점 등을 중심으로 1인 가구를 위한 다양한 카테고리의 제품이 확대·보급 중인 게 그 증거다. '99플러스'란 전문점은 고기·채소·잡화 등 일상품목 1만2,000개 이상을 소량으로 포장해 99엔의 동일가격에 판매해 화제를 모았다. '로크필드'란 고급반찬 전문점은 다양한 채소를 먹고 싶어도 비용부담 때문에 주저하는 고객을 위해 약 30개 종류 이상의 채소가 들어간 샐러드를 판매해 성공했다. 창업비용이 비교적 저렴해 소자본창업에 어울리는 업종이다.

◆ 우동 · 라면; '영원한 인기아이템'

일본인처럼 면에 열광하는 민족도 드물다. 이런 점에서 우동 · 라면점 포는 인기절정의 영원한 관심대상이다. 노포(老舖)중심으로 어지간해선 점포변화가 없는 일본거리에서 간판을 바꿔다는 경우, 둘 중 하나는 우 동 · 라면가게일 정도다. 특히 라면가게의 시장진출입이 활발하다. 소 바 · 우동보단 상대적으로 만들기 쉽고 보편적인 외식품목으로 정착된 덕분이다.

프랜차이즈의 경우 비법으로 일컬어지는 점포특유의 식재료를 본사가 조달해줘 초보자가 큰 부담 없이 개업할 수 있다. 창업자금은 점포규모 에 따라 각양각색이지만 소자본일 경우 500만엔대면 가능하다. 새로운 맛을 추구하는 개성적인 프랜차이즈가 많아 비교적 틈새도 넓다.

그럼에도 불구하고 늘 경쟁에 노출된다는 점은 한계다. 정착됐을 경우 업주가 갖는 이익률은 매출액의 20% 안팎이 일반적이다. 라면을 필두로 한 이들 관련 프랜차이즈는 셀 수 없이 많다.

◆ 창업하면 편의점; '창업계의 스테디셀러'

일본의 편의점숫자는 5만개를 넘어섰다. 어지간한 지역엔 골목골목마다 편의점 간판을 볼 수 있다. 그야말로 일본소매업의 왕자다. 대형할인점 · 백화점이 역세권 인근에 집중돼 있어 편의점은 그 틈새에서 고객발길을 잡는데 성공했다. 게다가 대부분 PB상품을 독자적으로 개발해 고객만족 도를 높이는 등 상품라인업이 탁월하다. 택배 · 수납 · ATM 등 편의점 한 곳에서 처리 가능한 기타서비스도 상당히 방대해 모객향상에 결정적이 다. ATM의 경우 이미 은행규모를 넘어선 것으로 알려졌을 정도다.

창업비용이 상대적으로 적은 것도 매력적이다. 점포임대료를 제외하면 300만엔대면 창업이 가능해서다. 실제 주택가 구석구석에 포진한 점포가 적잖다는 점을 감안하면 일본의 경우 임대료 부담은 상대적으로 적은 게 일반적이다. 물류 · 마케팅 등을 본사가 알아서 해주는 편이라 안정적인 수익흐름도 기대할 수 있다.

특히 편의점은 40~60대 창업자가 선호하는 창업대상이다. 다만 문제는 과당경쟁 여부다. 오래 전부터 시장포화란 말이 나올 정도로 편의점이 지나치게 많다는 지적이다. 그럼에도 불구하고 편의점처럼 강력한 파워의 생활밀착형 소매점포가 없다는 점에서 창업관심은 꾸준하다.

◆ 중고품 점포; '불황과 환경의 조화'

요즘 일본에선 중고대전(中古大戰)이 한창이다. 경기침체와 환경보호가 어울리면서 리사이클에 대한 관심이 늘어난 게 배경이다. 관련점포와 취급품목은 나날이 증가세다. 책만 해도 양대 중고판매점이 한판 붙었다. CD대여에 집중하던 츠타야(Tsutaya)가 중고서적 취급시장에 뛰어들자 그간 헌책만으로 1인자에 올랐던 북오프(Book-off)가 기타품목에까지 도전장을 던졌다.

같은 맥락에서 중고물품이 창업시장의 히트품목으로 부상 중이다. 일본가정의 필수품인 자전거부터 장난감 · 일상용품 등은 물론 비교적 고가상품을 전문적으로 대여하는 프랜차이즈도 늘었다. 창업규모에 따라 초기비용은 천양지차지만 동네에서 작게 시작할 경우 필요자금을 최소로 묶을 수 있어 소자본창업 리스트에 포함시킬 수 있다. 창고형의 대형점포를 제외할 경우 300만~500만엔대의 초기자금이면 개업이 가능하다.

중년세대의 평생직업
'6차 산업 관심집중'

'은퇴'했다고 '퇴장'은 불가다.

앞날이 창창해 먹고 살 게 걱정이다. 잘 준비했어도 노후불안은 줄지 않는다. 인생말년이 침대생활로 점철되면 금전부담은 '부르는 게 값'이다. 대부분의 노인은 몸이 팔팔하다. 말이 노인이지 60~70세 청춘이 수두룩하다. 그래도 어쩔 수 없다. '일'이 없어서다. 정년연장일지언정 65세가 최대다.

집에 가도 마찬가지다. 가족은 급작스런 남편복귀에 우왕좌왕이다. 평생을 회사·집만 오갔으니 당연하다. 친구·동료와 여유를 즐기는 것도 고작해야 6개월이다. 반기기는커녕 갈 데조차 없다. 떠나볼 용기는 더 없다. 울분과 한숨의 확대재생산이다. 이렇게만 최소 30년이다. 은퇴예비군을 포함해 은퇴세대라면 누구나 동의하는 엄연한 현실풍경이다.

그렇다면 해결책은 없을까. 원인부터 살펴보는 게 순서다. 갈등계기는 은퇴이벤트다. 일과의 이별이다. 일거리가 없어지면서 수면 아래의 불통(不通) 갈등이 부각된다. 아쉬운 건 고령일자리가 별로 없다는 점이다. 어쩔 수 없다.

그렇다고 앉아서 답답하게 살 수만은 없다. 난국타개용 발상전환이 필요하다는 얘기다. 힌트는 현역생활 언저리의 일상궤도에선 찾아지기 힘들다. 인생 2막이란 표현처럼 확연히 구분되는 도전정신이 필수다.

_팔팔한 중고령의 장기실업, '시골로 떠나자!'

이때 도출된 노년의 새로운 인생살이 중 하나가 '6차 산업'이다. 요즘 일본의 베이비부머에게 희망적인 도전으로 다가선 핫이슈다. 한 마디로 익숙한 것과의 결별이다. 도시생활을 접고 시골풍경에 녹아드는 과감하고 필연적인 선택지다. 외롭고 고달픈 잉여인간의 삶 대신 설레고 활동적인 생산주체로서의 인생 2막을 열어젖히려는 시도다.

좀 빠르면 중년일 때 떠나는 귀농열기와 비슷하다. 물론 느닷없진 않다. 귀농한 선배세대는 그전에도 많았다. 구분되는 건 귀농목적이다. 7080세대가 단순히 노후의 생활무대로 자연을 택했다면 베이비부머와 그 후배들을 포함한 은퇴예비군의 중년세대는 농촌에서의 가치생산을 지향한다. 시골에서의 평생직업 탐색이다.

은퇴이후의 유력대안으로 급부상한 6차 산업의 개념은 간단하다. 농사를 토대로 여기에 추가적인 부가가치를 얹어 소득증대를 꾀하는 개념이다. 농업은 이미 사양길에 방치됐다. 급속한 현대·도시화로 농촌지역의 활기는 사라진지 오래다. 늙은이만 넘쳐나고 농지는 버려졌다. 한국의 농촌사정과 크게 다르지 않다.

6차 산업은 이 고민에서 비롯된다. 6차 산업은 정체된 농업·농촌의 부활 프로젝트다. 1차(단순생산)와 2차(가공·제조)산업을 아우르고 3차(판매·관광)산업까지 확대된다. 6차산업이란 1+2+3이라는 단순합계의 의미도 있지만, 최근 1×2×3의 개념으로 해석된다. 유기적이고 종합적인 융합개념을 강조해 +α를 추구한다는 의미로 발전한 것이다. '생산→가공→판매'의 일괄시스템이라 그만큼 부가가치도 높다. 1990년대 중반 소개된 개념이지만 지금은 일본농업의 미래로까지 해석된다.

붐업계기는 베이비부머의 대량은퇴와 맞아떨어졌다. 1947~49년생의 800만 1차 베이비부머가 60~65세에 도달한 2000년대 중반부터다. 한창 일할 베이비부머의 느닷없는 강제퇴직(?)은 국가적 충격으로 비화됐다.

그럼에도 불구, 장기침체·비용절감으로 일자리가 부족해지자 누구도 찾지 않는 잉여인간이 될 수밖에 없어졌다. 반면 생존위험은 더 커졌다. 금전필요의 압박이다. 6차 산업은 그 해결비법 중 하나로 떠올랐다. 즉 무소득의 베이비부머에게 고비용의 도시생활은 부담스럽다. 30~40년 회사에만 얽매였으니 떠나고도 싶다.

이때 '소득+변신'의 양수겸장 중 하나가 귀농생활이다. 문제는 학습효과다. 무작정 떠나 갈등만 키운 채 실패한 선배사례에서의 교훈이다. 그 결과가 전원생활 포기이후의 '역귀성'이다. 시골생활을 성공적으로 이끌 뾰족한 방안이 필요하다. 와중에 일부지역에서 확산된 6차 산업의 성공모델은 훌륭한 대안으로 다가왔다.

[그림 6-3] 농업종사자의 증감 추이

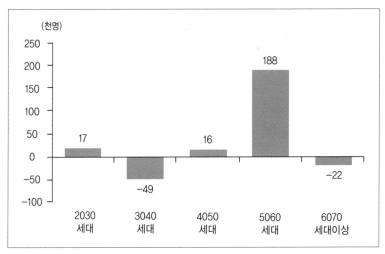

자료: 농림수산성(1995년과 2005년의 비교)

_‘소득+변신’ 양수겸장의 노림수, 농업의 진화

고민해결은 언론이 맡았다. 주요언론은 6차 산업을 주요 관심사로 인식
중이다. 방송 등은 주기적으로 6차 산업의 가능성과 성공사례를 내보내며
이목을 집중시킨다. 범위를 ‘농업’으로 확장하면 주목도는 훨씬 높아진다.
　개별지자체는 한층 적극적이다. 각 지방 관청에는 6차 산업의 전담지
원팀이 다각적으로 설치됐다. 귀농인구의 유입유도를 통해 농업부활을
연계하려는 노림수다. 일부는 성공사례의 발굴에 사활을 건다. 하락일로
의 지역활력을 지켜내는 교두보란 인식에서다.

6차 산업의 중추세력 후보군인 베이비부머를 모시려는 지자체의 경합
은 뜨거울 수밖에 없다. 빈집소개부터 자금까지 지원환경은 우호적이다.
컨설팅업계를 필두로 성공적인 시골안착을 위한 정보 · 노하우를 제공하
는 세미나도 일상적이다.

도농격차에 가뜩이나 민감한 일본정부의 지원셈법은 넓고 깊다. 6차
산업이 지방부활 · 농업사수 · 고용확보 · 은퇴해법의 일석사조로 이해되
기 때문이다. 국가적 관심사로 떠오른 배경이다. 덕분에 2010년 6차 산
업 시장규모는 1조4,400억엔에 달했다.

일본정부는 2011년 '6차 산업화법'까지 제정했다. 보조금에 이어 세제
혜택과 인재육성제도에도 손을 내밀었다. 정권교체에 성공한 아베정부
가 미국주도의 TPP(환태평양경제동반자협정)에 참여할 경우 6차 산업은
더욱 절실한 정부과제가 된다. 시장개방이 농촌타격으로 이어질 우려를
회피하자면 경쟁력 향상지원에 나설 수밖에 없어서다. 이때 단순생산의
기존모델로는 대응불가다. 저가수입 농산물과의 경쟁에서 이기려면 신
토불이를 내세운 6차 산업의 부가가치를 키울 수밖에 없다.

[표 6-1] 6차 산업의 시장규모

사업형태	시장규모
농산물의 직접판매	6,000조엔
농산물의 가공	3,000조엔
농산물 등의 수출	5,000조엔
관광농원, 농가식당 등 사업	400엔
합계	1조4,400억엔

자료: 『식료 · 농업 · 농촌백서』(2010년)

파급효과는 광범위하다. 유통마진을 줄여 생산자와 소비자 모두에게 덤을 얹어준다는 계산이다. 당장 농촌지역의 부활몸짓이 목격된다. 고군 분투 중인 농가로선 추가이익을 확보할 뿐 아니라 경영능력을 강화할 수 있어 매력적이다. 농촌에 새로운 가치를 창출하고 여성·노인에게 취업 기회를 제공할 수도 있다.

실제 고용창출에 긍정신호가 확인된다. 복합 부가가치가 혼재된 6차 산업이 활성화되면 일자리가 늘어나서다. 성공사례에 고무된 새로운 창업흐름도 응원한다. 농촌인력의 탈출러시(과소화)까지 방어할 수 있다.

고무적인 건 방향 잃은 거대집단인 베이비부머다. 상생효과 덕분이다. 퇴직세대의 직장경험과 전문성이 마케팅 문외한인 시골농부와 결합돼 시너지를 내기 때문이다. 도농합작품이다. 안착확률은 높다. 전후출생의 베이비부머라면 시골생활에 익숙하다. 대부분 시골출생으로 고향회귀의 바람이 크다. 친인척 덕분에 농촌사정에도 밝다.

_홋카이도 농원모델의 파급력, 부가가치 급증

성공사례는 농촌권역이 대부분인 홋카이도에 많다. 그래서 '홋카이도 농원모델'이라고도 부른다. 홋카이도 농원모델의 핵심은 '수동적 하청구조 →자발적 부가가치'로의 방향선회로 요약된다. 거대자본의 하청구조에서 벗어나 농작물에 새로운 부가가치를 얹어 기간산업화로 육성한 게 주효했다.

선두주자는 '진나이홈21'이다. 이 농업법인은 여름과일 망고를 겨울에

[그림 6-4] 6차 산업화의 조직메리트(복수응답)

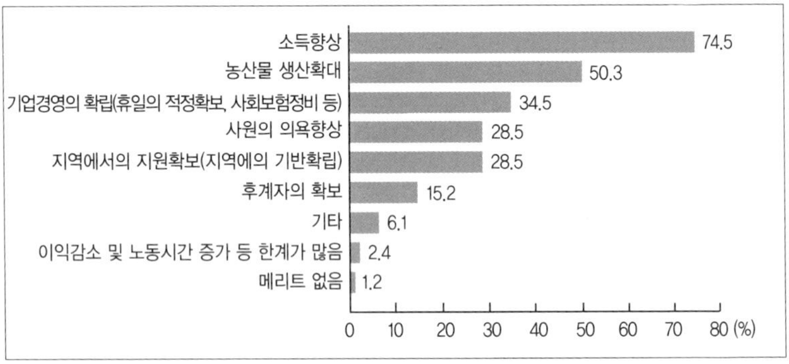

자료: 일본정책금융공고(2011년, 설문조사)

수확한다. 망고의 계절성과 에너지효율을 역이용해 고가격의 겨울수확
을 실현했다. 개당 7,500엔은 본토 망고보다 2배 이상 비싸다.

뿐만 아니다. 추위를 이용한 망고의 역발상 재배전략이 알려지면서 영
농학교까지 만들어졌다. 덕분에 농장인근엔 인구가 늘었다. 3년 과정에
본토지원자가 몰려들자 동네는 젊어졌다. 설국이라는 지역특징을 농업
생산에 메리트로 역전시킨 덕분이다.

홋카이도의 '하나바타케(花畑)목장'도 관심대상이다. 유명탤런트가 농
장우유로 캐러멜을 만들어 파는데 없어서 못 파는 최고히트작 중 하나다.
기존유통망을 깨고 생산·가공·상품 일체화로 점포·인터넷 등에서 직
판하는 모델이다. 2007년 이후엔 유사복제품이 범람할 정도로 인기다.

원래 가족경영이었던 교토의 농업생산법인 '고토교토(こと京都)'는 경
영안정을 위해 직판·가공판매에 진출해 파 한 품목만으로 연간 6억엔
매출달성에 성공했다. 365일 재배시스템을 갖춰 0.4헥타르였던 재배면

적은 25헥타르로 늘어났다. 거농변신은 라면가게와의 직판계약이 주효했다. 특히 파를 절단·납품할 때 계절별로 굵기를 달리 가공해 호응을 얻었다. 여세를 몰아 슈퍼납품까지 이뤄냈다.

이밖에도 동네마다 한두 곳은 찾을 수 있을 정도로 성공사례가 확산 중이다. 한편 지역자원의 활용을 통해 관광산업(지역브랜드)까지 연결될 수 있으며, 이때 고용유발 효과는 훨씬 커진다.

대량은퇴의 부메랑?
'일본기술자의 중국행'

'가진 건 숙련뿐이다.'

정밀가공은 기계조작보다 숙련손길이 관건이다. 정밀작업의 극치일수록 사람 손끝이 미세변화를 체크해야 한다. 30~40년 숙련자라면 머리보다 손이 먼저 느낀다. 장기근무에 따른 고도숙련이다. 매뉴얼(형식지)로 못 만드는 암묵지의 힘이다. 숙련기술이 일본의 자랑거리로 소문난 이유다.

요즘 일본의 숙련기술이 도마에 올랐다. 숙련기술자가 많은 베이비부머(團塊세대)의 대량은퇴가 시작되자 이를 이을 숙련기술 전승에 경고등이 켜져서다. 설상가상 숙련기술의 해외유출 우려가 심각하다. 기술습득이 시급한 신흥국의 은퇴기술자 초빙유혹 때문이다.

중국이 대표적이다. 기술습득에 목마른 중국기업은 대량생산을 넘어선 품질관리가 절실하다. 기술지도란 명목으로 고문·자문 등의 직함을 제시하며 일본의 숙련기술자를 모시는데 열심일 수밖에 없다.

은퇴기술자에게 중국카드는 제2의 인생살이로 나쁘지 않다. 물론 우려도 많다. 기술유출로 일본기업의 상대적인 기술경쟁력 약화염려가 그렇다. 이들이 가세하면 가뜩이나 빨라진 중국기업의 기술추격은 한층 탄력을 받을 게 불을 보듯 뻔하다.

_중년 숙련기술자의 실업고민, '반긴다면 어디든!'

먼저 은퇴시점에 도달한 숙련기술자의 심정부터 살펴보자. 은퇴란 단어에서 유추되듯 정년임박의 이들에겐 불안감이 절정상태다. 현실화된 장수리스크의 위기봉착이다. 현재 문제가 되는 숙련기술자의 절대 다수는 베이비부머에 속한다. 1947~49년생이니 선두연령대면 올해 65세다. 정년연령이다. 대부분 일본기업의 정년은 60세다.

그런데 정부는 재정압박 탓에 공적연금 수급연령을 65세로 늘렸다. 정년퇴직 후 연금생활까지 '마(魔)의 5년'이 생겨버린 셈이다. 불안증폭이다. 대안으로 제시된 게 '정년연장'이다. 65세까지 사실상의 계속고용을 강제했다. 애초 베이비부머의 대량은퇴를 2007년으로 봤지만 정년연장 덕에 5년이 늘어난 셈이다.

5년이 흐른 게 2012년이다. 2012년부터 3년간 800만 베이비부머가 근무복을 벗는다는 얘기다. 어쩔 수 없이 물러나야 할 상황인데 장수위기는 그대로다. 평균수명(±83세)은 늘어나는데 연금소득은 줄거나 그대로이고 가족부양은 약화됐으니 믿을 건 계속해 근로소득을 확보하는 수뿐이다.

반면 고령근로를 반기는 직장은 별로 없다. 고도의 숙련기술자를 빼면 65세 이후까지 일하자는 회사제안은 드물다. 그렇다고 뜬금없는 전직·이직·창업은 더더욱 우려스럽다. 적어도 일본국내에서 고령숙련을 받아줄 곳은 드물다는 뜻이다.

전기·전자 등 일본메이커의 부진도 부정적이다. 가령 소니·파나소닉·샤프 등은 한국파워에 밀려 경쟁에서 뒤쳐졌다. 이들 3대 기업의 2011년 손실액만 210억달러에 달하는 것으로 조사됐다. 하지만 해외라면 다르다. 이들 숙련기술은 노동대가로 교환될 수 있는 존재다. 중국 등 신흥개도국이 대표적인 수요처다.

베이비부머에게 체화된 제조기반의 숙련기술은 명성이 자자하다. 고

[그림 6-5] **60세로 접어든 일본의 베이비부머**

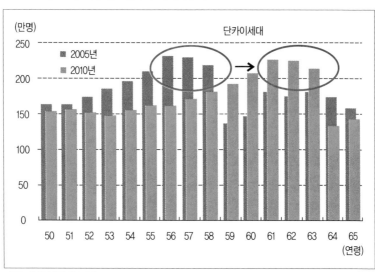

자료: 총무성(국세조사)

도성장을 일으킨 일본기업의 세계약진과 그 성공스토리를 써온 주인공답게 후발국가에겐 둘도 없는 고급인재다. 더구나 이들의 숙련기술이 현재 일본에선 사라진 기술·제조노하우지만 개도국에겐 여전히 먹혀든다는 점이 긍정적이다. 기술과잉인 일본입장에선 과거스토리지만 중국에겐 훌륭한 현재·미래스토리일 수 있다.

_버려진 숙련기술자, 개도국의 앞다퉈 모셔가기

선행사례는 많다. 일본기술이 흘러들어가 비약적인 성장약진을 보인 사례다. 1990년대 한국기업의 일본기술자 수입사례가 그렇다. 삼성전자·LG전자 등이 일본메이커로부터 다수의 반도체·백색가전 기술자를 뽑아가던 시기다. 현재 한국기업 중 상당수가 최고수준의 메이커로 성장한데는 이런 일류기술의 인적자원 유입이 지대했다는 게 중론이다.

2000년대 중반엔 중국에도 해당사례가 목격된다. 세계의 공장이란 별칭처럼 본격성장을 구가하던 2000년대부터 중국기업의 해외기술자 초빙사례는 본격화됐다. 타깃은 역시 일본이었다. 당시 60세 정년에 불안해하던 40~50세 숙련기술자 중 적잖은 수가 중국티켓을 구매했다. 고성장중인 중국현장에 눈을 돌린 건 인지상정이며 러브콜까지 받는데 안 갈 이유가 없었기 때문이다.

기술초빙국의 판단은 옳았다. 일본의 기술숙련은 유입국의 제조현장에 적잖은 과실을 안겨줬다. 월급수준만으로 고도의 숙련기술을 이전받는다는 점에서 투입대비 산출효용은 합격점이다. 숙련기술이란 장시간

[그림 6-6] 60세 이후 떨어지는 취업률(2010년)

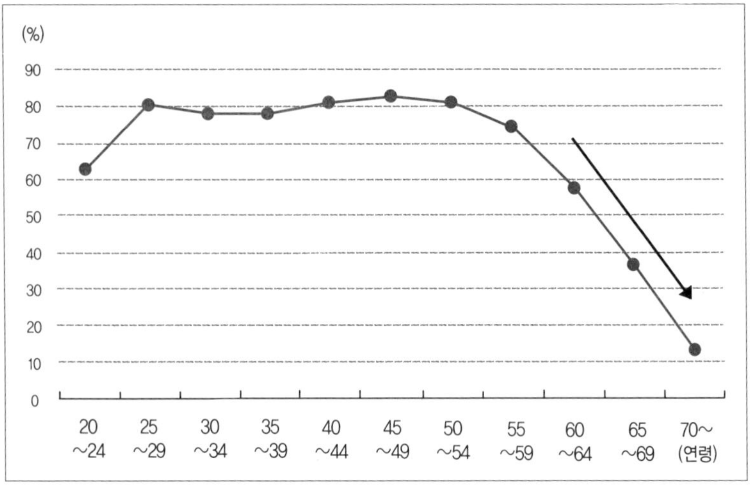

자료: 총무성(노동력조사)

의 시행착오와 실패경험에서 얻어진다.

금형기술처럼 미세한 기술조정이 불가피한 업종은 특히 그렇다. 미세한 차이가 대량의 결함상품을 낳는 원인이 되기 때문이다. 단기간에 이런 기술을 습득하기란 여간 어렵잖다. 갈 길 바쁜 중국으로선 땀 흘려 고군분투하기보단 손쉽게 노동시장에서 사오는 게 유리하다.

덕분에 일본기술자의 중국유출은 제품품질과 생산성을 대거 향상시켰다. 일찍 진출한 일본기술자 덕분에 중국의 제조기술은 단기간에 급성장했다. 최근 10년간 중국기술의 레벨이 급격히 향상됐다는 데 이견은 없다. 이는 무역통계에서도 확인된다. 중국의 고부가가치기계 · 전자제품 수출액은 한해가 다르게 늘고 있다. 2012년 1분기 수출액은 전년동기보다 9.1% 늘었는데 그 신장추세는 속도마저 더하고 있다.

기술유입은 곧 기술유출을 뜻한다. 일본을 떠나는 베이비부머 숙련기술자의 행렬을 바라보는 본국시선은 걱정천지다. 이들의 중국행이야말로 ㈜일본을 탄생시킨 '메이드 인 저팬'의 기술력이 라이벌 중국기업에 흘러들어간다는 의미와 같아서다. 일본이 장기간에 걸쳐 습득한 기술을 손쉽게 가져간다는 무임승차 입장이다. 십분 양보해 중국행의 불가피성을 인정해도 차가운 시선만큼은 어쩔 수 없다. '매국노'까진 아닐지언정 따가운 비판시선은 여전하다.

그럼에도 불구, 숙련기술자의 중국을 비롯한 개도국으로의 전직카드는 대세다. 정확한 숫자조차 파악되지 않는 중소기업까지 포함하면 일본 기술자의 해외러시는 사실상 통제 불능상태다. 중국은 비교적 저렴한 비용으로 기술도입이 가능해 러브콜을 멈출 수 없다. 숙련당사자의 공급확대(대량은퇴)도 대세론을 뒷받침한다.

이들 베이비부머의 해외선택이 금전적인 이유만도 아니기에 설득은 더욱 힘들다. 정년이후에도 계속해 일하려는 도전·의지 때문이다. 실제 적잖은 수가 새로운 인생개막을 떠올리며 해외카드를 만지작거린다.

숙련기술자의 해외선택이 큰 위협은 안 될 것이란 의견도 만만찮다. 인생후반기의 숙련기술자가 지닌 숙련기술이 일본기업에 즉각적이고 치명적인 타격을 주지 않는다고 봐서다. 가령 중국이 관심을 갖는 기술 중 대부분은 이미 일본에선 사양산업에 속해 물려줘도 큰 타격이 없다는 쪽이다.

기술이란 위에서 아래로 흐르므로 대놓고 막을 이유가 없다는 분석도 있다. 일본이 과거 미국에서 기술학습을 했듯 마찬가지 논리란 얘기다.

제품기술에 온갖 진입장벽을 쌓으려는 일본특유의 문화에 피로감을 호소하기도 한다. '갈라파고스 현상'이란 지적처럼 과잉품질의 제품에 대한 우려다.

숙련이 유출돼도 전승은 힘들 것이란 지적도 있다. 암기학습 위주의 교육중시로 기술혁신이 가능한 인재육성이 힘들고 장기고용 관행조차 없어 일본처럼 효과를 보긴 힘들다는 뜻이다. 양질의 숙련기술을 사외에서 사오는 방법이 광범위하단 게 이를 뒷받침한다.

_숙련기술 유출우려 '개인적 선택이유는 충분'

어쨌든 숙련유출은 고품질제품을 효율적으로 생산하는 작업노하우를 중국 등의 개도국 기업에 제공하는 계기가 되는 건 분명하다. 장기적인 충격은 심각할 수 있다는 것이 중론이다. 와중에 중국은 정부차원에서 자국기업의 기술혁신과 숙련확보를 적극 장려한다. 한 단계 업그레이드를 원하는 중국으로선 시급한 과제다.

반면 일본기술자의 해외이전을 저지할 방법은 마뜩찮다. 기능·기술유출을 막고 싶지만 일본이 보유한 카드는 없다. 숙련기술자로서도 추상적인 애국심을 비웃는 현실적인 정당성이 먼저다. 즉 구조조정 압박만큼 노후불안은 거세져 평생근로의 당위성을 낳는다. 정년연장조차 근본대책은 아니다. 결국 노후불안을 잠재울 중국 등의 해외선택은 꽤 괜찮은 대안일 수밖에 없다.

물론 중국 등의 해외카드가 만병통치약은 아니다. 포기할 게 많다. 해외거주 특유의 불편·불안이 그렇다. 인프라가 빈약하고 환경오염이 심하며 무엇보다 치안불안 등이 부담스럽다. 때문에 상당수는 가족을 남겨 둔 단신거주다.

그래도 문제는 남는다. 일본기술자의 집단거주지에서 심심찮게 들리는 음주·외도 등의 부작용은 중국행의 치명적인 부작용으로 거론된다.

효도를 통한 해법
'은퇴공포 자연치유'

'장수사회 해결셈법은 효도경제학에 있다!?'

은퇴임박의 중년세대는 샌드위치 신세다. 부모봉양에 자녀양육은 물론 본인의 노후준비라는 트릴레마에 갇힌 신세다. 뭐 하나 손쉬운 게 없다. 중년가장의 어깨부담에도 불구, 뾰족한 해결방법조차 없어 대결과 갈등은 한층 심화된다.

복잡하고 꼬였을 땐 기본으로 되돌아가는 게 상책이다. 그렇다면 장수사회·은퇴대국의 갈등양상이 심화되는 이유는 과연 뭘까. 과거엔 그다지 부각되지 않았던 절망적인 사건사고가 끊이지 않게 된 건 언제부터일까. 거슬러 올라가면 '고도성장'에서 일정부분 답을 찾을 수 있을 것 같다. 인플레가 야기한 가족해체·직장편향이 디플레 진입과 함께 그 설득력을 잃으면서부터다.

그 와중에 고령화로 살아갈 날이 길어지면서 자금수요는 더 늘어났다.

장수사회의 제반갈등은 여기서부터 비롯된다 해도 과언이 아니다. 그렇다면 해결책은 없을까. 같은 맥락에서 인플레시대 때 잃어버린 가치복원은 어떨까. 쉽진 않겠지만 적으나마 가족이해와 혈연단결이 전제되면 고령사회의 제반한계를 넘을 수도 있을 것이다.

이런 점에서 아시아적 가치(Asian Way)로 평가되는 가족관계의 복원이 힌트가 될 수 있다. 물론 정실주의를 비롯해 아시아적 가치엔 치명적인 결함이 없잖다. 그렇다고 순기능을 애써 무시해가며 무조건 폐기해야 할 가치는 아니다. 저성장·고령화의 환경변화에선 더더욱 그 가치가 높을 수 있기 때문이다. 대표적인 키워드가 '효도'다.

_잃어버린 전통가치 복원으로 장수갈등 해소

풍수지탄(風樹之嘆)이랬다. 효도하려니 정작 부모는 없다는 한탄이다. 경제자립과 부모봉양의 엇갈리는 거리 탓이다. 요즘처럼 자녀세대의 경제독립이 지체될 땐 더더욱 효도실천이 힘들어진다. 효도를 할 수 있을 정도로 살만해지는데 필요한 절대시간의 장기화다.

그래서일까. 효도는 감속성장·고령국가의 '뜨거운 감자'다. 압축적인 고도성장 후 기능부전·동맥경화에 봉착한 한일양국에서 효자효녀가 줄어든 배경이다. 그렇다고 효도가 없어졌다고 단정하긴 힘들다. 정도차이는 있을지언정 유교의식은 여전히 건재하다. 무엇보다 자식으로서의 기본도리가 의심받아선 곤란하다. 핍박상황 탓에 못할 뿐 효도봉양에 반론은 없다.

일본은 한국보다 효도의식이 낮다. 조기독립 · 균등상속 · 고도성장 · 관계단절 · 유교희박 등 이유는 많다. 집안마다 사정이 다르고 예외가 있듯 단정하긴 힘들어도 적어도 한국보다 봉양의식이 낮은 건 사실이다. '키워줬으니 거둬줘'라는 부모반발도 없고 '끝까지 지원해줘'라는 자녀기대도 없다. 결론은 '부모자식의 느슨한 연결고리'로 요약된다.

분가생활을 당연시하는 서구사회 이미지와 꽤 닮았다. 함께 사는 경우가 적으니 고부갈등은 크지 않다. 1년에 1~2번 얼굴 보는 게 고작이다. 조부모 이하의 2~3대 대가족은 일부사례다. 동거는 많다. 양가인사는커녕 결혼식조차 없이 혼인신고만으로 부부가 되는 경우까지 적잖다. 배우자 선택에 대한 부모반응은 개입보단 방임이다. 관계희박으로 치사랑을 싹틔울 여지가 적다. 반대로 봉양부담은 적다.

일본특유의 교육환경도 금전부담 차원에서 자녀독립과 봉양의식에 영향을 미친다. 한국처럼 자녀에 '올인' 하지 않는 대신 노후생활에 자녀도움을 기대하지 않겠다는 의식발현이다. 매몰차게 들리지만 교육비와 노후자금이 충돌하는 한국적 딜레마에서 봤을 때 꽤 합리적인 선택이다. 계기는 고교졸업이다. 고교까진 부모조력으로 생활하되 이후엔 취업이든 진학이든 둥지독립을 자연스럽게 여긴다. 최초의 독립생활 시점이 20세 전후인 셈이다.

여기엔 독특한 취업환경이 관련되어 있다. 일본에선 고졸취업이 적잖다. 중소기업이라도 임금격차(대기업 · 대졸대비)가 적고 정규직 관문이 넓다. 최근 청년실업 등 상황악화가 목격되지만 적어도 '고졸=실업'은 아니다. 그러니 굳이 대학에 목을 매진 않는다. 낮은 대학진학률이다. 50%대로 한국(80%)보다 상당히 낮다. 고졸 후 취업과 독립이 가능하기 때문이다.

대학을 가도 부모지원은 한국처럼 전적이지 않다. 아르바이트가 상식이다. 부족분을 벌충해주긴 해도 모든 걸 부모가 지원해주는 건 소수사례다. 학비를 내주면 생활비는 자립하는 식이다. 부모로선 그만큼 금전여유가 생긴다. 노후준비 여력증대다. 자립여건이 구축되면 역으로 부모에 대한 의존성은 낮아지고, 커뮤니케이션의 기회는 줄어든다. 맹목적인 부담의 효도압박은 상대적으로 가해지지 않는다.

_삭막한 관계단절 반발? '늘어나는 효자효녀'

이랬던 일본이 변신 중이다. 기이한(?) 일이 계속된다. 언제부터인가 효도 붐이 한창이다. 불을 댕긴 건 대형재난 이후부터다. 3·11(2011년) 동일본대지진이다. 2만명에 육박하는 사망·행방불명자가 발생한 이후 효도가 주요이슈로 떴다. 희생자 대부분이 지방에 남겨진 고령의 부모세대였기 때문이다.

자연재해지만 도심거주 자녀의 때늦은 후회와 애틋한 그리움이 영상을 타면서 젊은이들에게 소원했던 부모존재가 재차 부각됐다. 예고된 위기가 만시지탄의 악수를 두지 않으려는 자발적인 관계를 복원시킨 것이다. '키즈나(絆)'로 불리는 인연부활 캠페인은 효도전파를 한층 가속화시켰다. 부모봉양에 관심을 갖고 신경을 쓰자는 국민적 슬로건으로의 승화다.

결혼이 늘어난 것도 인연중시 결과다. 자녀진학·독립이후 헤어져 살던 부모자식의 물리적 거리감은 물론 커뮤니케이션의 빈도가 부쩍 늘었다. 현대화 · 도시화 · 물질화 · 핵가족화에 대한 반성과 재검토도 구체적이다.

물론 노소갈등은 여전하다. 일각에선 '세대전쟁'까지 염려한다. 기득세력인 중 · 고령 은퇴인구에게 상대적 박탈감을 느끼는 청년세대의 도전양태다. 한국사례만은 아니다. 고령선진국 어디에서든 발생하는 보편적인 트렌드다. 폭발직전의 화약고 신세다. 일자리로 대결하더니 연금문제로 옮겨간다. 노인을 잉여인간으로 취급하며 짐짝처럼 여긴 결과다. 이해 못할 바는 아니다. 한정된 자원을 목소리 큰 순서대로 나누니 청년세대 몫은 급감한다.

그렇다고 노소대결의 정당성이 부여되진 않는다. 이럴 때일수록 이해와 협력의 상생시스템이 절실하다. 대결보다 대화가 먼저다. 전통의 공경대상까진 아닐지언정 폐기해야 할 대상으로 노인을 폄하할 필요나 근거는 없다.

되레 노인인구는 소중한 자원일 수 있다. 이들이 지닌 메리트와 경쟁력을 되살려 부가가치를 업그레이드하는 게 현실적이다. 짐짝신세로 소외시키기보다 이들의 누적된 지혜 · 기술 · 경험을 불황타개의 에너지로 활용하자는 얘기다. '노인=지혜주머니'로 인식을 바꿀 때 장수사회를 둘러싼 복잡한 실타래를 풀 수도 있기 때문이다. 실제 일본에선 노인의 지혜주머니를 사회재산으로 후세에 남기자는 활동이 구체적이다.

'기억의 은행(메모리)'이 그렇다. 주변고령자를 인터뷰해 이들의 '옛날얘기'를 기록 · 공유하는 프로젝트로 사회적 반향이 크다. '기억의 은행'을 경험해본 후속세대의 평가는 긍정적이다. 무에서 유를 창조해낸 선배세대로부터 현대사회의 비즈니스맨이 배움직한 다양한 힌트를 얻는다. 무명의 가난한 노동자가 전후복구 과정에서 창업해 고군분투 · 동분서주하며 놀라운 성과를 거둔 생생한 성공스토리는 감동 그 자체다.

특히 경쟁격화의 현대사회가 지닌 각종병폐를 치유할 전통처방을 얻는다는 것이 강점이다. 몸에 맞지 않는 서구적 진단 · 처방보다 일본특유의 해결힌트를 연장자의 지혜주머니에서 찾을 수 있어서다. 부모세대의 진심어린 조언 · 질타로부터 정신적 치유와 만족감을 얻었다는 감상후기가 줄을 잇는다.

_노인질시, 폄하 대신 '지혜주머니'로 해법탐색

그 출발점은 부모효도(親孝行)다. 효도가 몸에 익을 때 밖에서의 공경도 쉬운 법이다. '내리사랑'만 있지 '치사랑'은 사라진 현대사회에서 의외의 움직임도 목격된다. 효심강조 트렌드다. 잊혀진 효도가 부각된 건 베스트셀러 한 권 덕분이다. 2010년 발간된 『부모가 죽을 때까지 하고 싶은 55가지(親が死ぬまでにしたい55のこと)』란 책이다. 2개월 만에 10만부 기록을 세웠다. 지진피해로 인연중시가 강조되면서 입소문이 났다.

책엔 부모가 현재 60세면 앞으로 함께 할 시간은 55일뿐이라는 계산식까지 나온다. 부모가 80세까지 산다면 1년에 6일을 만나고 그때마다 11시간을 함께 할 경우 1,320시간이라는 결과다(20년×6일×11시간=1,320시간). 24시간으로 나누면 55일이 전부다. 즉 남겨진 효도시간은 의외로 적다. 자식으로선 이별을 준비해야 할 조바심의 발로다. 기획은 여기서 비롯된다. '이렇게 짧은 시간인데 소중한 부모와 무엇을 할 것인가'다.

[표 6-2] 부모가 죽기 전까지 하고 싶은 55가지

구분	내용
부모에게 물어야 할 것	모자수첩 보기. 첫사랑. 내가 태어났을 때 얘기. 집안내력. 걱정시킨 것. 내가 처음 말한 단어. 연애초기. 나의 이름 유래. 내가 처음 맞았을 때. 부모의 꿈. 부모의 고민. 부모에게 일이란 무엇인가?
부모와 함께할 것	아버지와 팔짱끼기. 가족사진 찍기. 술 마시기. 부모의 젊은 시절 사진보기. 쇼핑. 부모취미 공유. 아버지와 캐치볼 하기. 앨범 보기. 콘서트. 디즈니랜드 가기. 설날 함께 보내기
본인이 해야 할 것	부모가 좋아하는 곳 10번 쓰기. 부모 비디오 찍어두기. 부모가 쓴 돈 갚기. 여명선고 여부결정. 가족 모일 날 정하기. 부모생일 수첩에 남기기. 휴대전화로 부모사진 찍기. 부모와 싸운 것 생각하기. 부모이름 다시 써보기
부모를 위해 하고 싶은 효도	어깨 주무르기. 직접 음식 접대하기. 직접 옷 지어 드리기. 손자 안겨주기. 본인 돈으로 한턱 내기. 추억장소로 안내. 동반 해외여행. 꽃선물. 정밀검사 모시기. 소중한 것 다시 사 드리기. 본인생일에 부모 위해 선물. 메일사용법 알려주기. 등 밀어드리기. 어머니 요리 즐겁게 먹기. 머리카락 잘라주기. 연말대청소 돕기. 부모달력 만들어주기. 일 없이도 전화. 결혼기념 축하. 부모가 사줘서 기뻤던 것 말하기
기타	편지보내기. 감사하다 말하기. 만나러 가기

자료: 『부모가 죽을 때까지 하고 싶은 55가지(親が死ぬまでにしたい55のこと)』

일부기업은 효도경영을 내걸어 화제다. 효도경영 선두주자는 '반도타로(阪東太郎)'라는 일식 레스토랑이다. '반도타로'와 '카츠타로' 등 70여개 점포의 보유회사로 효도실천을 직원의무로 삼아 '효도회사'로도 불린다. 효과는 만족스럽다. '효자직원→성과향상'의 연결논리다. 출발은 부모효도지만 파급효과는 고객만족까지 확산된다. 효도하는 마음으로 일하는 직원에게 고객지지가 쏟아진 덕분이다. 주변이 즐거워지도록 성심성의껏 행동하는 첫 단추가 부모효도란 뜻이다.

효도의무는 구체적이다. 대표적인 게 초임용도다. 생애최초의 월급은 효도실천을 위해 부모에게 사용하도록 했다. 신입사원 합숙연수에서 세세하게 가르친다. 일거수일투족은 회사가 지도한다. 감사코멘트와 발언자세 등을 연습시킨다. '이렇게라도 하지 않으면 표현하기 힘들어 결국 하지 않기 때문'이다. 최초월급을 받은 1개월 후 사후보고를 받는다. 월급으로 어떤 효도를 했는지 발표·공유한다. 이때 회사가 사전에 직원부모에게 의뢰해 받은 편지가 공개·발표된다.

유사회사는 또 있다. '후지주택'은 4월을 '효도의 달'로 지정했다. 촌지봉투에 1만엔을 넣어 전체직원에게 지급한다. 2004년부터 시작된 이 제도는 돈을 효도에 쓰는 게 전제조건이다. 추후 사용용도를 써서 회사에 제출할 의무가 붙는다. 신입사원 출근일이 4월1일이니 첫 출근과 동시에 효도를 떠올릴 수밖에 없다. 보고의무까지 있으니 최소 1개월은 효도화두가 머리를 떠나지 않는다. 일상적인 부모생각의 출발이다. 회사직원이 800명을 웃도니 촌지비용은 결코 가볍잖다.

다만 회사는 만족한다. 감사하는 마음을 넓히고 회사가 직원가족까지 챙긴다는 이미지 효과 덕이다. 주주·은행(주거래)의 사전양해도 얻었다. 효도의 달 외에도 가족에게 감사를 표하는 이벤트는 많다. 결혼기념일·부모생일 등 사원 개개인의 특별행사에 화환 등을 보낸다. 버블붕괴 후 실적악화로 임원급여를 줄이는 등 비상상황 때조차 가족감사를 위한 비용지출은 중단하지 않았다.

이젠 효도가 새로운 소비콘셉트로까지 떠올랐다. 처참히 깨져버린 실버마켓에 간만의 설렘을 안겨주기에 충분하다. 효도재화의 구매자와 이용자가 달라 실버마켓의 자충수를 피해갈 수 있어서다. 효도재화의 소비대상은 노인이되 구매주체는 자녀다. 과거 실버상품은 공략대상을 노인계층에 집중해 뒤통수를 맞았다.

_내수시장 살리는데도 제격인 효도 키워드

앞으로는 달라진다. 효도·봉양에 목마른 자녀세대의 공략여부에 따라 얼마든 실수요로 연결될 수 있다. 30대부터지만 핵심은 50대 전후의 중년세대가 공략타깃이다. 주지하듯 시장매력은 충분하다. 2030년이면 77조엔에 달할 것이란 추정이 대표적이다(실버서비스진흥회). 이는 '노인구매=노인사용'만 가정한 추측결과다. '자녀구매→부모사용'까지 더해지면 더 커질 것이다.

반대효과도 기대된다. 효도시장을 계기로 '자녀→부모'의 효도뿐 아니라 '부모→손자(자녀)'로의 외연확대 가능성이다. 스스로를 위해선 저가 건강식품에만 지갑을 열던 노인이라도 애정확대·관계돈독이 전제될 경우 핏줄이 얽힌 자녀·손자를 위해 기꺼이 쌈짓돈을 내놓을 수 있다.

특히 엄청난 개인자산까지 갖췄기에 자녀·손자를 위한 선물시장은 상속·증여의 전초무대가 될 확률이 높다. 자녀효도를 계기로 보답차원에서 이뤄질 노인세대의 소비주체로의 변신기대다. 효도가 확산될수록 노인지출이 정비례하는 효도특유의 파급·승수효과다.

부동산부터 여행·결혼·유통은 물론 전자제품업계까지 가세했다. 핵심은 자녀마음 읽기다. 효도를 커버스토리로 다뤘던 〈주간다이아몬드〉는 '부모의 일로 치환해 생각하면 이해하기 좋고 해결실마리나 사업힌트를 찾기도 수월해진다'고 했다.

[그림 6-7] 가계소비 중 60세 이상 고령자소비 비중과 소비금액

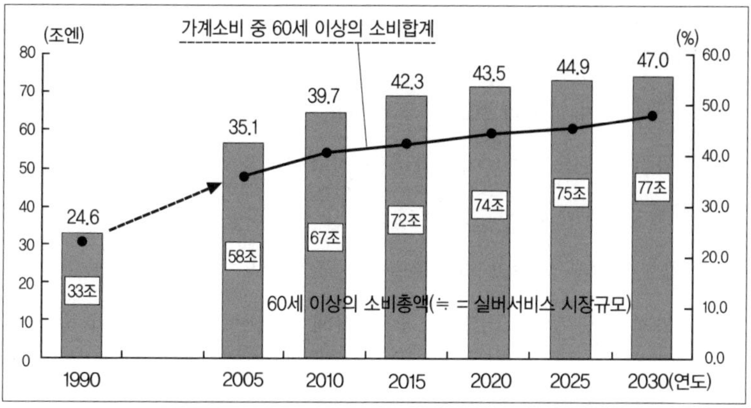

자료: 실버서비스진흥회

　돋보이는 건 부동산이다. 효도를 위해 3세대가 함께 사는 수요에 주목
했다. 지방거주 및 원거리 부모를 모셔와 함께 살자는 설득이다. 대세는
최근 도심 주거스타일을 변화시킨 근거(近居)구조다. 동거(同居)폐해를
피해 근접거리에 살며 동거효과를 기대하는 형태다. 가까운 거리에 살며
프라이버시를 유지하되 부모봉양·자녀양육의 노림수를 단번에 해결하
는 현실적인 선택결과다. 국물이 안 식는 거리라는 차원에서 '15분의 법
칙'이란 말까지 있다. 접근성 15분 이내의 근거지향이다.

　웨딩업계의 효도이벤트도 트렌드다. 요컨대 '부모사랑결혼(親ラヴ婚)'
이다. 2~3년 전부터 눈에 띄게 유행하는 형태로 결혼주빈으로 부모를
극진히 모시는 경우다. 한국으로선 당연한 얘기지만 일본의 경우 부모의
결혼참가는 한국만큼 당연하지 않다. 버블경기가 한창이던 1980년대엔
서구의 경우처럼 신랑신부가 결혼식의 주인공이었다. 케이크커팅도 부

부만의 행사였다. 그랬던 게 지금은 부모를 포함한 가족전원이 함께 손을 얹고 케이크를 자르는 등 부모사랑을 확인하는 장치가 곳곳에 배려됐다. 자녀도 결혼식을 효도이벤트로 활용하는데 적극적이다. 결혼이라는 통과의례를 빌어 감사와 효도를 표현하는 것이다.

여행사는 부모를 위한 여행상품을 전략적으로 내놓는다. 40~50%의 자녀가 효도항목으로 부모의 여행선물을 꼽았다는 여론분석에 따른 결과다. 효도여행뿐 아니라 가족동반도 많으며 최근엔 좀 더 세분화돼 모녀여행까지 등장했다. 고령부모를 배려해 편리한 호텔·여관을 엄선하거나 문턱 등의 각종설비와 이동수단을 노인 눈높이에 맞추는 건 기본이다. 여행업계 선두주자인 JTB는 '마음접촉여행(心ふれあう旅)'이라는 브랜드를 내놓고 효도여행을 즐기도록 했다. 간병자격을 갖춘 전문가를 대동해 만일의 사태를 대비한 상품이 특히 인기다. 함께 떠나는 동반여행도

[표 6-3] **효도대상의 실버마켓 장르와 사례**

장르	내용	사례(회사)
생활지원형	가사대행	가사택배(카지타쿠), 홈인스테드(다스킨)
	일용품배달	인터넷 슈퍼(이온, 이토요카도 등)
	배식	와타미노타쿠쇼쿠(와타미타쿠쇼쿠), 택배 쿡 123(시니어라이프크리에이트)
	주거서비스	스마트커뮤니티이나게(스마트커뮤니티)
안부확인형	안부확인	보호포트라인(죠지루시), 코코세콤(세콤)
	전화, 통신	부자 끈 다이얼(다이얼서비스), 스카이프대응TV(파나소닉)
여가지원형	여행	마음접촉여행(JTB)
정보수집형	포털사이트	부모의 것.net, 부모의 것 매거진(오야노코토넷)

자료: 〈닛케이비즈니스〉

성황이다. 70대 부모와 40대 자녀가 세트로 구성된다.

효도는 인간도덕의 기본이다. 세상사의 기본원칙 중 하나다. 문제는 실천이다. 시대변화에 따른 이론(마음)과 현실(행동)의 갭 탓이다. 즉 효도가 힘들어졌다. 효도 당사자가 먹고살기 어려워져서다. 특히 갈수록 악화되는 추세다. 격차심화 속 하류화가 심화되니 효도자금은 더욱 줄어든다. 결국 효도도 곳간이 넉넉할 때 가능한 법이다.

와중에 현대 · 도시 · 핵가족화로 가족붕괴 조짐은 나날이 심각하다. 가족관계 분절에 따른 고립 · 소외감의 호소도 급증하고 있다. 장수천국 일본의 경우 과거에 없던 심각한 노인문제가 급부상중인데 그 유력혐의도 실은 효도상실로 요약된다.

세대갈등의 근저에는 희박해진 효도의식이 자리잡고 있다. 결국 세대를 뛰어넘는 상생의 함수풀이에 나설 때 현대사회의 갈등불씨를 삭힐 수 있다는 얘기다. 노인이 아닌 부모, 청년이 아닌 자식으로 서로를 인식할 때 비로소 세대갈등도 줄어들 수 있다. 그 출발이 치사랑의 효도일 수 있다는 점이다.

감축시대 패밀리
'대가족주의의 컴백'

시대변화란 역동적이다.

현대화 · 도시화 · 공업화에 힘입은 고도의 압축성장기엔 특히 그렇다. 자고 일어나면 새로운 트렌드가 이목을 잡는다. 와중에 가족구조는 고용환경과 맞물려 급변한다. 일자리를 찾아 쪼개지고 나눠지면서 분화를 반복한다. 가볍고 날렵한 편이 새로운 일자리를 찾는데 유리하기 때문이다. 핵가족은 그 결과다.

다만 '성장시대→성숙시대'로 재편되면서 상황은 또 바뀌었다. 가족을 둘러싼 개별분화적인 유력트렌드는 약화되고 새로운 가족조합이 강력하게 떠올랐다. 성장이 멈추면서 안정적인 개별근로 · 소득확보는 힘들어지는데 그 유지비용은 적잖이 요구되기 때문이다. 이를 반영한 새로운 감축시대 가족조합이 '대가족'으로의 회귀다.

바야흐로 장수대국 · 은퇴사회다. 이는 곧 저성장의 내수침체를 뜻한다. 불확실성이 소비지출을 줄여서다. 즉 고령화는 사회 · 경제적으로 악재다. 역동성과 활력을 훼손하며 장기적인 불황연출이 불가피해졌다.

불황지속은 새로운 생존풍경을 낳는다. 대표적인 게 가족구성의 변화다. '대가족주의'다. 핵가족은 인플레시대의 표준모델이다. 성장수혜를 입자니 가족을 쪼개고 나누는 게 효과적이었다. 단신세대의 유행이다.

반대로 감축성장 땐 새로운 가족모델이 뜬다. 뭉쳐서 상생할 수 있는 대가족이 유력하다. 이런 이유로 향후 장수시대의 소비 트렌드는 '대가족'으로 요약된다. 실제 적잖은 연구기관에서 대가족을 매력적인 소비탈출구로 해석한다.

_감축성장 시대의 가족모델은?

일본은 핵가족사회다. 10가족 중 3가족이 '나홀로'다. 단신세대(32.1%)는 부부세대(19.8%), 부부 · 자녀세대(27.9%)를 압도했다(국세조사 · 2010년). 1세대 평균가족은 1970년 3.41명에서 2010년 2.42명으로 줄었다. 반면 전체세대는 동일기간에 늘었다(3,030만→5,184만세대). 평균가족은 줄었는데 세대규모가 늘었다면 결과는 뻔하다. 단신유행의 증거다.

그런데 이 트렌드가 요즘 적잖이 반동적이다. 혈연으로 뭉쳐진 대가족의 부활조짐이다. 공동거주로 불필요한 지출감소를 줄이기 위함이다. 희박해진 혈연강화의 포석도 있다. 통계에는 잘 안 잡힌다. 함정 탓이다. 아래위층의 독립거주로 세대로는 분리된 가족유형이 많아서다.

부모에게 기생(?)해 연명하는 캥거루 · 연어족도 그 유형 중 하나다.

'졸업→취업→결혼→독립'의 표준모델 붕괴가 낳은 풍경이다. 최근엔 중년의 부모회귀족까지 생겨났다. 따라서 시집·처가살이는 자연스럽다. 꼭 동일공간일 필요는 없다. 육아·가사 등 일상생활 공유면 충분하다. 최소한의 복지공동체로 대가족이 뜬 셈이다.

최대원인은 경기불황이다. 1인분 인생을 책임질만한 소득확보가 힘들어진 까닭이다. 주지하듯 종신고용으로 상징되는 일본조차 최근엔 고용불안이 극심해졌다. 정규직은 되기도 힘들거니와 유지하기가 더 어렵다. 경비절감적인 경영전략으로 구조조정이 일상적이다. 소득은 줄곧 내림세다. 비정규직은 더 암울하다. 여차하면 해고다.

와중에 지출압박은 세졌다. 세금·보험료 등 추가적인 비용부담이 늘어나 디플레조차 희석된다. 당장 2012년부터 후생연금 보험료가 올랐다. 2013년부터는 더 힘들다. 말 많던 소비세 증세가 예고된 상태로 2015년이면 10%로 증가한다(기존 5%). 〈닛케이트렌드〉는 '고용불안과 비용부담이 연결되면서 안전판으로서 대가족단위의 생존전략과 소비경향이 뚜렷하다'고 했다.

_'함께'라면 '따로'일 때보다 유리, '대가족의 힘'

대가족주의가 소비현장에 체화된 대표적인 부문이 주택시장이다. 대가족을 수용할 새로운 거주공간의 필요다. 앞서 강조한 바 있는 '2.5세대주택'의 출현이다. 2세대주택은 부모와 자녀·손자의 동거모델로 1970년대 이후 일본의 대표적인 주택모델이다. 여기에 0.5세대가 붙은 게 2.5세대주택이다. 0.5란 성인의 미혼자녀다. 즉 2.5세대는 '고령부모+기혼자녀+손자손녀'에 '미혼자녀'가 합쳐진 거주형태다. '함께'라면 '따로'일 때보다 소비지출은 줄고 가사·양육이 가족내부에서 해결돼 수입증가로 연결되는 효과가 크다.

그럼에도 불구, 대가족은 힘들다. 처음부터 함께 살아오지 않았다면 특히 그렇다. 동거가족으로서 관계회복이 최대과제다. 그래서 대가족주의의 관계강화는 레저·취미활동이 유력하다. 3대가 함께 즐기는 야외활동의 증가추세가 이를 뒷받침한다.

선두주자는 아웃도어 품목이다. 바비큐파티만 해도 최근 일본에선 인기절정이다. '가족바비큐'란 신조어가 탄생했을 정도다. 온가족이 쉽고 간편하게 즐기도록 설계한 제품위주로 여름이외에도 꾸준히 팔려나가는 스테디셀러가 됐다. 덕분에 아웃도어 및 디스카운트 업체의 매출규모는 꾸준히 증가세다. 가령 '콜맨'의 경우 2012년 바비큐 상품매출액이 전년보다 34%나 늘었다.

대가족여행도 트렌드다. 이전과 달리 가족여행의 참가자수가 늘어나는 경향이 뚜렷하다. 3대가 함께 묵는 숙박시설도 강화됐다. 객실을 연결해 쓰거나 노래기계를 비치하는 경우가 많다. 여행사는 대가족을 겨냥한 상품기획에 심혈을 기울인다. 약 5,000억엔 시장규모의 유원지·테마파크 등도 대가족수요에 눈독을 들인다. 이밖에 골프·콘도·여행·차량 등이 수혜범주에 들어간다.

편의점도 대가족주의를 염두에 두기 시작했다. 일본편의점은 변신의 대가다. 과다점포·과열경쟁이 일상적인데도 변신을 반복하며 성장세를 유지 중이다. 고령화에 발맞춰 타깃고객과 상품라인업을 '청년→노인'

으로 전환한 게 대표적이다. 신선야채 · 과일을 비롯해 1~2인에 맞춘 소량 · 소형화가 상식처럼 정착됐다. 최근엔 여기에 대가족이 즐기도록 일부품목을 대량화한 제품의 진열강화도 목격된다. 어중간한 건 없애고 양을 불려 대가족수요에 맞게끔 유도한 결과다.

또 양판점에선 대형TV가 호조세다. 대가족의 거실크기에 맞기 때문이다. 2014년 4월 소비세 인상(5%→8%) 때까지 비교적 고가 · 대형의 내구재소비도 활발해질 전망이다. 주류시장에는 온가족이 함께 즐길 수 있도록 용량 · 도수를 다양화한 칵테일과 무알콜 주류 등이 등장했다.

_대가족시장 주목, '세대동거→인연강화→자산이전' 기대

대가족주의는 소비시장에 중대한 활력을 제공한다. 증세가 내수불황을 야기해도 고령인구에 집중된 금융자산이 자녀 · 손자세대로 이전되는 효과를 누릴 수 있다. 주지하듯 1,500조엔의 가계금융자산 중 60~70%가 노인인구 몫이다. 이 돈이 '세대동거→인연강화→자산이전'의 선순환에 올라타면 유동성 함정이 메워질 수 있다. 손자세대를 위한 교육자금이면 1인당 1,500만엔까지 증여세를 면제해주는 세제개혁안(2013년까지 한시적용)도 마찬가지다.

이럴 때 대가족주의가 먹혀든다. 같은 값이면 별거손주보다 동거손주를 위한 지출규모가 큰 건 인지상정이다. 실제 동거손주(1인당 8만3,000엔)가 별거손주(7만2,000엔)보다 높다(교리츠종합연구소 · 2012년). 손주웃음에 지갑을 열지 않을 조부모는 별로 없다.

더구나 2013년부터 정년연장(60세→65세)이 법적으로 보장되면서 고령인구의 근로소득은 한층 강화된다. 쟁여둔 천문학적인 자산소득에 최소 5년의 추가적인 근로소득까지 확보되면 그 1차 수혜는 3대가 함께 사는 대가족일 확률이 높다.

대가족 붐은 경제효과만으로 설명하긴 힘들다. 돈의 양과 행복의 양이 비례하지 않는다는 말이 여기에 어울린다. 분열·파편화된 현대사회의 고립·고독이 경제대국의 감추고픈 실상이듯 연대·유대의 대가족주의는 금전이상의 기대효과를 갖는다.

한편 일본에서 가장 행복한 지역은 서일본권역이다. 47개 현 중 행복도 상위권은 대개 한국의 동해와 접한 지역이다. 자연환경만이라면 살기는 확실히 힘든 동네다. 그럼에도 불구, 행복도가 높은 이유는 뭘까. 아마도 가족관계가 유력하다. 이들 지역은 가구당 평균인구가 많고 출생률이 높다. 대가족주의의 특징이다. 행복 1~2위인 야마가타와 후쿠이는 세대인원이 각각 2.94명, 2.86명이다. 평균을 한참 웃돈다.

어른들의 정치단결
'그들이 뭉치는 이유'

'호구지책(糊口之策)'이란 법 위의 법이다.

밥벌이가 침범당하면 생사기로의 싸움이 불가피하다. 최근의 세대경쟁이 전쟁수준으로 비화되는 이유다. 노소갈등이 위험수위에 달했다. 고령국가일수록 더 그렇다. '자식 이기는 부모 없다'지만 노인대국에선 예외다. 고령인구의 입김과 파워가 갈수록 강력해져서다.

피해는 현역활동 중인 자녀세대다. 한정된 쓸 돈에 한쪽 몫이 많아지면 다른 쪽은 줄어들게 마련이다. '노인 vs 청년'의 자연스런 대결구도다.

경계는 5060세대다. 막바지 은퇴준비와 맞물린 이들의 입장정리는 끝났다. 자녀보다 부모 쪽을 택했다. '고령화 〉 저출산'의 무게중심이다. 살아내야 할 불확실한 은퇴생활을 위한 집단대응이다. 실현수단은 정치무대다.

18대 대선(2012년)이 끝났다. 후폭풍은 컸다. 압권은 요컨대 '50대의 반란'이다. 전에 없던 50대의 몰표(?)가 정치지형을 바꿨다는 평가에서다. 과연 그럴까. 선진국을 보면 이는 반란이 아니다. 거스를 수 없는 자연스런 흐름에 가깝다. 인구변화 때문이다. 절대인구가 많은 쪽이 선거주도권을 쥘 수밖에 없다. 또 정치공약도 이들 눈높이에 맞춰지는 게 당연하다. 청년보다 노인의 선거참가가 활발하단 점도 실버파워의 입김이 세질 수밖에 없음을 뒷받침한다.

일본에선 이를 '실버 민주주의(Silver Democracy)'로 부른다. 일본현상만은 아니다. 늙어가는 대부분 국가의 공통이슈다. 선진국의 정책항목은 대개 고령자에 유리하게 운용된다. 일부언론도 노인입맛에 영합한다.

_기득권 확보 위한 '실버 민주주의의 힘'

고령인구의 정치파워가 강력해진 맥락부터 보자. 이들은 당락의 결정변수다. 규모도 크고 투표율도 높다. 일본의 노인인구(65세 이상)는 3,074만명이다(2012년 9월). 4명 중 1명(24.1%)이 노인이다. 800만 베이비부머(1947~49년생)의 맏형(1947년생)들이 가세하면서 규모는 더 커졌다.

속도는 놀랍다. 1,000만명(1979년), 2,000만명(1998년), 3000만명(2012년) 으로 증가하는데 걸린 소요기간이 19년, 14년으로 줄었다. 반면 청년인구는 감소세다. 1990~2010년간 20대(1,687만명→1,372만명)는 줄고 60대(1,185만명→1,824만명)는 늘었다. 이 결과 투표자 평균연령은 56세에 달한다(2010년). 2030년엔 60세로 늘어난다.

이들의 투표율은 높다. '민주당→자민당'으로 정권이 바뀐 2012년 중의

원선거에선 65~69세(85.04%)가 20~24세(46.66%)의 투표율을 압도했다. 투표자 중 20대와 60대는 전체의 9%, 20%로 집계됐다. 2배다. 60대·20대의 유권자는 1980년 18.7%와 45.4%에서 2010년 38.1%와 30.2%로 역전됐다. 정치권이 노인눈치에 민감해질 수밖에 없는 상황변화다.

그런데 주지하듯 민주주의는 1인·1표다. 적극적으로 투표해도 인구구조상 불리함에도 불구, 청년의 투표포기와 무관심은 적잖이 일상적이다. 이는 어제오늘의 일도 아니다. 세대별 투표추세를 보면 고질적인 현상이다.

문제는 정책편향성이다. 정치공약은 실버입맛에 맞게 구성될 수밖에 없다. 노인복지 강화방안이다. 그런데 재원은 한정된다. 결국 청년세대 몫을 빼내 노인인구에 돌릴 수밖에 없다. 기초연금은 늘리고 무상급식은

[그림 6-8] **중의원 선거의 연령별 투표율 추이 비교**

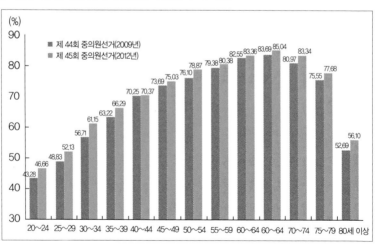

자료: 일본중앙선거관리위원회

줄이려는 식의 '노강청약(老强靑弱)'정책이 태반이다.

　고령시설은 확충하면서 학교지원은 줄이는 지자체도 많다. 국채발행을 통한 토목사업도 노인인구가 밀집한 지방권역에 한정된 인프라투자다. 디플레만 해도 고령정책(?)이다. 절대적으로 연금생활자에 유리해서다. 외국인노동자 유입정책도 내수부양으로 은퇴자를 지지하려는 방안 중 하나다.

　재정수혜까지 줄어든 현역세대 소득은 그 와중에 감소세다. 전성기였던 1997년(467만엔)보다 확연히 줄었다(2009년, 406만엔). 고용악화는 불문가지다. '정규직→비정규직'의 추세확대로 비정규직은 35%까지 치솟았다.

_'노강청약(老强靑弱)'의 정책양산, '청년정책의 참패'

압권은 연금이슈다. 공적연금의 차별적인 수혜문제다. 결국 노인은 이득, 청년은 손해다. 후생연금(2층)만 보면 청년세대에게도 아직은 플러스다. 2010년 기준 70세(1940년생)는 평생 900만엔 내고 5,600만엔을 받아 무려 6.5배의 수혜를 입는 반면 2010년 출생자는 4,900만엔을 내고 1억 1,200만엔을 받아 그나마 2.3배의 효과는 있다.

　그런데 국민연금(1층)까지 합하면 상황이 달라진다. 1955년생 이하 세대는 더 내고 덜 받는 연금적자가 불가피해서다. 즉 현재 62세(1950년생)는 502만엔 흑자(1,938만엔-1,436만엔)지만 27세(1985년생)는 712만엔 적자(1,978만엔-1,265만엔)다.

디플레가 계속되면 현역세대 적자폭은 더 커진다. 기준은 1950년생, 62세부터다. 그 위는 세금보다 혜택이 많고 아래는 수혜보다 부담이 크다(경제사회연구소). 2010년 출생아는 평생 13%의 소득을 선배세대에게 넘겨주는 격이다. 부담대비 혜택격차의 심각성이다.

그럼에도 불구, 개전의 정은 없다. 노인인구에게 연금과 관련한 급부·부담의 선호조사를 했더니 '급부유지·부담상승(48%)'이 '급부삭감·부담유지(24%)'보다 높았다. 내 노후를 위해 현역세대가 돈을 더 내라는 의미다.

물론 정치권은 문제의 심각성을 안다. 청년세대가 한때 여론의 힘을 업었던 적도 있었다. 2009년의 정권교체가 그렇다. '고령화→저출산'으로 정책방향을 전환한 민주당이 사상최초로 정권을 장악했다. 이때 아동

[그림 6-9] 공적연금의 수익과 부담의 연령별 분포(2007년 시점)

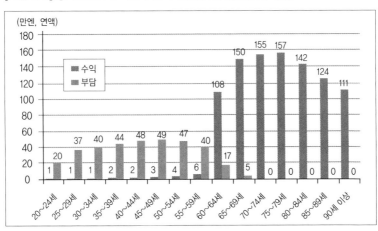

자료: 내각부 경제사회종합연구소(2012)

수당 · 고교무상 · 통행료무료(고속도로)의 3대 공약이 내걸렸다. 청년활력을 되살려 폐색국가의 활로를 열겠다는 청사진이었다.

그런데 정권은 4년을 버틴 게 전부였다. 4류 정치의 혼돈을 보여주며 '노인→청년'으로 정책순위의 변경을 시도한 민주당에 참패를 안겼다. 참았던 보수 · 기득 · 고령인구의 분노가 폭발한 결과다. 2006년 후기고령자의료보험 개정도 노인반발에 밀려 무위로 돌아간 경험이 있다. 75세 이상의 의료수요를 줄이고자 자기부담을 10%에서 20%로 올리려 했는데 선거를 의식해 무산됐다. 의료쇼핑, 과잉치료 등 불필요한 '사회적 입원'을 줄이고자 2010년 내놓은 장기간병보험 본인부담액 인상방안도 동일한 경로를 걸었다.

이렇듯 노인대국에선 정치권과 고령자의 유착(?)이 한층 공고해진다. 반(反)고령정책은 그게 지속가능한 사회보장제도에 필수라 해도 실현되기 힘든 정치적인 한계를 여실히 보여준다. 노인불만을 사면 정권이 끝난다는 학습효과는 갈수록 커진다. 반발반응도 신속하다. 노인반발은 사실상 즉시처분으로 실행된다.

_공고해지는 어른이익 '착취당하는 청년그룹'

피해는 현역세대 몫이다. 이럴 때 'NO'를 외치는 게 상식이다. 그런데 청년은 투표관행에서 목격되듯 정치적 의사표현에 미숙하다. 눈앞의 생존싸움 탓에 의지도 여유도 없다. 그래서 청년보복은 한참 뒤에야 나타난다.

요컨대 청년의 꿈을 무시한 대가는 훗날 만혼(晚婚) · 비혼(非婚)화로 연결돼 사회질서의 붕괴로 이어진다. 맺지 않고 낳지 않고 그저 살아가겠다는 것이다. 그래도 정부정책은 립 서비스뿐이다. 현실성도 진정성도 낮아서다. 청년·장래세대에 주름살이 안 가는 지속가능한 사회보장이란 요원하다.

논의해법은 많다. 고령자의 개념정의를 바꾸자는 게 대표적이다. 정년연장과 계속고용으로 현역인구의 장기화를 모색하자는 얘기다. 인구변화에 중립적인 정치경제학을 도입하는 것이다. 정치적인 은퇴가 없는 것처럼 사회·경제적인 은퇴를 강요하지 않는 제도설계다. 정치적인 평생현역과 경제적인 강제은퇴의 갭 축소다.

노노(老老)격차를 분석해 동일노인이라도 차별적인 복지수혜를 제공하는 것도 고려대상이다. 약자를 돕는 건 옳다. 사회정의다. 다만 노인전체가 약자는 아니다. 가난하고 아픈 이도 많지만 그렇잖은 경우도 적잖다. 기계적인 '노인=약자' 등식의 파기필요다. 급부삭감·부담증가로 노인세대 안에서 소득이전이 이뤄지도록 하는 게 권유된다. 연금개혁도 재론대상이다. 세대격차를 조장하는 지금의 부과방식에서 낸 만큼 가져가는 적립방식으로의 전환이 필요하다.

무엇보다 중요한 건 선거제도 개편이다. 민주주의의 치명적인 함정인 1인·1표를 극복하기 위해서다. 성인연령을 낮춰 청년세대의 정치참여의 폭을 넓혀주거나 연령별로 의원정원을 배분해 세대격차를 조정하는 메커니즘이 거론된다. 일각에선 자녀양육 부모에게 2표를 주는 방안도 제시된다. 결론은 1표의 격차해소다.

이는 1표가 갖는 가치의 문제다. 선거구별로 유권자가 적을수록 1표 가치는 높아지고 아니면 가치가 낮아지는 걸 뜻한다. 즉 지방농촌처럼

[그림 6-10] **출생별 공적연금의 1인당 수익과 부담**

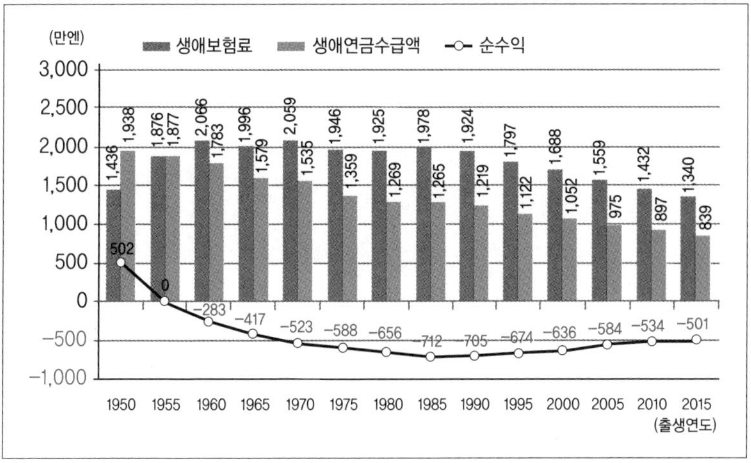

자료: 내각부 경제사회종합연구소(2012)

적은 유권자에 그나마 고령자가 태반인 곳에서 친(親)고령 후보자가 손
쉽게 당선되는 걸 막아보자는 얘기다. 인구가 많은 대도시와 다르기 때
문이다. 실제 2009년 중의원선거에서 의원 1인당 유권자수는 최대 2.3배
차이가 났다.

위법이라는 판결도 나왔다. 청년에게 불리한 정치구조를 바꾸는 첫 걸
음으로 이해된다. 요컨대 세대격차를 충분히 고려한 정책과 제도구축이
필요하다는 것이다.

실패틈새 메울
'새로운 공공의 기대효과'

'거대담론 vs 주변현안'

한국인은 거대담론을 즐긴다. 셋(?)만 모이면 정치·경제와 나라걱정이다. 반면 일본인은 그랜드디자인에 관심이 없다. 대개는 눈높이(?)가 낮다. 성향·환경 탓이다.

여기엔 다 그렇듯 일장일단이 있다. 다만 앞으론 '거대담론→주변현안'으로 무게중심을 옮기는 게 좋을 듯하다. 이게 한국적 상황에 맞아떨어져서다. 그렇다면 한국적 상황은 뭘까. 한마디로 빡빡해진 삶의 증가다. 그 해법이 주변현안에의 관심·참여증진이란 얘기다. 힌트는 일본에서 목격된다.

적자생존·승자독식의 신자유주의는 극단적 격차사회를 야기했다. 시장실패, 경쟁격화, 장기불황, 빈곤증대, 우울심화 등이 삶의 질을 악화시켰다. 비시장적 가치마저 거래재화로 둔갑하며 값이 매겨지는 황금만

능주의가 득세했다.

결과는 참혹했다. 사회갈등 · 민심이반 · 활력저하로 중산층의 생활무
대는 격렬하게 훼손됐다. 설상가상 양극화와 맞물린 저성장 · 고령화는
재원부족 속의 복지수요 증가로 연결됐다. 여기까진 한일양국의 공통분
모다.

_성장지체의 한일양국, '체감정도는 극과 극'

문제는 체감정도다. 힘들긴 둘 다 마찬가지지만 미끄럼틀에서 떨어진 서
민계층의 체감 · 현실적인 위기감은 다소 구분된다. 늘어난 복지수요를
담당하는 주체별 기능분화의 차이 때문이다. 아쉽게도 한국은 정부복지
혹은 각자도생뿐이다. 애초 사회안전망이 빈약해 사실상 복지는 개인책
임으로 귀결된다.

반면 일본은 좀 낫다. 기업복지 · 공공투자 · 최후복지의 3대 복지시스
템에 더해 지역복지가 기능하기 때문이다. 기업복지가 와해되고 공공투
자의 실효성이 의심되며 초과수요의 최후복지까지 기존의 삼중 복지시
스템이 악화일로지만 그 틈을 지역복지가 일정부분 떠받친다.

지역복지란 공동체문화에 기초한 지역주민의 자발적인 복지시스템
(Voluntary Welfare)이다. 독립적이고 비영리적인 시민단체(NPO)나 제3섹
터, 협동조합 등 시민사회를 통한 복지로 지역현안의 상호 전달체계를
구성한다. 시민사회에 뿌리내린 복지체계다. 정부는 이를 떠받치고 거들
어주며 복지공급을 완성한다.

요컨대 동네의 지역주민이 자발적으로 모여 논의 · 결정해 현안문제를 해결하는 식이다. 장기불황 이후 일본열도엔 이들 지역복지의 중요성이 부쩍 강조되고 있다. 갈등 · 대결이슈의 만능해법으로까지 거론되며 일본사회의 가려움을 긁어주는 소중한 자원결합으로 이해된다.

'거리조성(街づくり)'이 그 산물 중 하나다. 건물 · 도로의 하드웨어와 역사 · 문화의 소프트웨어 보호 · 개선을 통해 살기 좋은 동네로 만드려는 활동전반을 일컫는다. 지역사회 활성화를 통한 쇠퇴상권의 부흥(재생)활동이다. 야후저팬에서 검색(2013년 2월22일)하면 1,050만건이 넘어 이미 고유명사로 안착된 단어다. 정부지원(법률)부터 전문가 · 지자체 · 성공사례 등이 수두룩하다.

핵심주체는 거주민을 포함한 지역단위의 시민단체다. 상점부활, 축제 주최, 관광유치, 교류협력부터 노인부양, 학생보호, 야경조직 등 관심사는 지역특색에 맞춰 다양하다. '지역력(地域力)'으로 부르는 이유다. 자본화 · 현대화 · 도시화로 잃어버린 동네활력을 되찾으려는 자발성이 핵심이다.

_공동체기반의 복지공급원, '초나이카이'

근원엔 공동체문화가 한몫했다. 일본은 요즘 공동체에 꽂혔다. 시장실패와 정부실패를 대체할 유력수단으로 그 중간에 선 제3섹터에 관심을 갖는다. 선진국으로선 드물게 전통의 자활조직을 가졌다는 점도 고무적이다. 주민생활조직인 '초나이카이(町内會)'가 그렇다. 이는 한국의 반상회와 비슷하지만 실제운영은 사뭇 다르다.

한일 양국 모두 급속한 변화로 이질성이 급증하면서 통합력이 훼손됐지만 한국은 일본보다 훨씬 격심하게 존재기반이 흔들렸다. 일본은 한국보다는 덜하다. 참여주체도 좀 다르다. 반상회는 중년부인이 중심인 반면 초나이카이는 고령남성의 입김이 세다. 일본전역의 축제(마츠리)도 상점가를 중심으로 은퇴인구가 주축이 돼 추진된다.

현재 일본에선 한때 30만개를 넘겼던 이 조직의 부활조짐이 뚜렷하다. 평균 60%대의 주민가입률을 70~80%까지 높여 지역전체가 참여해 지역 갈등·한계를 극복하려는 차원이다. 자원봉사가 주류로 지역통합의 풀뿌리적인 기능·합리성에 주목한다.

도시화로 지역·이웃 네트워크가 상실된 경우 주기적인 자치·교류 모임으로 토착주민과 유입주민의 단결을 도모하는 방식이 돋보인다. 고령지역엔 독거노인 지원구조를 구축하고 빈집문제로 고민이면 이주환경을 개선하는 등 다양한 아이디어가 취합된다. 그간 잃어버린 안전·안심 등의 전통적 주거행복을 높이려는 사회자본(Social Capital)의 재구축인 셈이다.

동네자원의 결합은 왕왕 전국구로 세가 확산된다. 지역문제에서 탈피해 열도전체를 상생·협조 스펙트럼에 비춰보려는 시도다. NPO(비영리활동법인)가 그렇다. 일본의 NPO는 최근 꾸준한 증가세다. 2009년 23개에서 2012년(9월) 4만6,324개로 급증했다. 최근 10년간 4배 증가다. 자본주의의 빈틈을 메우는 '새로운 공공'의 주체다운 성장세다.

이중에선 보건·의료·복지활동(57.8%)이 가장 많다. 사회교육(46.8%), 연락·조언활동(45.8%), 자녀육성(42.8%), 거리조성(42.7%) 등이 뒤를 잇는다. 분위기는 호의적이다. 봉사활동에 대한 높은 관심(57.5%)이 힘이 된다. 지진복구를 전후해 참가경험(26.7%)도 증가했다. 특이한 건 지속가능성이다. 아직 소액예산이 많지만 장부상황은 70%가 흑자다(정책금융공고 · 2011년). 총수익의 90%가 사업소득이다. 기부금 · 회비는 8%뿐이다.

협동조합은 또 다른 제3섹터 플레이어다. 2012년 12월부터 한국에서도 협동조합법이 발효돼 관심이 급증하고 있는 이슈다. 일본은 협동조합의 천국이다. 시장실패 · 정부불능의 난국타개를 위해 자발적으로 조직화된 게 대다수다.

협동조합은 공식집계가 불가능할 정도로 다양 · 다각적인 조직으로 운영된다. 공식통계(RIETI)는 9,817개(2007년)인 반면 현장집계는 3만6,492개(2009년)에 이른다. 조합원수는 8배나 차이가 난다. 연대성보다는 개별성에 무게중심을 둬 스스로의 추구사업에 관심을 경주한 결과다. 물론 농협 · 어협 등 정부색채의 조직도 많지만 눈여겨볼 건 순수민간 단체다. 소비자 · 사회운동에 영향력을 미치며 생산부터 소비까지 일괄체계를 갖춘 경우다.

_협동조합, NPO, 사회적 기업 등 제3섹터 역할주목

특히 지역성에 포커스를 맞춘 생활협동조합(생협)이 주목된다. 생협은 조합원 출자금으로 운영된다. 공유와 구분되는 합유(合有)체다. 원칙상 생협이용은 조합원에 한정된다. 사업은 광범위하다. 일용품을 비롯해 일반상품의 구매 · 판매 등의 공동활동을 지향한다. 공제사업, 의료 · 간병 서비스, 주택분양, 관혼상제까지 폭넓게 취급한다. 일상생활 전체를 커버한다 해도 과언이 아니다.

주체별(소비생협)로 보면 지역, 학교, 대학, 의료, 공제생협 등이 있다. 2006년 현재 1,085개 조합에 6,053만명이 조합원으로 등록됐다. 일본인

[표 6-4] 일본의 생협 성장 추이

	조합수				조합원수			조합당 조합원수		
	전체	지역	직역	연합회	전체	지역	직역	전체	지역	직역
1957	1,013	526	464	23	2,896,557	1,539,187	1,357,370	2,926	2,926	2,925
1960	1,020	448	545	27	3,924,007	1,776,139	2,147,868	3,952	3,965	3,941
1965	1,205	510	660	35	7,458,091	4,068,500	3,389,591	6,189	7,977	5,136
1970	1,248	539	664	45	12,660,831	8,113,163	4,547,668	10,524	15,052	6,848
1975	1,336	647	629	60	17,956,966	12,099,129	5,857,837	14,073	18,561	9,313
1980	1,335	662	610	63	23,170,446	15,767,426	7,403,020	18,216	23,818	12,136
1985	1,308	648	594	66	29,802,226	21,670,075	8,132,151	23,995	33,441	13,690
1990	1,259	611	575	73	36,997,766	28,600,269	8,397,497	31,195	46,809	14,604
1997	1,199	559	558	82	46,765,418	38,262,195	8,503,223	41,867	68,448	15,239
1998	1,193	555	555	83	50,242,111	41,681,095	8,561,016	45,263	75,101	15,425
1999	1,195	564	548	83	49,750,884	41,014,859	8,736,025	44,740	72,721	15,942
2000	1,167	552	533	82	53,540,589	44,914,534	8,626,055	49,346	81,367	16,184
2001	1,154	548	524	82	54,999,411	46,513,841	8,485,570	51,305	84,879	16,194
2002	1,146	546	517	83	56,276,549	47,913,727	8,362,822	52,941	87,754	16,176
2003	1,128	542	502	84	57,732,028	49,424,743	8,307,285	55,299	91,190	16,548
2004	1,116	536	497	83	59,145,416	50,895,445	8,249,971	57,256	94,954	16,600
2005	1,097	523	493	81	60,323,892	52,038,560	8,285,332	59,374	99,500	16,806
2006	1,085	519	485	81	60,531,820	52,212,418	8,319,402	60,291	100,602	17,153

자료: 통계국(총무성)

2명 중 1명이 멤버란 얘기다. 조직은 줄어도 멤버는 늘었다. 그만큼 생활 현장에 깊이 침투했다. 연합단체인 'CO · OP'가 대표적이다. 생협은 구매난민 등 소비약자와 식품안전의 민감세대의 응원에 힘입어 인기몰이 중이다. 시장기능이 마비된 지진피해 때는 긴급지원서비스를 펼쳐 많은 호응을 받기도 했다.

이들 제3섹터는 한국입장에선 분석대상이다. 자체적인 문제가 없진 않지만 건전성과 독립성이 높아서다. 요컨대 정부지원이 거의 없다. 한국은 사회적기업에 포함되면 인건비 지원을 받지만 일본은 고작해야 세제혜택이 전부다. 세제혜택이 있는 인정(認定) NPO법인은 273개뿐이다. 절대다수는 인증(認證)법인이다. '인증→인정'을 위해서는 소관청의 실태조사가 필수다.

협동조합은 상황이 더 열악하다. 법률 · 행정에 의한 종적인 관리시스템이 기능하는 엄격한 인가주의 탓이다. 법률기반을 갖춘 한국을 부러

[그림 6-11] 인증(좌) 및 인정(우) NPO법인의 증가 추세

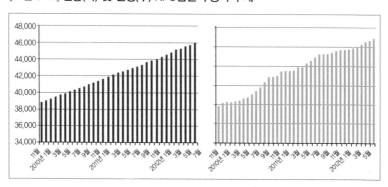

자료: 후생성

위할 정도다. 이는 역으로 제도적 제약을 돌파한 일본만의 독자적인 발전양태로 해석된다. 고용증대에도 기여한다. NPO의 경우 유급직원의 60%가 20~30대로 청년일자리 창출에 긍정적이다(유스비전·2009년).

아예 직업으로 NPO를 택하는 청년도 늘었다. 봉사·희생을 통한 자아실현에 제격이라는 이유다. 대지진 이후 뚜렷한 추세다.

한편에선 '고장난 자본주의'의 자성차원에서 기업의 제3섹터 참가열의는 커졌다. 제3섹터에 자금지원을 하거나 사내에 관련부서(Social Innovation)를 세우는 게 붐이다. 기운만큼은 넘쳐난다. 지역주민과의 의견공유와 사회적 파급 등을 연계해 성과도출에 나서는 경우가 일반적이다.

고민타파 일등공신
'실버시장의 고부가가치'

'디플레→인플레'

2012년 연말 정권재탈환에 성공한 아베정권의 경제정책 핵심기조다. 요컨대 '아베노믹스'다. 말도 많고 탈도 많은 '금융완화+재정출동+성장전략'으로 구성된 아베정권의 경기부양 승부수가 지향하는 최종목표가 바로 인플레다. 2%라는 구체적인 목표까지 내놨다.

국가수반으로선 어울리지 않게 "일본은행의 윤전기를 돌려 돈을 찍을 것"이라든가 "임금을 올려주라"는 식의 직설적이고 위험한 화법까지 총동원한 이면엔 그 정도로 인플레를 원하는 간절함이 배어있다. 즉 인플레(금리상승)만 실현되면 경기회복은 물론 국가폐색의 총체적인 난국까지 돌파할 수 있다는 자신감이 확인된다. '일본병(病)'의 치유인 셈이다.

충분히 옳은 판단이다. 한국으로선 배아플지 몰라도 현대일본이 지닌 각종문제의 해결활로는 인플레로부터 비롯될 수 있다. 경기회복이다. 금리상승으로 성장률이 동반해 올라가면 사실상 미증유의 장수사회인 일본이 내포한 많은 문제를 손쉽게 해결할 수 있기 때문이다. 이런 점에서 내수시장을 살리는 게 급선무일 수밖에 없다.

다만 내수시장은 포화상태다. 교체수요를 제외하면 새로운 신규수요는 찾아보기 힘들다. '제조업→서비스업'으로의 전환처럼 새로운 형태의 시장창조가 필수다. 장수사회답게 이때 유력하게 등장하는 게 중년을 포함한 노인시장이다. 유력한 가처분소득을 갖춘 시니어시장을 잘 포장해 개척함으로써 새로운 부가가치를 창출하면 노후준비의 핵심 걸림돌인 일자리는 물론 자산운용의 +α까지 충분히 기대할 수 있다는 얘기다.

_값진 실패교훈 '실버는 미시시장 집합체'

그런데 오류이자 판단미스였다. 실버산업을 둘러싼 애초의 장밋빛 전망이 그렇다. 고령사회 최대집단인 노인인구의 씀씀이는 애초 시장기대를 한껏 받았었다. 인구가 많을뿐더러 노후인생마저 길어지니 이들의 노년수요에 부응하면 큰돈을 벌 것으로 봤다.

그런데 막상 뚜껑을 열어보니 상황이 빗나갔다. 의외로 덜 쓰고 안 쓰는 노인이 태반이었다. 이는 은퇴대국의 공통현상이다. 거액자산을 겸비한 연금생활자도 비슷했다. 선두사례가 일본이다.

일본인 4명 중 1명은 노인(65세 이상)이다. 추계대로면 2055년(41%)엔 거의 둘 중 하나가 노인인구다. 세계최초의 '초고령사회'답다. 2012년부터 전후 베이비부머(團塊)인 1947~49년생이 65세를 맞아 정년은퇴에 가세해 노인몸집은 한층 불어났다. 누가 봐도 확실한 고령국가다. 인구변화는 자원배분의 물꼬를 바꾼다. 소비자의 갈증을 풀고 눈높이에 맞춘 재화·서비스만이 생존한다는 점에서 경제지형의 대폭변화다. 그 결과가 '실버산업'으로 정리된다.

학습효과 덕분에 요즘 일본에선 실버산업이 꽤 진지해졌다. 2000년대 중반 큰 장이 시작될 것이란 기대감이 실망감으로 변한 이후부터다. 요컨대 '2007년 문제'로 불리는 베이비부머의 60세 진입시점이 실버시장의 성장분기점이 될 것이란 낙관적 전망이었다. '실버시장=블루오션'의 등식성립에 의심은 없었다.

다만 전인미답의 고령사회는 손쉬운 예측을 불허했다. 추정된 경제효과는 엇나갔다. 장은 서지 않았다. 탄탄하고 넉넉한 시간·건강·자금을 갖춘 은퇴집단은 지갑을 열지 않았다. 은퇴 후 8만 시간을 뒷받침할 소비지출은 이론에 그쳤다.

전망근거조차 틀린 건 아니다. 충분히 짐작할 수 있는 시장여건을 두루 갖췄다. 당장 부자노인의 존재감이 고무적이다. '가계조사보고'를 보면 세대당 순금융자산의 평균치는 60대와 70대가 각각 2,093만엔, 2,145만엔이다(2010년). 이를 해당가구로 곱하면 60세 이상이 약 500조엔의 순수한 금융자산을 보유했다는 결과다. 부채까지 포함해 가계 금융자산(1,500조엔)의 60~70%를 노인인구가 독점하고 있다는 분석과 일맥상통한다.

이중 30%만 써도 150조엔이다. 국가예산의 1.6배다. 이 정도 규모라면 증세(5%→10%)조차 불필요한 거액시장이다. 평균노인(부부·무직)의 연금소득이 월 23만엔이니 일정적자(4만엔)만 감수하면 평생 보유자산을

헐어 쓸 일도 없다. 늘어난 건강수명과 시간여유도 황금알을 낳는 실버
시장의 소비근거로 활용됐다.

_혹독히 당한 학습효과, '그래도 127조엔의 거대시장'

그러나 결과는 달랐다. 이유가 뭘까. 종합하면 불확실성이다. 은퇴이후
의 냉엄한 현실인식이 실버버블 기대를 불발로 연결시켰다. 돈이 많은데
도 언제까지 살지 모르니 무조건 핍박지출을 할 수밖에 없어진 결과다.
아프기라도 하면 천문학적인 의료비마저 부담스럽다. 또 연금은 앞으로
줄어들지도 모르는 불안악재다. 그러니 조금이라도 더 일해 근로소득을
확보하는 게 최선책으로 거론된다. 겨울(은퇴기)에 쉬지 못하는 개미신세
인 셈이다.

그럼에도 불구, 거대시장인 것은 분명한 사실이다. 이미 노인인구의
소비지출이 일본내수의 절반수준에 육박한다. 2015년 기준 실버시장의
규모가 최소 72조엔(실버서비스진흥회)에서 최대 127조엔(덴츠·50세 이상)
으로 추정된다. 어림짐작 100조엔 이상이란 게 중론이다.

이쯤에서 예측이 실제와 어긋난 다른 원인을 살펴보자. 사실 이 부분
이 실버시장의 진면목을 알려준다는 점에서 더 중요하다. 요컨대 기업
부문의 판단미스다. 관련업계의 안이한 대응자세에 혐의를 두는 평가
가 많다.

즉 실버시장이 고전하는 배경은 크게 2가지다. 시장자체의 특수성을
읽지 못한 점과 신사업으로서의 거대장벽이 그렇다. 중요한 건 후자다.

이게 시행착오를 키웠다. 실버시장과 노인고객의 치밀한 분석 없이 낙관론만 믿고 뛰어든 경우다.

다양하고 까다로워진 타깃고객의 성향분석 없이 뭉뚱그려 접근했다는 지적이다. 고령사회와 노인이미지는 다양·복합적이다. 사회보장·간병이 필요한 약자란 인식과 해외여행 등 여가활동을 즐기는 여유로운 세대란 극단적 양분법에 함몰된 결과다. 실상은 훨씬 폭넓고 다양한 접근이 필요했다.

위기는 기회를 낳았다. 요즘 일본재계는 실버·시니어·고령자로 불리는 노인인구의 눈높이에 맞추고자 열심이다. 오류시정과 전략수정에도 신중하다. 철저한 수요분석의 결과다. 가령 노인고객의 소비행태는 자산보유와 무관한 소득비례라는 깨우침이 그렇다. 쟁여둔 돈보다 가처분소득만 소비한다는 걸 배웠다. 그러니 보유자산에 기댄 실버시장이 묵묵부답이었던 것이다.

소비방법이 동질적일 것이란 전망도 수정됐다. 노인고객 내부에서의 이질적인 소비트렌드가 목격된 결과다. 즉 단순연령이 아닌 신체변화에 주목했다. 결국 실버시장은 대분류로 나눌 범용마켓이 아닌 새로운 가치관이 체화된 다양한 미시시장의 집합체로 규정된다.

미시시장의 집합체로 업그레이드(?)된 실버인구의 성향분석은 인기절정의 관심대상이다. 이들의 소비트렌드를 알고 배우려는 세미나·연구회는 일상적이다.

〈닛케이비즈니스〉는 높은 구매력을 가진 변화된 고령인구의 특성을 몇 가지로 분류했다. △건강과 환경중시 △가치관에 따른 뚜렷한 브랜드 선호현상 △고령자 전용상품에 대한 저항감 △구매과정에서 편의성 추

[표 6-5] 세대유형별 소비동향 변화 비교

세대유형	시장규모(조엔)		연평균 성장률(%)
	2010년	2020년	
청년층(세대주 39세이하)	56	48	-1.4
중년층(동 40~59세)	90	104	1.4
시니어층(동 60세 이상)	90	109	1.9
단신	20	29	3.7
부부	39	46	1.8
부부과 자녀	24	25	0.4
편부모와 자녀	8	9	2.4
기타(3세대 동거 등)	48	51	0.5
합계	284	312	0.9

자료: 미츠비시종합연구소

구 △IT활용에 우호적인 이미지 △아낌없는 가족소비 등이 그렇다. 실버시장의 진화스토리가 반영되는 업종은 간병 · 의료, 로봇, 식품, 소매, 여행, 주택 등이다. 공통분모는 그간의 수동적 대응에서 벗어나 적극적 활용으로 실버시장의 선점효과를 누리겠다는 포부다.

배웠으니 써먹을 때다. 최근 주요언론에 부쩍 등장하는 단어가 있다. '시니어시프트(Senior Shift)'다. 무게중심을 노인고객에게 맞춰 가중치를 옮겨가기 시작했다는 의미다. 미래시장의 주인공이 누군지 인구변화로 확인했으니 기업전략도 여기에 맞춰 전환하겠다는 움직임이다.

대상은 광범위하다. 대표적인 게 편의점의 변신이다. 그간 청장년고객에 맞췄던 포인트를 점차 고령손님에게 옮기는 추세다. 진열전략을 바꾸고 노인입맛에 맞춘 상품과 서비스를 대거 확충했다. 백화점 · 할인점은 전담직원을 배치했고 게임센터 · 테마파크는 노인우대에 나섰다.

_시니어시프트에 주목, '정부지원도 한몫'

제조업은 일찌감치 고령고객의 신체특징을 반영한 제품출시에 나섰다. 핵심은 '배리어프리(Barrier Free)'다. 신체 · 지능적인 가령(加齡)한계를 커버하겠다는 콘셉트다. 악력저하(스위치 · 손잡이 등), 근력저하(휠체어, 로봇 등), 시력저하(조명기구 등), 지각능력저하(가전제품 등)에 따른 제품들이다. 의료 · 간병분야가 돋보이지만 광의의 시장개념을 적용하면 실버개념은 이미 산업전체에 반영됐다.

또 다른 포인트는 'AD(Accessible Design)'다. 단순한 장애제거 설계 및 범용(Universal)디자인에서 한발 진보된 형태다. 장애 · 연령에 무관하게 누구든 사용할 수 있는 혁신적 디자인의 제공이다. 가령 휠체어가 통과하는 넓고 큰 출입구라든가 앉은 채 요리가 가능한 낮은 조리대 등이 대표적이다. 영상기기 · 현금인출기 · 엘리베이터 등에도 AD개념은 적용된다. 이미 일본의 AD 보급비율은 최고수준이다.

'고령친화사업'으로 불리는 실버시장의 한 축은 정부지원이다. 노인복지를 유력한 성장에너지로 삼으려는 정부의지는 민주당정권 때의 '제3의 길'에서 확인된다. 늘어나는 노인복지를 민간시장과 결합시켜 새로운 성장산업으로 키운다는 육성계획이 대표적이다. 물론 이전부터 고령대국답게 실버산업의 씨앗은 뿌려졌다.

발전기반은 1963년 노인복지법 시행부터다. 노인대상의 재화 · 서비스를 제조 · 판매하는 시장형성의 기틀마련인 셈이다. 이후 1985년 후생성이 '실버산업진흥지도실'을 꾸렸고 정부지원이 가시화됐다. 연이어 골드플랜(1990년), 신골드플랜(1995년), 골드플랜21(2000년) 등 노인복지를 총

괄하는 로드맵도 내놨다. 최종 단일창구인 '고령사회대책회의'는 1995년 설치됐다. 조사연구부터 자금지원까지 포괄적으로 실시된다.

비약적인 발전계기는 2000년 시작된 개호(간병)보험부터다. 한국의 장기요양보험과 같다. 개호보험으로 엄청난 자금이 시장에 풀리면서 일순간에 급팽창했다. 필요정도에 따라 7단계로 구분·지원되는 개호보험이 시행되면서 각종 관련재화·서비스의 공급이 늘어난 결과다.

주도시장은 간병을 위한 복합시설이다. 입주노인의 건강상태에 맞춰 종합적인 의료복지서비스를 제공하는 시설로 급격히 발전했다. 실버산업에 대한 일본정부의 애정은 각별하다. '일본부활 시나리오'라는 부제의 '신성장전략(2010년)'에서는 축적된 실버노하우의 아시아 공략까지 발표됐다.